心理学研究法入門

伊藤正人 Ito Masato 著

行動研究のための研究計画とデータ解析

昭和堂

はしがき

　本書は，心理学の様々な分野において，研究を行うための方法を概説したものである．本書の特徴のひとつは，「研究法」に加えて「データ解析法」の解説を盛り込んだことである．これは，心理学のカリキュラムのなかに「データ解析法」に関する科目がない場合には，「研究法」の講義で，「データ解析法」についても触れておく必要があり，また，日本心理学会の認定心理士資格認定にあたって，「データ解析法」の科目がない場合には，「研究法」の講義で「データ解析法」を取り上げることが要件にもなっているので，このような用途を考慮したためである．「研究法」とは別に「データ解析法」の科目がある場合には，省略してかまわない．

　さらに，本書のもうひとつの特徴は，第10章「論文のまとめ方」の中で，英語論文の書き方についての解説を加えたことである．これは，大学院レベルの「研究法」のテキストとして用いる場合を考慮したためである．大学院生のレベルであれば，自分の研究成果を英語論文にまとめて世界に発信してほしいという私の願いを込めたものである．学部レベルの「研究法」では，この部分を省略して差し支えない．また，具体的な研究事例として，私自身の研究をいくつか取り上げたことも，本書の特徴のひとつといえるかもしれない．しかし，このことは，私自身の研究が最も優れた研究であることを意味しているわけではないことをお断りしておきたい．他にも優れた研究はたくさんあり，必要に応じて，教授者が別の研究事例を補っていただければ幸いである．

　本書の構成は，通年の「心理学研究法」科目を想定しているが，カリキュラムがゼメスター（半期）制の場合には，第6章「1事例の実験計画」までを半期，第7章「探索的データ解析」以降を残りの半期とすることもできる．あるいは，データ解析（第7章と第8章）の部分を省略して，半期分の「研究法」とすることもできよう．このあたりのことは，カリキュラムや受講者のレベルに応じて教授者側で取捨選択してほしい．また，本書は，その

性質上，概念的な説明に重点を置いているので，データ解析法についても，練習問題などの演習的側面が不十分な点は否めない．こうした点は，教授者側で練習問題を用意するなどして補っていただければ幸いである．

　本書の草稿段階では，佐伯大輔，山口哲生の両氏に目を通してもらい，記述の誤りや不明確な点などを訂正することができた．両氏にお礼申し上げる．

平成18（2006）年8月

伊藤正人

心理学研究法入門

行動研究のための研究計画とデータ解析

目次

はしがき ……………………………………………………………………… 001

第1章　心理学研究法を学ぶ …………………………………………… 007

心理学の対象と方法（近代心理学の成立，ヴントの心理学体系，ヴント心理学への様々な批判，ワトソンの「科学としての心理学」，新行動主義における心理学大系の展開，心理学に影響を及ぼした他分野の新しい潮流），心理学における実験法の展開，現代心理学の哲学的基礎，現代心理学の新しい方法（コンピュータ・アナロジー，数理分析，微細分析，コンピュータ・シミュレーション，学際的研究）

コラム：「実験式・モデル・理論」，「コンピュータの発達：メインフレームからパーソナルコンピュータまで」

読書ガイド，課題

第2章　科学的に考える …………………………………………………… 025

科学とは何か（科学の要件，科学的説明），研究における分析と統合（分析とは，統合とは），分析の単位と分析のレベル

コラム：「超能力の科学的評価」，「フロイト先生のウソ」

読書ガイド，課題

第3章　行動の分類と測定 ………………………………………………… 037

生得的行動，習得的行動（新しい反射の形成，新しい行為の形成），行動の空間的側面と時間的側面（空間的側面，時間的側面），行動のレベル，行動の測定（測定とは，測定の水準），行動の説明

読書ガイド，課題

第4章　観察的方法 …………………………………………………………… 051

観察とは（観察法の種類，サンプリング，観察の具体的方法，観察データの記録法，日常場面の行動観察），観察データの分析，観察法の問題点（観察の妥当性，観察の信頼性，観察者の存在）

コラム：「定点観測と地震の予知」，「日常的観察と映画『裏窓』」

読書ガイド，課題

第5章　実験的方法 …………………………………………………………… 063

実験とは（独立変数と従属変数），実験の目的，実験における2つの問い（要因探索実験，要因決定実験），剰余変数，混交要因，実験の方法（群間比較法，個体内比較法，要因配置法），データの信頼性，予備実験とパイロット研究，実験室実験と野外実験（野外実験，実験室実験），残された問題，実験施設（実験室，実験装置と実験制御）

読書ガイド，課題

第6章　1事例の実験計画 …………………………………………………… 091

1事例の実験計画とは（実験的行動分析における研究事例，応用行動分析における研究事例），1事例の研究法（A-B-A実験計画，繰り返し型実験計画，多層ベースライン実験計画），1事例の実験計画の問題点（変動性，可逆性，一般性）

コラム：「人は歩けるから歩くのか：個人に即した環境づくり」

読書ガイド，課題

第7章　探索的データ解析 …………………………………………………… 105

データの分類，データ解析とは，データの分布（幹葉表示，背中合わせ幹葉表示，多変量背中合わせ幹葉表示，ヒストグラム，累積度数分布），数値要約（中央値と分位数，平均値），データのばらつき（箱型図，分散と標準偏差，変異係数），2変量データの分析（散布図，関係の要約[1]：直線の当てはめ，残差の分析，テューキー線と最小2乗法による直線の比較，関係の要約[2]：相関係数，積率相関係数，ばらつきの定量化，

順位相関係数），データの再表現（線形関係をつくる，内挿と外挿，基準化）
コラム：「作図の魔術」，「最小2乗法」，「回帰と回帰の錯誤」
読書ガイド，課題

第8章　確認的データ解析 141
確率とは（確率論の対象，確率論の必要性，確率の定義，確率値の求め方，組み合わせ論による確率値の求め方，確率の基礎定理，確率の経験的意味，ベルヌーイの大数の法則，確率変数と期待値），標本抽出，確率密度関数と分布関数，代表的確率分布（2項分布，正規分布，基準正規分布，基準正規分布にもとづく確率値の求め方，t分布，カイ2乗分布，F分布，中心極限定理），仮説の検定（パラメトリック検定とノンパラメトリック検定，Z検定，片側検定と両側検定，第1種の過誤と第2種の過誤，t検定，符号検定，適合度検定，ϕ係数），分散分析（分散の分割，実験計画法，固定効果モデルと変動効果モデル，完全無作為化法，乱塊法）
コラム：「ギリシア文字の読み方」
読書ガイド，課題

第9章　各研究分野の典型的研究 189
感覚・知覚（般例実験：ミラー・リヤーの錯視，刺激閾の測定，マグニチュード推定法による音の大きさの尺度構成），学習（レスポンデント条件づけ，般例実験：味覚嫌悪学習におけるCSとUSの連合選択性，ヒトの味覚嫌悪学習，オペラント条件づけ，般例実験：強化量の選択行動の数理分析，ハトによる記号を用いた内的状態の報告），記憶（般例実験：エビングハウスの記憶研究，不思議な数7，プラス・マイナス2），社会的行動（般例実験：他者の存在の影響［同調行動］の研究，ゲーム理論による社会的相互作用の分析，社会割引からみた利己性の日米韓異文化比較研究），発達（般例実験：液量保存の実験，自己制御と衝動性の発達的研究，他者の理解と「心の理論」），臨床（般例実験：トークン経済システムの導入による統合失調症患者の行動改善，他行動強化による薬物依存症の治療）

コラム：「パヴロフ研究所の現在」，「映画『戦場のピアニスト』と『暗い日曜日』：協力と裏切り」
読書ガイド，課題

第10章 論文のまとめ方 227

論文をまとめること，論文の構成（目的，方法，結果，考察，文献），英語論文をまとめるコツ（準備編，執筆編，事後編，投稿編，書き直し編）
コラム「同じ論文は同じ査読者にまわる」
読書ガイド

第11章 研究における倫理的問題 245

倫理基準（人権・福祉・動物愛護，説明と同意，情報の管理，研究成果の公表），学会の倫理綱領，倫理的問題の新しい見方
読書ガイド，課題

付　表：乱数表，カイ２乗分布表，基準正規分布表，t分布表，F分布表 251

引用文献 261

索　引 271

第1章 心理学研究法を学ぶ

あらゆる学問の基底をなすものは比較である．
　　　　　　　　J. W. ゲーテ『比較解剖学』より

心理学（psychology）が扱う出来事は実にさまざまである．日常場面のありふれたいくつかの事例を取り上げて，それらがどのような心理学の問題に関連しているかを見てみよう．

　たとえば，「暗いところで誰かがこちらを見ていると思ったら，実は枯れ尾花であった」という体験は誰でも一度はあるであろう．枯れ尾花とは，ススキのことであるが，ススキの穂の折れ具合を人の顔に見てしまうのである．これは，私たちが外界をどのように見るのかという**知覚**（perception）の問題である．暗くて外界が不明瞭であるとき，人はそこに何かしら意味のあるものを見る傾向がある．このような傾向を「群化」あるいは「プレグナンツの法則」という．偶然の結果であるススキの穂の折れ具合が人の顔に見えてしまうのもこのような群化の一例である．

　また，「偶然入ったレストランの料理が美味かったので，それからよく通っている」ということもあろう．これは，経験により行動を変える**学習**（learning）の問題である．学習とは，行動が変わること（行動変容）であるが，行動の変容は，その行動に伴う結果に依存して決まる．これを強化の法則といい，私たちの「行為」とよばれる，環境に働きかける能動的な行動の原理なのである．

　「よく連絡をとりあっている友人宅の電話番号はすぐ思い出せるのに，さっき聞いた会社の電話番号は忘れてしまった」という経験は誰にでもあるであろう．電話番号を憶えるというのは，**記憶**（memory）の問題であり，心理学では前者の例を長期記憶，後者の例を短期記憶として区別するのである．

　また，「友人のAさんは課長に昇進してから，これまでの生活態度がガラッと変わって仕事に打ち込むようになった」という話もよく聞くことである．会社における地位や身分が人の行動を変えるのを役割行動という．役割行動は，個体と個体の相互作用である**社会的行動**（social behavior）のひとつである．

　このように，日常場面におけるさまざまな出来事は，すべて心理学の問題に関連しているといえる．

●心理学の対象と方法

　現代心理学における代表的な心理学の教科書のひとつであるアトキンソンとヒルガードの「心理学入門（*Atkinson & Hilgard's introduction to psychology:* 14th ed.)」では，「行動と心的過程の科学的研究」として心理学の研究対象と方法を定義している（Smith, Nolen-Hoeksema, Fredrickson, & Loftus, 2003）．この定義はかなり広いので，心理学のあらゆる立場の違いも含んでしまうという利点もある一方で，立場の違いを隠してしまうという欠点もある．この定義のように，行動と心的過程とが並立していることは，2つの別の研究対象があることを表しているようにみえるが，行動と心的過程は別のものなのであろうか．それとも同じものなのであろうか．一方，このような対象を扱う方法は，どのようなものであろうか．この場合の方法とは，物理学や生物学などの自然科学の方法と同じものなのであろうか，あるいは心理学独自の方法が必要なのであろうか．こうした疑問に答えるには，心理学の歴史を振り返って見ることが早道である．

　どのような学問も，その学問が扱う**対象**（object）と，その対象を扱うための**方法**（method）がある．先に述べた日常場面のさまざまな問題を，心理学の研究対象としてどのように扱うことができるのか，あるいは，どう扱うことが適切なのかを問うことが心理学の**方法論**（methodology）なのである．心理学においては，対象と方法の問題は，心理学の重要な論争を引き起こしてきた問題であり，この論争が心理学の歴史を作ってきたといえる．ここでは，心理学の歴史を振り返りながら，心理学の対象と方法の問題を考えてみよう．

✿近代心理学の成立

　現代心理学の直接的なルーツは，19世紀後半に成立した新しい心理学の流れである．この心理学は，同時期の生理学者のウエーバー（Weber, E. H.）や，物理学者フェヒナー（Fechner, G. T.）あるいはヘルムホルツ

(Helmholtz, H. L. F.) らが行った感覚に関する実験的研究に基礎をおいている．これらの研究の中から最初に心理学の体系化を試みたのがドイツの心理学者**ヴント**（Wundt, W.）であった．現代心理学の方法もこの新しい心理学に基礎を置いている．

❁ヴントの心理学体系

近代心理学の出発点は，ヴントがライプチヒ大学の教授に就任した1875年，または，同大学に「心理学実験室」を創設した（創設というよりは公的に認められた）1879年とするのが一般的である．ヴントの心理学体系は，感覚，知覚，感情など外的な刺激により直接的に変化する過程を扱う「生理学的心理学」と，思考や意志など高次な過程を扱う「民族心理学」に分けられる．前者の生理学的心理学は，今日とは異なる，狭い意味での**実験心理学**（experimental psychology）

図1-1 Wilhelm Wundt （1832-1920）

であり，その内容は，生理学研究で用いられた実験法と，心理学の研究，特に直接経験という意識を扱うのに必要な特別な方法として彼が考案した**内観法**（introspection）を結びつけたものであった．内観法とは，外的に呈示された刺激により生じた感覚を，特別に訓練された被験者が単位となる感覚要素に分解して報告するものであるといわれているが，今日では，それが実際どのようなものであったかについて不明な点も多い．

ヴントの心理学を狭い意味の実験心理学として見ると，ヴント心理学の対象は，外的刺激に対して変化する直接経験という意識であり，このためヴント心理学は，その研究対象から，**意識心理学**とよばれる．また，このような意識を扱うための方法として実験法とともに内観法を用いたことから，その

方法論から，**内観心理学**ともよばれる．ヴント心理学の内容は，内観法の目的から明らかなように，意識を感覚の基本単位に分解し，それらから意識を再構成することを目指したものである．したがって，ヴント心理学は，その内容から**要素心理学**とよばれる．このヴント心理学の内容の特徴は，ヴントの研究室で学んだ米国のホール（Hall, S.）がさらに発展させ，後に，**構成主義**（structuralism）とよばれるようになる．

◉ヴント心理学への様々な批判

　上述のようなヴントの心理学に対して，様々な観点から批判が起き，その後の心理学研究の流れを形作ることになった．たとえば，ヴント心理学の内容，すなわち要素心理学への批判からヴェルトハイマー（Wertheimer, M.）やケーラー（Köhler, W.）らに代表される**ゲシュタルト心理学**（gestalt psychology）が生まれることになる．フロイト（Freud, S.）は，無意識の世界を強調することによって，ヴント心理学の研究対象（意識心理学）に対する批判を行い，やがて**精神分析学**（psychoanalysis）を確立するに至る．ワトソン（Watson, J. B.）は，ヴント心理学の研究対象（意識心理学）と方法（内観法）の両面について批判し，科学としての心理学を目指して，**行動主義**（behaviorism）宣言を行ったのである（実際には，ワトソンが批判したのは，ホールが発展させたヴント派の心理学，すなわち構成主義心理学や，機能主義心理学である）．

　さらに，もうひとつの批判（とはいってもゲシュタルト心理学や行動主義ほどには強くはなかったが）は，ヴントの要素心理学という側面についてジェームズ（James, W.）によって行われた．ダーウィン（Darwin, C.）の進化論（1859年「種の起源」出版）の影響を受け，環境への適応，意識の働き（「意識の流れ」）を重視したジェームズの考え方には，方法論としての幼児や動物を用いた実験など，新しい方法への理解も認められるが，心理学の主たる対象は依然として意識であり，それを扱う方法の中心は内観法であった．しかし，ジェームズらの考え方が，新しい研究分野としての動物心理学，比較心理学，発達心理学，さらに学習心理学など，心理学に新しい潮流

を生むきっかけとなったこと，「真理とは役に立つことである」というパース（Pierce, C. S.）の**プラグマティズム**（pragmatism）を広めたことは重要である（James, 1907）．このような考え方は，やがてアメリカのシカゴ大学を中心に，デューイ（Dewey, J.）によって**機能主義**（functionalism）として実を結ぶことになった（Schultz & Schultz, 1986）．

❂ワトソンの「科学としての心理学」

ワトソンは，1913年心理学評論（*Psychological Review*）誌に行動主義宣言とされる論文（"Psychology as the behaviorist views it"）を発表した．この論文で彼は，心理学が客観的，実験的な自然科学の一部門でなければならないと考えた．このため，（1）**心理学の目標を行動の予測と制御とし，（2）研究対象を直接観察できない意識から直接観察できる行動へ変えること，（3）研究方法も内観法ではなく，観察や実験という自然科学的方法を用いるべきである**と主張したのである．

ワトソンは，学習の問題を科学としての心理学の中心においたが，学習の過程として採用したのは，生理学者パヴロフ（Pavlov, I. P.）の**条件反射**（conditioned reflex）の研究であった．ワトソンがパヴロフの条件反射を学習の原理としたことは，やがてワトソンの行動主義の行き詰まりを生む遠因となるのである．1930年代になると，腺や筋などの末梢的かつ部分的な反射を基礎としたワトソンの行動主義の限界が認識されるようになり，生活体全体の行動を扱う新しい行動主義の流れが生まれてくる．これがアメリカの**新行動主義**（neobehaviorism）である．

❂新行動主義における心理学体系の展開

ガスリー（Guthrie, E. R.），トールマン（Tolman, E. C.），ハル（Hull, C. L.），スキナー（Skinner, B. F.）らを代表とするアメリカの新行動主義は，ワトソンの行動主義の限界を乗り越えるべく，ワトソンと同様に刺激と反応の関係を基礎としつつも，末梢的かつ部分的行動ではなく全体的行動を扱おうとした（佐藤，1976）．

新行動主義の方法論としては，ワトソンが主張した実験や観察という自然科学的方法を用いるという点ではワトソンの考え方と大きな相違はないが，さらに**科学的に洗練された体系**を目指したといえる．こうした体系化の試みとして，たとえば，ハルが心理学の理論体系を物理学の理論体系をお手本に，行動の定理や公理から出発して具体的な場面における行動の予測を可能にする**仮説演繹体系**として構築したこと（Hull, 1943），トールマンとハルが行動の理解には，刺激と反応の他に両者の間を介在する**仲介変数（媒介変数）**の役割が必要であるとし，それらを理論化したこと，スキナーが心理学における刺激の定義をその行動への効果，反応の定義を反応の結果から行うことの重要性を指摘し，同じような行動への効果を持つ刺激や同じような結果をもたらす反応をひとつの属としてまとめた**クラス概念**（generic nature）を提案したこと（Skinner, 1935），心理学の概念定義を物理学における**操作的定義**（operational definition）にならって，1組の操作から定義することで，明確化しようとする機運が広まったこと，さらに，学習理論という狭い範囲の体系化から，**行動理論**という**大理論**の構築を目指したことなどが挙げられる．また，新行動主義の目標のひとつに，フロイト理論の「科学化」という企ても含まれていたことも，こうした思潮の反映といえるであろう．

❖心理学に影響を及ぼした他分野の新しい潮流

　このように，新行動主義の時代に，実験を中心とした研究法や理論がより洗練された形で用いられるようになった背景には，心理学の周辺領域における新しい潮流がある．たとえば，哲学の分野における**論理実証主義**（logical positivism）や，その後の**科学哲学**（philosophy of science）の発展，物理学では，概念を言葉で定義する曖昧さを排除するために，概念を言葉ではなく，1組の操作（手続き）から定義しようとする**操作主義**の提案（Bridgman, 1928），数学分野では，フェルマ（Fermat, P.）とパスカル（Pascal. B.）に始まり，ラプラス（Laplace, P.-S.）により確立した古典的確率論からコルモゴロフ（Kolmogorov, A.）による**近代的確率論**への発展や，統計学分野ではフィッシャー（Fisher, R. A.）により考案された**統計的仮説検定法**の誕生な

ど，心理学以外の他分野の新しい潮流が心理学の研究に大きな影響を与えたのである．

●心理学における実験法の展開

　近代心理学の成立前後における方法，とりわけ**実験法**（experimentation）の特徴は，フェヒナーやヘルムホルツが用いた実験法や，ヴントが用いた特別に訓練された被験者を用いる内観法に見られるように，**少数個体による方法**であるといえる．その典型的な例は，自分自身を被験者としたエビングハウス（Ebbinghaus, H.）による記憶の実験である．後に述べるように（第9章「記憶」），彼は，自分自身を被験者にして，「無意味綴り」という意味のないアルファベット3文字を刺激材料として，一度憶えた後，一定の時間経過により，どのように忘却が起こるのかを初めて定量的に明らかにした．このように，初期の心理学研究は少数個体の方法を用いていたといえる．

　一方，新行動主義の時代になると，先に述べたように，心理学の周辺領域から様々な影響を受けるようになる．心理学の方法論に対する，そうした影響のひとつに統計学分野における**統計的仮説検定法**の確立がある．この方法が，後述するように，要因の水準間（第5章「実験における2つの問い」参照）に差があるか否かを判定する機械的な手続き（第8章参照）を提供したことで，判定の簡便な方法として心理学の研究にも急速に取り入れられていった．この手続きは群間比較（第5章「群間比較法」参照）を基本としているため，これまでの**少数個体の方法**とは異なり，統計的仮説検定法の適用を前提とした，多数の個体を必要とする群間比較の方法が多用されるようになった．これを**多数個体の方法**という．

　心理学の様々な研究において多数個体の方法が多用される傾向は現代にまで続いているが，しかし同じ新行動主義のスキナーは，むしろ，要因の効果が個体ごとに示されるのではなく，集団全体の平均値として示される，多数個体の方法の問題点を指摘した．彼は少数個体の方法の利点を生かした研究を推進すること（このような方法論にもとづく研究発表の場として，*Journal* *of the Experimental Analysis of Behavior*を創刊した）で，一度衰退したかに見えた少数個体の方法を再び心理学における主要な研究法のひとつとして確立したのである（Robinson & Foster, 1979）．

●現代心理学の哲学的基礎

現代の心理学は，大別すれば，新行動主義心理学の系譜から2つの方向に分かれたといえる．ひとつの方向は，ワトソンの行動主義の特徴である「意識の棚上げ」，言い換えると，意識を直接扱えない（扱わない）ことから，その代わりに行動を扱い，行動の変容過程から意識を再構成しようとする考え方である．これを**方法論的行動主義**（methodological behaviorism）とよぶ．現在の**認知心理学**（cognitive psychology）の哲学的基礎は方法論的行動主義である（Neisser, 1967）．一方，もうひとつの方向は，行動を意識の再構成のための手段とするのではなく，行動それ自体を扱うことを目的とする考え方である．これを**徹底的行動主義**（radical behaviorism）とよぶ（Skinner, 1974）．これはスキナーの創始になる**行動分析学**（behavior analysis）の哲学的基礎である（O'Donohue & Kitchener, 1999）．

以上のことをふまえて，心理学の研究対象とそれを扱う方法を定義すると，現代心理学は，「ヒトや動物のさまざまな振る舞い（行動）を観察や実験という科学的方法を用いて研究する分野である」ということになろう．

●現代心理学の新しい方法

現代心理学の特徴のひとつは，きわめて多様な研究分野に細分化されていることである．しかし，この細分化された研究領域を横断的に見てみると，そこには共通性も認められる．この半世紀における研究の進展を，各研究分野に共通する方法論の特徴として見ると，(1) **コンピュータ・アナロジー**，(2) **数理分析**，(3) **微細分析**，(4) **コンピュータ・シミュレーション**，(5) **学際的研究**などを挙げることができる．特に，20世紀後半のコン

ピュータ（電子計算機）の急速な発展は，心理学の分野にも様々な影響を与えたといえる．

❉コンピュータ・アナロジー

1950年代から急速に発展したコンピュータは，心理学の研究にも大きな影響を及ぼしてきた．コンピュータの最初の形は，1940年代に砲弾の弾道を計算する目的で米国弾道研究所により開発された自動計算機であった（Goldstein, 1972）．この自動計算機の開発の過程で，今日の計算機の基本となる構成，すなわち，「**計算機は中央処理部，記憶部，入出力部という3つの構成要素からなること**」が確立した．この時期の自動計算機概念の確立に大きな役割を果たしたのは，数学者のフォン・ノイマン（von Neumann, J.）であった．彼は，最初の自動計算機の問題点を改良した新しい電子計数型計算機EDVAC（electronic discrete variable calculator）開発に関する報告書の中で，今日の計算機の働きの基本となる考え方をまとめたのである．彼は，計算機の働きを記述するための**論理記法**の導入，命令実行の**プログラム内蔵方式**の説明，一度にひとつずつの命令を実行する**逐次処理方式**（この方式にもとづく計算機をノイマン型計算機という）の明確化という点で，今日の計算機科学の父とよばれるのである．

このようなコンピュータの発達にともなって，心理学にも新しい潮流が誕生してくる．それが**認知心理学**である．ヒトの記憶研究をコンピュータの仕組み（構造）とその働き（そこで行われる情報処理）になぞらえて理解しようとする考え方が現れる．記憶における情報処理モデルはこのような機運の産物である（第9章「記憶」参照）．

❉数理分析

心理学の研究に数学的な道具（方法）を用いようとする試みは，近代心理学の出発の時期にまで遡ることができる．たとえば，フェヒナーが感覚の変化を物理的刺激の変化に関係づける関数として**対数関数**（logarithmic function）を適用したのは，こうした事例のひとつである．彼は，私た

ちの感覚と物理的刺激の関係を明らかにしようとする研究を**心理物理学**（psychophysics）とよび，感覚と物理的刺激との関係を記述する方法として関数を用いたのである（第9章「感覚・知覚」）．また，新行動主義の1人であるハルの仮説演繹理論も，数式で表現された定理や公理から具体的な実験場面の予測を導出するという点で数学的な道具を使っているといえる．

このように，数学をデータの解析や心理現象の内容を表現する手段として用いるアプローチは，心理学の初期から見られたが，このアプローチが現代心理学の主要な方法のひとつとなったのは，特に**心理現象の内容を表現する手段として数学を用いる研究**が進展したことによる．このような研究を**数理心理学**（mathematical psychology）とよぶ（印東，1969a）．

数理心理学の具体的研究例として，バウアー（Bower, G. H.）とトラバッソ（Trabasso, T. R.）による**概念学習のモデル**を取り上げてみよう（Bower & Trabasso, 1964）．概念学習とは，いくつかの刺激次元（属性）の組み合わせとして実験者が任意に設定する概念を被験者が呈示された刺激見本の正・誤から学習することである．通常，この実験手続では，被験者には，呈示された刺激見本が概念に含まれていれば正事例，含まれていなければ負事例として被験者の判断の後に実験者により知らされる．したがって，被験者の反応は，正反応と誤反応のひとつの系列となり，学習されていない状態では正反応と誤反応がでたらめ（ランダム）に生じ，学習された後は最後の誤反応の後に正反応が連続するような反応系列になる．

彼らは，概念学習を経験から獲得する時系列的な性質をもつものと考え，概念獲得の過程（未学習の状態）と概念達成（学習した状態）とを一連の**マルコフ連鎖**（markov chain）の過程として表現した．簡単にいうと，概念学習とは，未学習の状態（$\overline{C}$）から学習した状態（C）への推移過程であるとみなされる（図1-2）．

図1-2に状態図が示されているが，正しい仮説を取り出す確率をπ，誤反応確率をqとすると，$\overline{C}$からCへ移行する確率は$q\pi$である．一度学習ができた後には後戻りすることはないと仮定するので，CからCへ移行する確率は1.0である．また，最初の状態は未学習であるから$\overline{C}$であると仮定する．

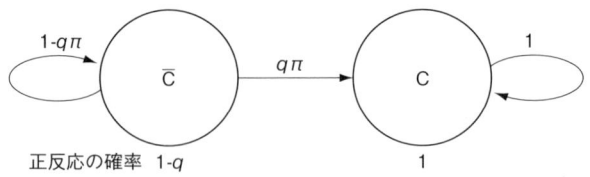

図1-2 概念学習のモデルにおける学習されていない状態と学習された状態を表す状態図. Bower & Trabasso (1964)を改変.

　このモデルでは，きわめて単純な仮定から，概念学習を，最終誤反応を境として，それ以前は未学習の状態，それ以降は学習された状態という2つの状態からなるマルコフ過程と見なしている．したがって，被験者ごとの反応系列における誤反応の生起をみれば，学習の過程が明らかになるのである．このようなモデルから，誤反応に関する様々な統計量（たとえば，誤反応の分布）を理論値として求めることができる．これらの**理論値と実際の被験者の学習データ（実測値）との一致の程度をみることで，モデルの当てはまりの良さを評価する**ことができる．

　多くの研究は，この単純な数学モデルが実際のデータをうまく記述できることを明らかにしている（第8章「データの分布」参照）．

コラム：実験式・モデル・理論

　データの中に潜在している規則性を表現する手段として数式やある関数が用いられることが多い．これらのうち，データの記述のために用いられ，特に数式の中の変数（パラメータ）に心理学的意味が与えられない場合には，これらの数式を**実験式**という．したがって，実験式のパラメータはそのデータにのみ適用される，一般性のないものである．一方，数式のパラメータに心理学的意味が与えられる場合には，これらの数式は単なる実験式ではなく，心理学的過程を表現するものになる．これを**モデル**という．モデルに含まれるパラメータの具体的な数値は実験条件やデータの測定法により異なるが，モデルそれ自体は心理学的過程

を表すものとして一般性をもっていると考えられる．モデルと**理論**は，本質的な違いはなく，いずれも心理学的過程を表現するものであるが，特に，適用範囲の狭い場合をモデル，広い場合を理論として用語を使い分けることもある．

◎微細分析

　分析には様々なレベルがあるが，微細なレベルでの行動の分析にコンピュータの発達はなくてはならないものといえる．コンピュータの発達は，高速な数値処理や複雑な計算，あるいは作図を可能にし，行動データの詳細な分析のための手段を提供した．このようなコンピュータを用いた行動研究の一例として，ワイス（Weiss, B.）の研究を見てみよう．

　彼は，どのような反応を行えば強化刺激が呈示されるかを決める強化スケジュール（伊藤, 2005）下のブタオザルのレバー押し反応という行動が，時間軸上で，どのように変化するのかをミニコンピュータ（米国DEC社：PDP8）を用いて分析した（Weiss, 1970）．レバー押し反応の**反応間時間**（interresponse time; IRT）を測定し，この時間データの分布をヒストグラム（第7章「データの分布」参照）で表すと，行動変化の微細構造が明らかになる．図1-3は，縦方向が，ある反応間時間の頻度であり，秒とあるのは，反応間時間を0秒から40秒までの範囲をある幅の階級に分けて，それらの階級に入る反応間時間の度数分布を表している．このような反応間時間の度数分布が，セッション毎に左から右へと順番に並べられている．図から明らかなように，ある強化スケジュール（非線形）下の行動（反応間時間）が定常状態になる様子（初期には短い反応間時間が頻発しているが，やがて長い反応間時間へと変化）と，別の強化スケジュール（線形）へ移行したあと，再び反応間時間の分布が変化していく様子（移行直後の長い反応間時間から中程度の反応間時間へ変化）が鮮やかな反応間時間の分布の変化として表現されている．

　このようなセッション毎の反応間時間の分布を描くことを，人が手作業で

行ったとしたら，膨大な時間と労力を要する作業であり，コンピュータがなければ，不可能に近いといっても過言ではない（筆者は，かつて，パーソナル・コンピュータ（パソコン）の姿も形もない1970年代初期に，反応間時間の分布を描くために，反応間時間の度数を自動的に計数する装置（反応間時間分配器）を集積回路（論理素子）を用いて自作したことがある．これをもとに手で分布を描いたのであるが，これだけでもかなり楽になったことを憶えている）．

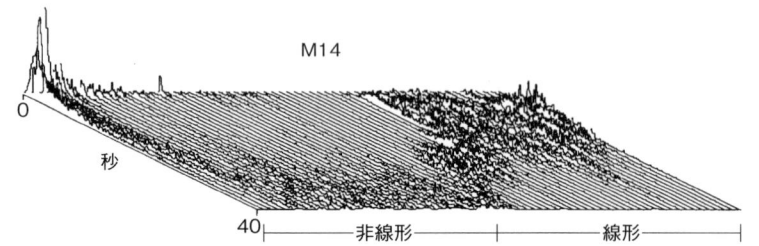

図1-3　非線形強化スケジュールから線形強化スケジュールへ移行した場合におけるブタオザル1個体（M14）のレバー押し反応の反応間時間（IRT）の分布．Weiss（1970）を改変．

✺コンピュータ・シミュレーション

　1980年代以降の計算機科学，特に，パソコンの発展は驚異的である．いまやパソコンはかつての大型計算機やワークステーションを遙かに超えた処理能力を備えるに至っている．このため，パソコンを用いた行動現象のシミュレーションも容易になったといえる．
　シミュレーションとは，人や動物の実際の行動ではなく，一定の前提条件のもとでコンピュータが人や動物の代わりに行動することである．コンピュータの行動は，一種の計算過程であるので，**計算の仕方をプログラムすることで**，様々な前提条件のもとにおける行動について，たとえば，1試行や1セッションの行動結果を算出することができる．もし，この結果が通常の実験手続きを用いた人や動物の行動データと類似したものであるとした

ら，人や動物の行動過程が**プログラムで想定した計算過程（前提条件）に類似していると考えられる**のである．このような比較にシミュレーションの意味があるといえる．

シミュレーションの利点は，初期条件を様々に変えながら容易に行動結果を求めることができることである．また，プログラムは，必ずしも数式という形を取らなくてもよいこと（非数量的表現）でもある．また，現在，人や動物を用いた実際の実験を行うに当たっては，倫理的基準（第11章）を満たす必要があり，実施が困難な場合も少なくない．このため，コンピュータ・シミュレーションの役割が，今後，ますます重要になってくると予想される．

✱学際的研究

現代の諸科学は細分化の道を歩んできたといえる．現代心理学も例外ではなく，ヴント心理学の時代から現代までに，感覚・知覚研究から臨床的研究まで様々な研究分野を生み出してきた．しかしその一方で，心理学と，異なる研究分野との交流も生まれてきている．たとえば，1950年代には，薬理学領域の**行動薬理学**（behavioral pharmacology）の誕生（第9章「学習」参照）を始めとして，1980年代には経済学領域の**行動経済学**（behavioral economics）（伊藤，2001，2005）とその後の**実験経済学**（experimental economics），生物学領域では生物の採餌の問題などを扱う**行動生態学**（behavioral ecology），神経科学分野では**行動神経科学**（behavioral neuroscience）などが新たな学際的研究領域として確立した．さらに，1990年代には工学分野のニューラル・ネットワークモデルや計算論モデルなどの**人工知能**（artificial intelligence）研究が進展した．

こうした学際的研究は，心理学の概念や方法を「輸出」するという側面と心理学が他分野から概念や方法を「輸入」するという2つの側面があるが，心理学と他分野の概念や方法を新たな問題に適用することで，これまでにない新しい研究枠組みを生み出しているといえる．たとえば，行動生態学では，動物の採餌行動の研究において，心理学は生物学から最適化という考え

方を輸入し，生物学にはオペラント条件づけという方法論を輸出しているといえる（Ito & Fantino, 1986; Krebs & Davies, 1991）.

> **コラム：コンピュータの発達：メインフレームからパーソナルコンピュータまで**
>
> 　今から30年程前の1970時代初期には，まだコンピュータといえば，空調設備の整った大きな部屋に置かれた人の背丈ほどの高さがある大型電子計算機（メインフレーム）を意味していた．やがて実験の制御を行うための小型化したミニコンピュータ（いわゆるミニコン）が使われるようになった．このミニコンの多くは米国のDEC社製であり，DEC社は，IBMがメインフレームの雄とよばれたように，ミニコンの雄とよばれた（しかし，現在，すでにDEC社は消滅して無く，IBMもコンピュータ事業を中国のメーカーに売却してしまったように，この世界は栄華盛衰が激しい）．
>
> 　1970年代に日本の卓上計算機のメーカー（ビジコン社）が米国のインテル社に計算プログラム内蔵の中央処理装置（CPU）とメモリーからなる集積回路を発注したことが，後のパソコンの誕生の契機となったことはよく知られている（このビジコン社もすでに無い）．1980年頃には現在のパソコンの原型となるオペレーティング・システム（OS）を内蔵し，プログラミング言語BASICが使えるパソコンが登場した．それから現在（2006年）まで，わずか四半世紀の間に，パソコンの発展は想像を超えた早さで進み，その処理能力はかつての大型計算機をはるかにしのぐものとなっている．このようなコンピュータの発展は，心理学の研究にも多くの影響を与えたのである．

●読書ガイド

Coombs, C., Dawes, R. M., & Tversky, A. 1970 *Mathematical psychology: An elementary introduction*. Pretice-Hall.（小野 茂（監訳）『数理心理学入門』新曜社 1975）
　＊数理心理学の確立期に出版された教科書である．心理学の各分野にどのように数学的方法が適用されるかがよくわかる．

Goldstine, H. H. 1972 *The computer from Pascal to von Neumann*. NJ:Princeton University Press.（末包良太・米口 肇・犬伏茂之（訳）『計算機の歴史:パスカルからノイマンまで』共立出版 1979）
　＊1940年代からの半世紀における計算機科学の飛躍的発展を，様々なエピソードを交えて詳しく紹介しているので，大変参考になる．

伊藤正人『行動と学習の心理学：日常生活を理解する』昭和堂 2005
　＊学習心理学の考え方，学習研究における基本的な実験方法と実験事実並びにその日常場面への応用について詳しい解説がある．

金児暁嗣（編）『サイコロジー事始め』有斐閣 2003
　＊心理学全般の知識をわかりやすく解説している．

Laplace, P.-S. *Essai philosophique sur les probabilités*. 1814（内井惣七（訳）『確率の哲学的試論』岩波文庫 1997）
　＊確率の考え方と日常的な出来事との関連を数式によらずに解説している古典的著作．

Schultz, D. P., & Schultz, S. E. 2000 *A history of modern psychology*（7th Ed.）Harcourt Brace.（村田好次（訳）『現代心理学の歴史（第3版）』培風館 1992）
　＊近代から現代までの心理学の歴史を簡潔にまとめてある．翻訳は第3版にもとづいている．

末永俊郎（編）『講座心理学Ⅰ：歴史と動向』東京大学出版会 1971
　＊近代以降の心理学の歴史をかなり詳しく紹介している．日本における心理学の歴史についても詳細な紹介があるので参考になる．

課題1-1：研究対象と方法の観点から心理学の諸学説を説明しなさい．
課題1-2：行動主義心理学が現代心理学に果たした役割について述べなさい．

第2章 科学的に考える

さまざまな現象を分析するばあいの科学の根本的な戦略は，まず不変なるものをさがすことなのである．物理的法則は，すべての数学的展開も同様であるが，不変的な関係を明確に述べたものである．科学のもっとも基本的な命題は，普遍的な保存という公準である．

J. モノー『偶然と必然』より

科学的に考えるためには,科学とは何かが明らかになっている必要がある.科学とは何かという問いに対する答えを与える学問分野は,**科学哲学**である.科学哲学は,1920年代から1930年代の哲学における一潮流である**論理実証主義**から誕生したものであり,現代の科学像の確立に大きな役割を果たしている.現在までの科学哲学の成果は,おおよそ以下のような点にまとめることができる.まず第1に,科学像は,始めからある確立した姿を持っていたわけではなく,ガリレオの時代の近代科学から現代科学まで**歴史的な変遷がある**という認識を与えたこと,第2に,確率論とそれを基礎にした推測統計学の確立により,決定論的世界観が**非決定論的世界観**へと変化したこと,第3に,**科学理論は真なる過程を記述するものとする実在論と,現象の記述のための道具にすぎないとする道具主義の対比**,第4に,**科学理論の変遷は,過去の科学的営みの集積であり,連続性をもつとするベイズ主義と,従来の研究枠組み(パラダイム)が新たな研究枠組みに置き換えられる非連続的なものであるとするパラダイム論**(Kuhn, 1962)の対比などである.現代の科学像(科学の目的やあるべき姿)をめぐって,こうした点について様々な議論が行われているが,ここでは,論争の詳細は他書(内井,1995)に譲り,心理学の分野における科学の実態に即した科学像を描くことにとどめたい.

●科学とは何か

現代心理学が用いている方法は,実験と観察という**自然科学的方法**である.科学とは,(1)**実験や観察という方法により得られるデータにもとづいてある命題に関する結論を導き出す一連の手続き**のことである.このようなデータは客観的な証拠となり,このような根拠にもとづいて以下に述べる帰納と演繹という2つの推論の仕方を適用して,ある結論に到達するのである.このような結論を**科学的事実**という.また,科学とは,(2)**科学的事実を専門用語により記述する**ことでもある.これを**概念による事実の統括**という.たとえば,強化(第9章「学習」参照)という専門用語を用いて,オペラント条件づけ実験における様々な事実をまとめることができる.さらに,科学

とは，(3) **現象の予測と制御を可能にするもの**である．たとえば，実験という方法を用いて，ある現象が起きる要因を明らかにすることができれば，実験者がこの要因を操作することで，現象が起きたり，起きなかったりすることを自在に決められることになる．これを**現象の制御**という．ある現象の生起を操作できることは，言い換えれば，その**現象を予測できる**ことでもある．

✤科学の要件

ある手続きや現象が科学的であるといわれるためには，**客観性，再現性，公共性，普遍性**などの要件が必要とされる．

客観性とは，主観性の対極の概念であり，科学の営みには個人の主観的判断によらない手続きが必要であることを指している．後述するように，科学の方法である観察や実験という手続きは，個人の主観的判断に代わる客観的な手続きなのである．

再現性が要件となるのは，科学の扱う対象が再現可能な現象に限られるからである．たとえば，ある人の体験が再現できないとしたら，これは科学の対象にはならないことになる．

公共性の要件は，科学の成果が誰でも，いつでも利用できることを指している．ある特定の人物しか科学の成果を知ることができないとしたら，それは科学ではないことになる．通常，科学の成果は，論文として学術雑誌（第10章参照）を通して公表されるので，誰でも読み，知ることができる．もし，ある人が新しい発見をしたとしても，そのことを公表しなければ，この発見は公共性を持たないことは明らかであろう．

普遍性とは，ある現象やその現象を記述する理論が個々の対象に共通することを指している．たとえば，知覚における恒常現象は，よく知られている大きさの判断だけではなく，形や色の判断についても認められている．このため，恒常現象は私たちが外界を見るときの普遍的性質を表すものといえる．

以上のような科学の要件は，さらにこれらの要件を含む**検証可能性**という要件にまとめることができる．検証可能性とは，たとえば，ある現象の生起

を確かめることができることを指している．このためには，手続きが明示されていなければならない（客観性）し，この手続きを用いて現象がいつでも誰にでも再現できなければならない（再現性）．このようにして，現象を検証できたとしたら，この現象の公共性や普遍性をも付与したことになるであろう．

❀科学的説明

　説明とは，一般に，「なぜ」という問いに対する答えである．しかし，ガリレオ以降の近代科学は，「なぜ」という問いを捨てて，「どのように」という問いへの答えを探してきたといえる．「どのように」という問いの答えは，**その現象の起こる仕組み（メカニズム）を明らかにすること**である．先に述べた現象の予測と制御は，このような仕組みを働かせる要因を見つけることにより可能になると考えられる．

　したがって，**科学では，厳密に考えれば，「なぜ」という問いには答えられない**ことになる．心理学でも事情は同じであるが，心理学で扱う行動の説明には「なぜ」という問いに対する答えも見つける必要がある．これは，第3章「行動の説明」で詳しく述べるが，生物進化の過程でその行動が獲得されたと考えられるからである．

コラム：「超能力」の科学的評価

　「超能力」という言葉になにやらうさんくささを感じると同時に興味を引かれるのも事実であろう．「スプーン曲げ」という「超能力」（というには少々些末な能力ではあった）にはトリックがあったが，現在でもテレビなどに「超能力者」と称する人物が登場する．特に多いのは，失踪者の居所を「透視」により突き止めることができる（？）という者である．このような「超能力」を科学的に確かめるにはどのような手続きを用いたらよいのであろうか．

　「超能力」を評価する手続きのひとつは，以下のような確率論（第8

章参照）にもとづいたものである．簡単な例として，トランプの色（赤または黒）を当てることを考えてみよう．「透視」ができるのであれば，裏返しに置かれたトランプの色を当てることができるであろう．そこで，よく切ったトランプを裏返しに机の上に置き，色を予測してから，トランプの表を開け，正答ならば○，誤答ならば×として記録する．これを10

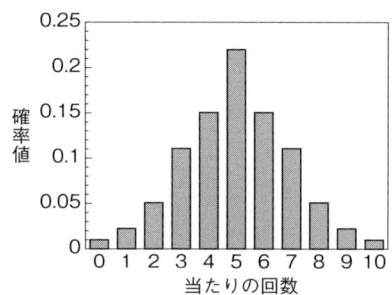

図 2-1 トランプの色当てがでたらめであるばあいの実験結果（理論値）．被験者の色当ての結果がこのような分布になるとしたら，当たりは偶然の結果であると考えられる（理論値の求め方は第8章「2項分布」参照）．

回続けて行い，正答数を集計する（正答数は0から10の範囲で変化する）．このような10試行を1単位とする実験を多数回（最低でも100単位，1000試行）繰り返して，このデータから，1度も当たらない確率から10回とも当たる確率を**相対度数**（たとえば，1度も当たらない回数が100単位中25回であるとすると，その確率は25/100=0.25）として求める．横軸に正答の回数，縦軸に正答の相対度数（確率値）をとって描くと，当たりの**確率分布**（経験分布）が得られる（第8章「確率分布」参照）．

「透視」ができるとすれば，この確率分布は当たりが10回のところに集中するはずであろう．このような確率分布を描くことで，「透視」という「超能力」の有無が明らかになる．このような「超能力」テストに合格する自称「超能力者」はおそらくいないであろう．

●研究における分析と統合

研究には，**分析**（analysis）と**統合**（synthesis）という2つの側面がある．分析とは，研究対象となっている行動や現象にどの様な要因が影響するかを

第2章●科学的に考える　029

実験（第5章参照）により調べることである．一方，統合とは，要因間の関係や，各要因をより一般的な概念で統括すること，すなわち，**観察**（第4章参照）や実験から得られたデータに含まれる共通性や規則性を理論やモデルを用いてまとめることである．この分析と統合をつなぐものが帰納と演繹という推論の過程である．図2-2に示したように，一般に，科学の営みは，この分析と統合の過程を，帰納と演繹という推論にもとづいて，いきつ，もどりつ，しながら，新しい現象や要因の発見，理論やモデルの構築・再構築を探求する作業なのである．もし，実験の結果，得られたデータが理論やモデルの予測と異なる場合には，実験の手続きに不備や問題点があれば，これらの問題点を修正した上で実験を再び行うことになる．実験手続きに不備がなければ，実験データをうまく扱えるように理論やモデルを修正することになる．

具体的な研究事例で，研究における分析と統合がどのように行われるかを見てみよう．

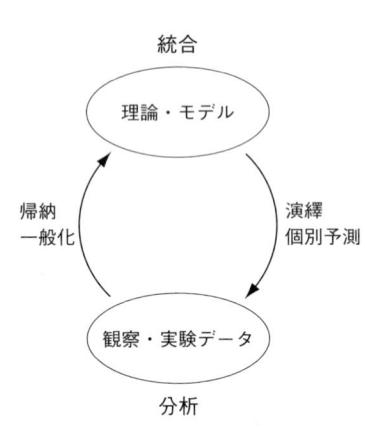

図2-2　科学における分析と統合の概念図．

✿分析とは

分析の具体例として，観察学習の例としてよく知られている宮崎県幸島の野生ニホンザル集団のイモ洗い行動の伝播（河合，1969）を取り上げてみよう．最初にイモ洗い行動が観察されたのは，1歳半の雌の個体であるが，その後，この行動は，母親や仲間，さらに世代を越えて伝わっていったという．河合は，このような文化的行動の伝播は，模倣（観察学習）によるものとしているが，すべてが観察学習によるというよりも，この中に，個体自身の経験（学習）が含まれている可能性がある．

樋口（1992）は，集団における新しい行動の伝播を実験的に検討するために，様々なニホンザルの集団の中に，オペラント実験用パネルを設置し，

パネル押し反応の形成とその伝播を調べた（図2-3）．その結果，パネル押し反応の観察学習は容易には生じないことが明らかになった．この結果は，幸島のニホンザル集団で観察されたイモ洗い行動の伝播は，イモ洗い行動を見ることによる何らかの影響（行動の一部が観察個体の注意を引くような局部的強調）はあるとしても，実際には，観察個体自身の学習の結果である可能性が高いことを示唆している（浅野，1983）．この例のように，実験とは，いくつかの可能性を分析する方法であるといえ，野外の観察データからはうかがい知れない事実を明らかにしてくれるのである．

図2-3　宮崎県幸島に置かれた実験用パネル．樋口（1992）より．

❋統合とは

　次に，統合の具体例として，選択行動の基本原理である**対応法則**（the matching law）を最初に報告したハトの選択行動の実験（Herrnstein, 1961）を取り上げる．ヘルンスタイン（Herrnstein, R. J.）は，ハトを被験体として，並立スケジュールにもとづく同時選択手続きを用いて，2つの選択肢の一方では強化率（1分当たりの強化数，強化頻度）を固定し，他方の選択肢で強化率を組織的に変化させたところ，ハトの2つの選択肢への反応の配分は，2つの選択肢から得られる強化率に一致することを見いだした．これを対応法則といい，（2-1）式または（2-2）式のように表すことができる．

　図2-4は，3個体のハトのデータを示している．縦軸は，（2-1）式の左辺を，横軸は右辺をそれぞれ表している．個体のデータは，（2-1）式の左辺のような形で表現した選択反応を**選択率**（choice proportion），（2-2）式

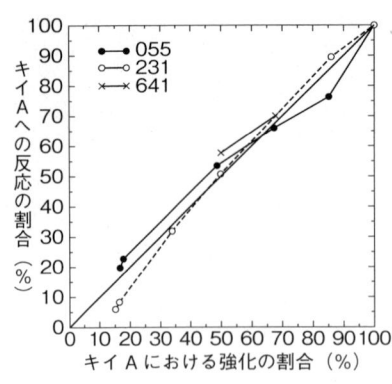

図 2-4 選択行動における対応法則の成立.
Herrnstein（1961）を改変.

の左辺のような形の選択反応を**選択比**（choice ratio）といい，被験体の**選好**（preference）を表すものである．図中の傾き 45 度の直線は，（2-1）式を表している．これを**完全対応**（perfect matching）とよぶ．図から明らかなように，個体のデータは，傾き 45 度の直線の周りに点在しているので，おおむね対応法則が成立していると見ることができる．このように，（2-1）式または（2-2）式で，各選択肢における強化率と選択反応の関係を表現することは，実験データの一般化であり，統合のひとつの表現である．

$$\frac{R_1}{R_1+R_2} = \frac{r_1}{r_1+r_2} \qquad (2\text{-}1)$$

$$\frac{R_1}{R_2} = \frac{r_1}{r_2} \qquad (2\text{-}2)$$

ただし，R は選択反応，r は強化率を，数字は選択肢 1 と 2 をそれぞれ表す．（2-1）式と（2-2）式は代数的に等しい．

さらに，実際のデータは，しばしばこの直線から逸脱することがあるため，こうしたデータも扱えるように，（2-3）式の**ベキ関数**（power function）にもとづく対応法則の一般化が提案された（通常，a と b を推定するためには，両辺を対数変換した（2-4）式を用いる）．これを**一般対応法則**（generalized matching law）という（Baum, 1974, 1979; 伊藤, 1983; 高橋, 1997）．一般対応法則も統合のひとつの例である．

$$\frac{R_1}{R_2} = b\left(\frac{r_1}{r_2}\right)^a \qquad (2\text{-}3)$$

$$\log\left(\frac{R_1}{R_2}\right) = a\log\left(\frac{r_1}{r_2}\right) + \log b \qquad (2\text{-}4)$$

ただし，b は一方の選択肢への何らかのバイアス，a は強化率次元に対する被験体の感度を表す．

●分析の単位と分析のレベル

研究で用いる分析の単位と分析のレベルによって扱う行動も異なってくる．分析の単位については，たとえば，先の反応から次の反応の時間間隔（反応間時間）や 1 試行を単位とする分析は，**微視的分析**（molecular analysis），実験セッション全体を単位とする分析は，**巨視的分析**（molar analysis）として区別される．一方，分析のレベルについては，ニューロンと脳，個体と集団，あるいは個体と種という対比では，前者が**微視的レベル**，後者が**巨視的レベル**となる．これらの例から明らかなように，微視的・巨視的という区別は，分析の単位でも分析のレベルでも相対的な区別であるといえる．

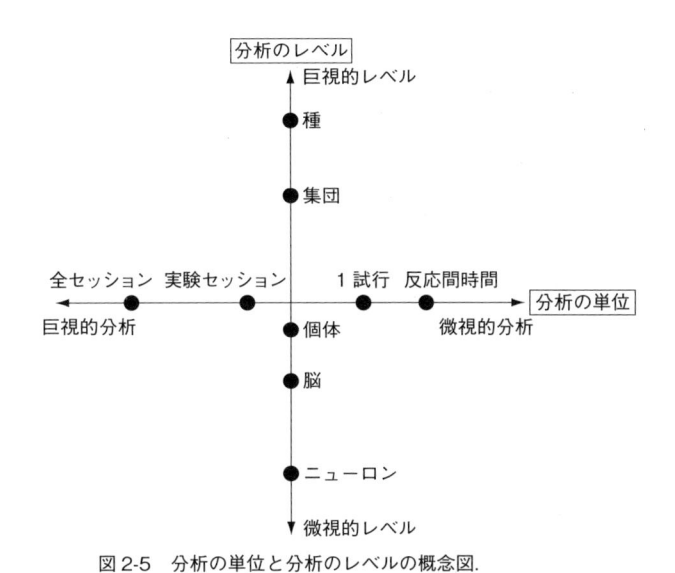

図 2-5 分析の単位と分析のレベルの概念図．

コラム：フロイト先生のウソ

　精神分析学を創始したフロイトは心理学だけではなく社会・文化の多方面に多大な影響を与えたひとりである（米国の心理学者スキナーが**行動分析学**という用語を用いたのは，フロイトの精神分析学という命名を意識してのことである）．現在，心理学で用いられている用語には，フロイトの命名になるものも多い．たとえば，「不安」や「葛藤（コンフリクト）」，「抑圧」などはこうした例である．また，心理学の理論についても，「意識と無意識の区別」や「幼児体験の重要性」など現代心理学に受け継がれているものもある．しかし，「科学」という視点から見ると，フロイトの用語や理論には問題点が含まれることも事実である．たとえば，「幼児体験の重要性」とは，子どものころの経験が成人後の行動に何らかの影響を与えるということであるが，これには科学的根拠があるのだろうか．また，「不安」や「葛藤」という用語は，科学的に厳密に定義されるのであろうか．こうした疑問は，フロイト個人のたぐいまれな洞察力と無縁ではない．それゆえ，彼の洞察力の公共性や客観性が問題となるのである．

　科学ジャーナリスト，ロルフ・デーゲンの『フロイト先生のウソ』は，こうした通説の多くが科学的根拠に乏しいものであることを最近の研究成果をもとに論証したものである．ただし，本書でとりあげられている通説のすべてがフロイトの考え方ではないので，誇張されたタイトルはフロイトにとってやや気の毒な感もある．著者の指摘するように，現在，通説

図2-6　『フロイト先生のウソ』（文春文庫刊）の表紙．

として流布しているもののうち，実は科学的根拠のないものがあることは周知の事実である．心理学の歴史を振り返ってみても，フロイト理論の「科学化」という企てが新行動主義心理学の目標のひとつであったことは，すでに当時からフロイト理論が科学的観点から問題を含んでいたことを如実に物語っている．

◉読書ガイド

Monod, J. 1970 *Le hazard et la necessite: Essai sur la philosophie naturelle de la biologie moderne.* Paris: Editions du Seuil.（渡辺 格・村上光彦（訳）『偶然と必然』東京：みすず書房 1972）
　＊本書は，生物学における科学的説明の問題を扱っており，進化の要因が微視的レベルにおける偶然の攪乱に始まり，やがて巨視的な自然選択により必然のものとなることを論じている．

内井惣七『科学哲学入門：科学の方法・科学の目的』世界思想社 1995
　＊科学とは何かについて書かれた概説書．研究をする際には，一度はこうした科学論をたどって見てほしい．

課題2-1：科学の要件について述べなさい．
課題2-2：研究における分析と統合について述べなさい．

第3章 行動の分類と測定

> 行動を外界へ働きかける有機体の行為といっておこう．
> また，行動を運動それ自体としてではなく，外界への効果として扱うのである．
>
> B. F. スキナー『有機体の行動』より

第1章で述べたように，現代心理学はどのような立場を取るにせよ，いずれも行動データを扱うことになる．現代心理学では，**行動とは，個体とその個体の置かれた環境との相互作用であり，行動を個体（ヒトや動物）が行うあらゆる振る舞い・運動である**と定義する．また，行動には，空間的側面と時間的側面が区別できるので，**行動とは，個体の空間的運動または時間的運動である**ともいえる．

　たとえば，カルガモのヒナが親鳥の後を追従するという行動から，発情したトゲウオの雄が縄張りに進入してきた他の雄を攻撃するという行動，新生児の手のひらに指を接触させると握り返すという行動，過去に野良犬に追いかけられた経験のある人はイヌを見ると思わず後ずさりするという行動，偶然入ったレストランにその後よく通うという行動，あるいは通行人の数を数えるために累積カウンタを押すという行動までさまざまである．これらは，いずれも行動には違いないが，どれも同じ行動であると考えてよいであろうか．実は，これらの行動は同じではないのである．

　現代心理学では，行動を，主に，生まれつき決まっている行動と生まれてからの経験により決まる行動に大別する．前者は**生得的行動**（innate behavior），後者は**習得的行動**（learned behavior）とよばれる．

●生得的行動

　生まれつきの行動（生得的行動）とは，遺伝的に決まっている行動のことである．ある生物種に属する個体は，大きさや体重などのように個体としての相違はあるものの，生物学的な条件は同じであると考えられる．したがって，同じ種に属する個体は，同じような行動を示すといえる．たとえば，クモという種に属する個体は，その種に特有な巣の作り方をするのである．あるいは，雄が雌に対して行う求愛の仕方は，その種に属する個体ならば，例外なく，その種に特有なものになる．

　このような生得的行動に注目してきたのは，生物学の一分野である**行動生物学**（ethology）である．そこでは，ある種に属する個体に見られる，かな

り複雑ではあるが定型的な行動が注目された．これを**本能行動**（instinctive behavior）という（Tinbergen, 1950）．ローレンツ（Lorenz, K.）は，これらの行動が，その種に属する個体に共通して見られるのは，そのような行動を生じさせるメカニズムがあるからだと考えた．彼は，水力学のモデルからヒントを得て，本能行動が機械的に起こる生まれつきの仕組み，すなわち，**生得的解発機構**（innate releasing mechanism）という概念を提案した．この仕組みを働かせるには，特定の刺激が必要で，この刺激が呈示されると自動的にこの仕組みが働いて行動が生じることになる．この刺激を**解発子**（releaser）または**鍵刺激**という．ティンバーゲン（Tinbergen, N.）は，野外で実験を行い，本能行動のさまざまな側面を明らかにし，生得的解発機構の概念が本能行動をうまく説明できることを示した（Tinbergen, 1950）．

図3-1は，淡水性の魚，トゲウオにおける求愛行動の生起順序を模式図として示したものである．雌の卵でふくらんだ腹部が雄の求愛行動の解発子となり，一連の求愛行動が始まるのである．雄は雌を水草で作った巣に誘導し，雌が巣に入ったら，雌の腹部を刺激して産卵を促す（図の右下）．雌が産卵したら，雄は巣に入り放精して，卵を受精させる．その後，雄は卵をふ化するまで保護する．

同じくトゲウオの攻撃行動（本能行動）も，ある特定の刺激により解発されることが模型を用いた野外実験により明らかにされた．それは，模型の本物そっくりな外観ではなく，実際の姿とは全く異なる模型の下部に塗られた赤い色であった．これらの行動はかなり複雑であるが，定型的な形で起きるという点から生まれつきの性質を表している（第5章「野外実験」参照）．

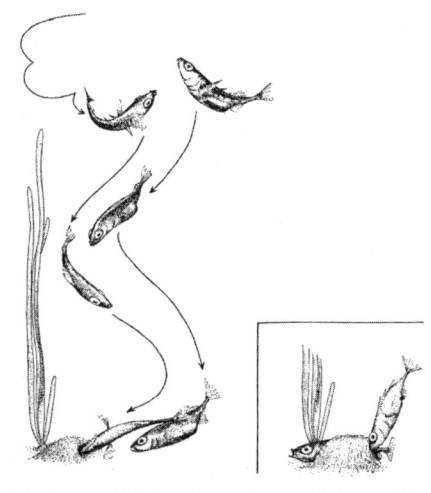

図 3-1　トゲウオの求愛行動．求愛行動は，雄と雌の相互的な行動パターンからなる．Tinbergen（1950）より．

解発子の効果は，その特徴がより顕著であればあるほど強くなる．その一例をティンバーゲンの野外実験に見ることができる．図3-2は，ミヤコドリが自分の卵（最も小さい卵）よりもはるかに巨大な模型の卵を抱卵しようとしている様子を示している．目の前に3種類の卵が置かれた状況では，ミヤコドリは自分の卵の特徴を過度に備えた自然界ではあり得ないような卵を選んだのである．この刺激（自分の卵の特徴を過度に備えた卵）を**超正常刺激**（supernormal stimulus）という．

図3-2　ミヤコドリは自分の卵よりも異常に大きい模型の卵を選ぶ．最も小さいものはミヤコドリの卵であり，左側はセグロカモメの卵である．Tinbergen (1950) より．

　本能行動のなかにも，経験を必要とするものもある．たとえば，鳥類でよく見られる**すり込み**または**刻印づけ**（imprinting）とよばれる現象は，こうした例である．**刻印づけとは，たとえば，鳥がふ化した直後に見た，動くものに追従する現象**である．これは，自然状態であれば，最初に見るものは，親鳥であり，親鳥に追従することは，安全や餌が確保されるという適応上の

図3-3　刻印づけによりローレンツを追従するハイイロガン．Time Life より．

意味がある．しかし，実験室という人工的環境のなかで，動く鳥の模型や機関車を見せると，これらに対しても追従行動が生じることが示されている．人に刻印づけられれば，人に追従することになる．図3-3は，ローレンツに追従しているハイイロガンの例である．また，このような追従行動が最も起こりやすいのは，ふ化後，16時間から17時間ごろであり，24時間以上経過した後にはほとんど生じない**臨界期**（critical period）のあること，刻印づけは，対象を一度見ただけで生じること（**1試行学習**），一度刻印づけが生じたら消去できないこと（**消去不能**）など，後で述べる学習の過程とは明らかに異なる特徴を持っている．

●習得的行動

習得的行動とは，個体の経験を通して獲得する行動のことである．心理学では経験から獲得する過程を**学習**（learning）とよんでいる（伊藤，2005；Mazur, 1994）．学習心理学では，学習の過程を，主に，新しい**反射**の形成に関する**レスポンデント条件づけ**（respondent conditioning）と，新しい行為の形成に関する**オペラント条件づけ**（operant conditioning）に区別する．

❁新しい反射の形成

ヒトや動物には，だ液分泌や瞳孔の収縮に見られるような，生まれつき備わっている反射のメカニズムがある．この反射のメカニズムを働かせるためには，少なくともひとつの刺激が存在する．たとえば，だ液分泌の場合には，口の中の食物や酸などがこのような働きをもつ刺激である．このような刺激を**無条件刺激**（unconditioned stimulus; US），このような刺激により誘発される反射を**無条件反射**（unconditioned reflex; UR）という．このような反射のメカニズムをもとに，本来，反射を誘発する働きを持たない刺激，たとえば，メトロノームの音を，無条件刺激である食物と繰り返し一緒に呈示すると，やがてメトロノームの音だけでも，だ液分泌を誘発することができるようになる．この事実を**条件反射の形成**または**レスポンデント条件づけの**

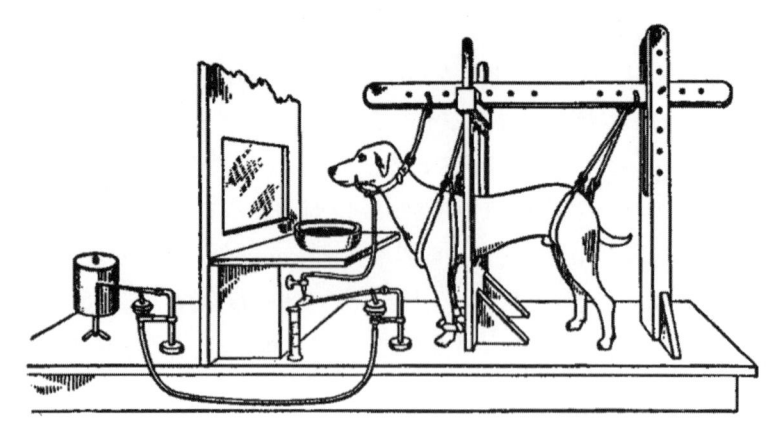

図3-4 だ液分泌を反射としたレスポンデント条件づけのための実験装置．目の前に置かれた食物皿とイヌのだ液を口中から導き，カイモグラフ（記録装置）に記録するための仕組みを表している．Yerkes & Morgulis (1909) より．

成立という（図3-4）．また，無条件刺激とメトロノームの音を一緒に呈示する操作を**対呈示**（paring）といい，このような操作の結果，だ液分泌を誘発する働きを獲得したメトロノームの音を**条件刺激**（conditioned stimulus; CS）とよぶ．

条件反射の研究は，生理学者パブロフ（Pavlov, I. P.）が消化腺の研究の中から見つけた現象に端を発している．心理学において条件反射が注目を浴びたのは，ワトソンが学習の原理として彼の「科学としての心理学」の体系の中心に条件反射の原理を据えたことに始まる．

❁新しい行為の形成

条件反射の枠組みから学習の研究を始めたスキナー（図3-5）は，やがて後に「スキナー箱」とよばれるようになる新しい実験装置を考案する．図3-6にハト用実験箱の模式図を示す．ハトが背後から照明された円形の窓（キイ）をつつくと，給餌装置が作動し，餌が一定時間（通常3秒程度）食べられるような仕組みになっている．空腹なハトを実験箱に入れると，ハトは最初でたらめに動いて必ずしもキイをつつかないが，偶然キイをつつくと餌箱が呈示される．このようなことが何度か起きると，やがてハトは

キイをつつくようになる．つまり，オペラント条件づけが成立したのである．この例のように，自発された反応に，餌の呈示を伴わせる（随伴させる）ことを**強化**（reinforcement）といい，キイをつつくと餌が呈示される仕組みを**強化随伴性**（contingencies of reinforcement）という．このとき，餌は，反応を強めるもの，つまり**強化子**（reinforcer）であるといえる．このように，自発された反応に強化子を随伴させる操作，または，そのような操作の結果，反応の生起頻度が変化することを**行為の形成**または**オペラント条件づけ**（operant conditioning）とよぶ．ヒトや動物の行動の大部分はオペラント条件づけにより形成・維持されたものであると考えられるので，行動を理解するためには，オペラント条件づけの概念を知ることが重要である．

図 3-5　B. F. Skinner（1904-1990）

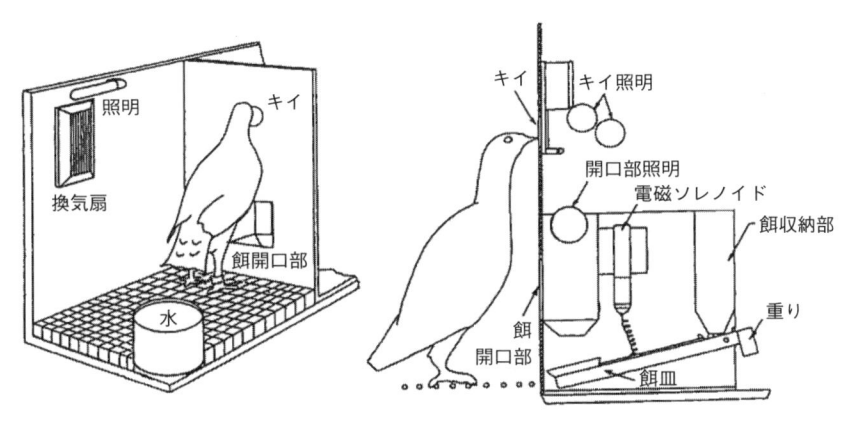

図 3-6　ハト用オペラント実験箱とその側面図．前面パネルの裏側に刺激呈示用電球や強化子呈示用自動給餌器が設置されている．Ferster & Skinner（1957）を改変．

第3章●行動の分類と測定　043

●行動の空間的側面と時間的側面

　行動には空間的側面と時間的側面が区別できる．日常場面では，たとえば，家から大学まで通学するという空間的移動としての行動や，友人の携帯電話にこの1週間で10数回かけたという時間的頻度としての行動がある．前者の空間的移動としての行動は，1週間に何回大学へ通学したかという視点から，時間的頻度として行動を表現することも可能である．また，時間的頻度としての行動も，いつどこで電話したかという視点から，空間的な側面を表現することもできる．

❂空間的側面

　ここでは，最初に，行動の空間的側面を測度とした研究事例として，**個体間距離**を測度とした研究を取り上げてみよう．

　ホール（Hall, E T.）は，動物の行動観察データから個体と個体の間の距離には一定の規則があること，人が親密に感じる距離や，圧迫感を感じる距離は文化により異なることを明らかにしている（Hall, 1966）．たとえば，電線に止まっているスズメの個体間距離や，図3-7に見られるように，京都・

図3-7　京都・鴨川の川縁に座るカップルにみるカップル間距離．ほぼ一定の間隔になっていることがわかる．右端の1人の男性がカップルたちより後列に座っているのはおもしろい．

鴨川の川縁に座るカップル間距離はそれぞれおおむね一定である．こうした研究の際には，用いられる測度も当然のことながら，個体間の距離という空間的測度である．

個体間距離は最も親密な関係を示すほどに接近している．ただし，詳しく分析すれば，親密な個体間距離の中にも，さらに親密度の相違があることもわかるであろう．この写真から，お互いが関わらないと感じる距離がおおむね一定であることがわかる．

✱時間的側面

行動の時間的側面を測度とした研究事例として，**反応時間**（reaction time）を用いた研究をとりあげよう．

被験者に視覚的刺激を短時間呈示し，その刺激の中にある特定の刺激があれば，ボタンを押すという手続きは，視覚探索課題とよばれる（Treisman, 1986）．この視覚探索の問題は，日常場面においても，雑踏の中から待ち合わせをした友人を見つける場合や，書店の書棚からお目当ての本を探す場合など，しばしばみられる．また，一時ブームになった「ウォーリーを探せ」という本は，この視覚探索の問題なのである．視覚探索の実験では，反応時

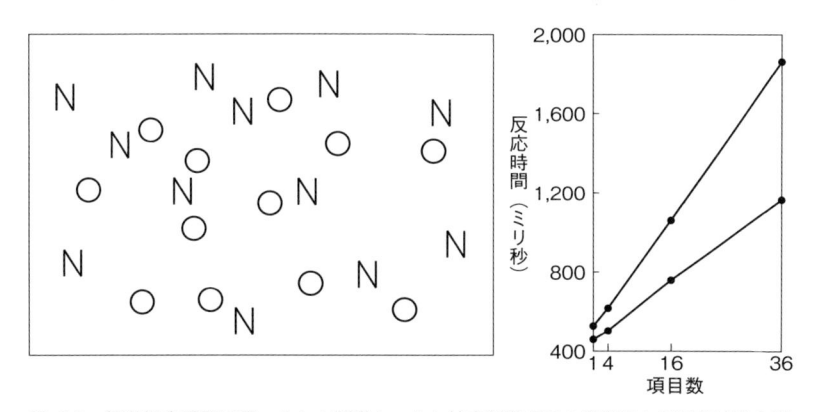

図 3-8 視覚探索課題で用いられた刺激セットと妨害刺激項目の増加による反応時間の増加．この図はモノクロなのでわかりにくいが，赤い○が目標刺激，緑の○と赤いNは妨害刺激である．この場合には，妨害刺激は形と色の2つの次元で異なっていることに注意．右図の2つの直線の上側が目標刺激項目のない場合，下側がある場合の反応時間を表す．Treisman (1986) を改変．

間が従属変数（第5章「独立変数と従属変数」参照）として用いられ，行動を反応時間という時間的側面からとらえていることになる．

トリーズマン（Treisman, A.）は，被験者に視覚刺激を呈示し，妨害刺激項目（distracter）の中からある特定の目標刺激項目（target）を素早くかつ正確に探す課題を行わせた．被験者の反応時間は，目標刺激に対する妨害刺激の数や目標刺激と妨害刺激の類似性により影響をうけることが示された．つまり，妨害刺激項目の数が増えると，反応時間が長くなるのである．図3-8は，実験で用いられた刺激項目と得られた結果を表している．

●行動のレベル

第2章で述べたように，分析のレベルは，相対的な関係として微視的レベルと巨視的レベルを区別することができるが，心理学が扱う行動のレベルは，伝統的に**分子的**（molecular）**レベル**と**総体的**（molar）**レベル**というよび方が用いられている．このような区別は絶対的なものではなく，相対的なものであることに注意してほしい．たとえば，勉強行動を扱うという場合と，算数を勉強するという行動を扱う場合を比べてみると，前者は，後者に対して，より総体的な行動を扱っていることになる．また，算数を勉強する行動と掛け算を勉強する行動を扱う場合では，前者は，今度は総体的行動になり，後者が分子的行動になる．

第1章で紹介したワイスの研究（Weiss, 1970）を取り上げてみると，強化スケジュール下の行動変容の過程を，**反応間時間**を指標として分析したものであり，分子的行動を扱っていることになる．反応間時間の分布を描くことで，強化スケジュールを非線形強化スケジュールから線形強化スケジュールへと移行すると，実験セッションとともに，反応間時間がどのように変化するかが明らかになる．図1-3に示したように，強化スケジュールの移行に伴う**行動の推移過程**を見事に描き出している．一方，この場面の行動変化を，反応間時間ではなく，単位時間当たりの反応数，すなわち**反応率**（response rate）を用いて分析すると，総体的行動を扱うことになる．こ

の場合，各強化スケジュール条件における，たとえば，セッション毎の反応率の変化を，2つの強化スケジュール間で比較することになる．このようなセッション全体の反応数とセッション時間にもとづく反応率を用いても，推移状態にある行動を扱うことはできるが，反応間時間の変化のようには微細な変化を知ることはできない．

●行動の測定

　行動を定量的に扱うには，行動の時間的側面であれ空間的側面であれ，何らかの測定という操作が必要である．測定には，何らかの物差しを用いるが，この物差しにも様々なものがある．

❄測定とは

　測定とは，一般に，ある行動の状態についてその状態を表す適当な数値を割り当てることである．割り当てられた数値は，反応時間や反応数などのように，それぞれ時間や回数という次元を持っている．これらを行動の**測度**（measure）という．トリーズマンの視覚探索実験では，測度として反応時間を用いて視覚探索という行動を測定していることになる．心理学では，「動因」，「知能」，「態度」，「攻撃」などの概念を用いるが，これらの概念はいくつかの行動を構成要素として成立する**構成概念**（constructive concept）である．このため，そのような概念を構成する要素をその概念を表す**指標**（index）として測定する．たとえば，「攻撃」という構成概念を測定する場合を考えてみると，「攻撃」を構成する要素には，言語的な叱責から身体的な暴力までさまざまな行動が含まれる．これらの行動のなかから，ひとつの行動，たとえば，「相手にかみつく行動」を取り上げ，「攻撃」の指標とするのである．同じように，「動因」という概念も，食物の摂食量や食物を得るために自発された反応数などを指標とする．

❂測定の水準

ある行動の状態を表すために数値を割り当てるといっても，割り当て方にはいくつかの相違がある．数値の割り当て方には，**名義尺度**（nominal scale），**順序尺度**（ordinal scale），**間隔尺度**（interval scale），**比例尺度**（ratio scale）という4つの水準が区別される．心理学では，特にこの区別を重視している．

名義尺度とは，野球選手やサッカー選手の背番号のように，ひとりひとりを区別するために割り当てる場合である．野球選手の背番号51や55という数字は，個人を表すものであり，他者との区別のために割り当てられたものである．したがって，これらの数字の四則演算は心理学的には何も意味を持たない．

順序尺度とは，何らかの大きさの順に数値を割り当てた場合である．たとえば，音の大きさの順番に，最も小さい音を1，次に小さい音を2として数値を割り当てると，これらは大小関係を表す尺度になる．

間隔尺度とは，行動をある単位を持った測度で測定する場合であるが，これらの数値の原点は任意に定義されるものである．たとえば，摂氏や華氏の温度は原点が任意に定義された間隔尺度の例である．いま，行動のある状態 x_i と x_j をそれぞれ異なる任意の原点 a と b により測定したとしよう．すると，それぞれの原点から測った測定値 x_i は $z_{ai} = (x_i - a)$ と $z_{bi} = (x_i - b)$ となる．x_j についても同様である（図3-9）．これらの状態の間隔は以下のように変わらないのである．

$$x_i - x_j = z_{ai} - z_{aj} = z_{bi} - z_{bj}$$

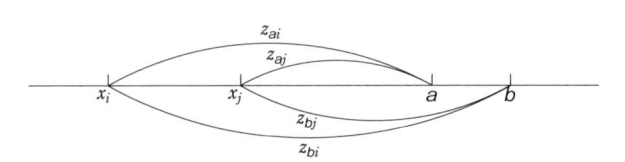

図3-9　2つの任意の原点からの測定値．

比例尺度とは,間隔尺度と同様に,行動をある単位を持った測度で測定する場合であるが,間隔尺度とは異なり,絶対的なゼロ点から定義される場合,すなわち比が定義される場合である.これは,摂氏や華氏のような相対温度ではなく,絶対温度の場合である.この場合,上の例のような異なる原点から測定された間隔尺度の数値の比は,原点により変わるので等しくないことがわかる.

$$\frac{Z_{ai}}{Z_{aj}} \neq \frac{Z_{bi}}{Z_{bj}}$$

これらの尺度は,後述する(第9章「感覚・知覚」参照)ように,数値の割り当て方(測定の操作)と密接に関連しているので,測定方法に注意が必要である.

●行動の説明

ギリシアの哲学者アリストテレスは,4つの異なる説明を区別した.あるモノの説明は,そのモノがどのような物質からできているか(質料因),どのような形をしているか(形相因),どのように働くか(作用因),さらにどのような目的を持っているか(目的因)の4つの側面からできる.行動の説明においては,作用因と目的因が関係する.前者は,「どのように(how)」という問いに対する答えであり,後者は,「なぜ(why)」という問いに対する答えである.第2章で述べたように,ルネサンス以降の近代科学は,「なぜ」という問いを捨てて,もっぱら「どのように」という問いに対する答えを求めることで一定の成果を上げてきたといえる.ここから,科学では,厳密には「なぜ」という問いには答えられないことになる.また,「なぜ」という問いに対する答えも,「どのように」という問いに対する答え方になるのである.しかし,生物学では,特に進化論の観点からは,目的因からの説明が必要である.

生物学では行動の説明に当たって,(1)その行動の直接的な要因,(2)その行動が進化した要因,(3)その行動の発達的要因,(4)その行動の先祖型

からの系統進化要因という4つの側面を区別する（Tinbergen, 1950）.（1）を**至近要因**,（2）を**究極要因**とよんでいるが，これまでの心理学における行動研究では，もっぱら至近要因，どのようにという問いに対する答えを扱ってきたといえる．しかし，行動の理解には，行動が個体の環境への適応の産物であるという前提に立って，上に挙げた4つの側面について問うことが必要不可欠であろう．

●読書ガイド

Hall, E. T. *The hidden dimension*. New York: Doubleday. 1966（日高敏隆・佐藤信行（訳）『かくれた次元』みすず書房 1970）
　＊人が生きていくための環境の中にある社会的空間と個人的空間の重要性を教えてくれる．また，こうした知見を都市計画や建築計画の中に反映させる必要性を説いている．

伊藤正人『行動と学習の心理学：日常生活を理解する』昭和堂 2005
　＊行動の変容を扱う学習研究分野の基礎的な事項とその日常生活への応用について知ることができる．

河野哲也『〈心〉はからだの外にある：「エコロジカルな私」の哲学』NHKブックス 2006
　＊題名の通り，心は体の内側にあるのではなく，個体と環境の相互作用の中にあるという見方を論じたもの．心理学者のギブソンの知覚論にもとづく生態学的な視点からの「心の哲学」を展開している．このような視点は，スキナーの徹底的行動主義や，ウィトゲンシュタインの後期哲学の考え方（「哲学探究」）に通じるものがある．また，同様の考え方は，心は社会的な産物であるとするエスノメソドロジー（状況依存的行為分析論）にも見られる．本書を含むこうした考え方は，デカルトの心身二元論にもとづく主観主義（観念論）に対する批判である．

杉山尚子『行動分析学入門』集英社新書 2005
　＊行動分析学の考え方を一般向けにわかりやすく解説したもの．行動分析学とは何かについて日常例を通して理解できるようになっている．

Tinbergen, N. *The study of instinct*. Oxford: Oxford University Press. 1950（永野為武（訳）『本能の研究』三共出版 1959）
　＊ティンバーゲン自身の野外実験の成果を多くの図版とともに分かりやすく解説している．

課題3-1：行動の時間的側面と空間的側面について述べなさい．
課題3-2：測定の水準について述べなさい．

第4章 観察的方法

> 我々に提供される自然現象を検証するに当たり，我々の精神は，ある時は消極的で，ある時は積極的であるということ，換言すれば，観察というものは，ある時は予測なしに偶然に行われ，ある時は予測を以て，即ち推理の正確なことを証明するために行われる．
>
> C. ベルナール『実験医学序説』より

私たちは，日常場面で様々な出来事を見ている．たとえば，人があわてた様子で走っているのを目撃したり，餌を食べていたネコが急にその場から逃げ出すのを目撃することがある．このような出来事の目撃は，**偶然的な観察**（incidental observation）とよばれる．また，この人があわてた様子で走っていたことの原因は何だろうかとか，ネコが逃げ出したのは，きっとイヌが近づいてきたためだろうなどと，見た出来事から原因・結果の関係（因果関係）を推測することもあるであろう．しかし，このような因果的な推測は，偶然的な観察からできるのだろうか．また，偶然的な観察を科学的方法にまで高めるには，どのような要件を満たさなければならないのであろうか．
　ここでは，観察という方法の特徴を，次章で扱う実験という方法との対比から見ていくことにしよう．そこから，この疑問に対する答えが明らかになるであろう．

●観察とは

　観察とは，ある対象をあるがままに注意して見ることである．観察という言葉には，観る，察するという2つの行為が含まれている．これは，見るといっても，ただ漠然と対象を見るのではなく，一定の見方や枠組みから見ることを指している．また，察するという言葉には，そこにある何らかの関係性を推測することも含まれている．
　観察の場合，実験とは異なり，**観察対象には制約が課されていないが，観察者には一定の制約が課されている**ことである．この制約のひとつは，**観察者は現象が起きるのを決められない**ことである．いつ，どこで，どのように観察対象となる現象が起きるかは決められないので，観察者はひたすらその現象が起きるまで待ち続けなければならない．いま，保育園で子どもの「攻撃性」を研究する目的で，攻撃行動を観察することを考えてみよう．第3章で述べた「攻撃性」の指標として，「相手を押す行動」を攻撃行動として数えあげるとしよう．この場合，子どもたちの遊び場のひとつである「砂場」を観察場所として，1時間の観察期間の間，この行動が起きるのを待つこと

になる．場合によっては，1時間の観察時間中に全く起きないこともあれば，5回も6回も起きる場合がある．この事例から明らかなように，現象の起こり方には制約はないが，観察者には観察できる場所や機会が限られるという制約がある．

　観察は，このような制約から，ある事象と別の事象間の関連性については言及できても，ある事象が別の事象の原因である（あるいは結果である）という因果的関係を決定することはできないことに注意が必要である．

❀観察法の種類

　観察法には，上に述べたような日常場面で偶然に行われる**偶然的観察**と，一定の手順に従って行われる**組織的観察**（systematic observation）が区別される．一般に，科学的方法としての観察は，後者の組織的観察を指している．もちろん，偶然的観察もそのときの状況が正確に記録されているなら，研究対象をある特定の現象に向かわせたり，研究上のアイデアを生み出したりするという点で，**問題発見的意味**（heuristics）がある場合もある．しかし，偶然的観察は，たとえば，測定の手続きが明確ではないという点で，第2章で述べた科学の要件を満たしていない．このため，偶然的観察のデータは，科学的データとはいえない．

　組織的観察は，先に述べた幼児の「攻撃性」を調べる研究の事例のように，あらかじめ観察する対象となる行動を決めておき，それを生起回数（計数）や，その持続時間（計量）として測定する．また，観察する場所や時間もあらかじめ決めて行われる．このように，**観察の手順が決められている観察手続きを組織的観察**という．

❀サンプリング

　先に述べた幼児の「攻撃性」の観察事例には，組織的観察における重要な方法論的特徴が含まれている．それは，**標本抽出（サンプリング）**という特徴である．「攻撃性」をどのような行動を用いて測定するか，どこで観察するか，いつ観察するかというのは，すべてサンプリングの手続きを指してい

る．これらは，**観察単位のサンプリング**と，**観察対象のサンプリング**という2つの側面に分けられる．

　観察単位のサンプリングとして，研究目的により適切な指標を選ばなければならない．ある指標を選んだとしたら，この指標が研究目的にとって妥当であるか否かを検討する必要がある．たとえば，「攻撃性」の指標として，「相手を押す」という行動を用いたとしたら，これが妥当であるか，またさらに別の，より妥当な指標があるか否かを検討するのである．

　観察対象のサンプリングも，研究目的に照らして妥当であるか否かを検討する必要がある．子どもの「攻撃性」という研究テーマで，保育園児の観察だけで十分であるか否かを考えてみる必要がある．子どもの「攻撃性」という研究テーマでは，保育園児だけでは不十分であろう．「子ども」という範囲をどの程度にするかにより，観察する対象のサンプリングも異なる．保育園児とすれば，保育園児が，小学生とすれば，小学生が観察対象になる．このように，観察法には，何らかのサンプリングが含まれる．

❖観察の具体的方法

　上に述べたサンプリングの仕方から，観察方法を分類することができる．通常，観察は，ある時間を限って行われることが多い．たとえば，1時間ごとに10分間観察を行うとか，毎日，決まった時刻に1時間観察を行うなどの手続きが用いられる．このような観察手続きにより，時間軸上での行動変化を明らかにすることができる．この手続きは，ある時間をサンプリングしていることになるので，**時間見本法**（time sampling method）とよばれる．

　観察は，また，観察対象の行動が起きやすい場面や場所で行う必要がある．このため，研究対象の行動を観察するのに適切な場面や場所をサンプリングして用いる．このような手続きは，場面や場所を選択していることになるので，**場面見本法**（situational sampling method）とよばれる．この方法は，同じ場所で繰り返し観察することになるので，定点観測（観察）ともよばれる（コラム「定点観測と地震の予知」参照）．

　さらに，ある事象をその生起から終了まで時系列的に観察することも行わ

れる．これは，ある事象に焦点を当てて，サンプリングしていることになるので，**事象見本法**（event sampling method）とよばれる．また，ある個人に焦点を当てて，日常場面の出来事に関連させながら観察することも行われる．母親が自分の子どもの成長を記録するためにつくる日誌や，病院で看護師が入院患者の治療に役立てるためにつくる日誌は，こうした例である．これを**日誌法**（diary recording method）という．ある個人が自分自身を観察した結果を記録する日記は，日誌法のひとつである．また，野外調査で使われるフィールドノートも日誌法に含まれる．

コラム：定点観測と地震の予知

　1995年1月17日の阪神・淡路大震災はまだ記憶に新しいが，この震災の後，地震の予知のために，地震の「前兆現象」を集めようと呼びかけた某大学の先生がいた．「地震の前日の夕方，やけに西日がまぶしかった」というのから「そういえば，地震の前日に家のネコの行動が変だった」，「池のコイがやたらはねていたようだ」などの自然現象に関するものから行動現象に関するものまで様々な情報が多くの人々から寄せられたという．しかし，こうした情報は地震の予知に役立つのだろうか．答えは否である．それは，こうした事例には，観察という方法に必要な一定の手続きが取られていないからである．たとえば，「家のネコの行動が変だった」というのは，何と比

倒壊した阪神高速神戸線（アサヒグラフ緊急増刊　1995.02.01号）

第4章●観察的方法　055

べて変だったのか，どのように変だったのかという点があいまいである．また，このような情報を寄せた人々は，おそらく西日の輝きやネコの行動について専門的な知識を持った人ではないと思われるので，こうした判断の信頼性にも疑問符が付く．さらに，ネコの行動変化が確かであったとしても，地震とは別の理由により，あるいは，ただ偶然に変化したものかもしれないのである．

　こうした問題点を取り除くには，毎日あるいは一定の間隔で，ある場所における特定の出来事の変化を継続的に観察することである．これを**定点観測**というが，このような組織的観察データにより，変化があったかどうか，偶然の変化といえるかどうかの判断が客観的かつ確実にできるようになるであろう．

❋観察データの記録法

　観察にも測定の問題が含まれている．行動を記録するために用いられる方法は多岐にわたるが，行動の生起回数（計数）や持続時間（計量）という基本的な記録法以外にも，あらかじめ行動を分類して，いくつかのカテゴリーに分けて記録する**行動目録法**（behavior inventory method）や，ある特定の現象に関する評定尺度を作成しておき，観察対象の現象が起きたときに，たとえば，7段階評定のどの段階に相当するかを評定する**評定尺度法**（rating scale method）が用いられる．これらの記録法は，あらかじめ決められているので，記録が容易であるという利点があるが，一方，あらかじめ分類が決められているので，むりやりいずれかのカテゴリーに分類せざるを得ない場合も生じる可能性もあり，また，別の側面を知りたいと思っても，このデータからは，新たな情報は得られないという欠点もあることに注意が必要である．こうした欠点を補うには，すべての出来事を時系列的に自由記述（記録）していく**エピソード記録法**（episode recording method）が適しているが，これには，かなりの時間と労力が必要であるという難点もある．

❁日常場面の行動観察

　日常場面における観察の事例として，駅における乗車行動と電車の到着間隔との関係を調べた松本・大河内（2003）の研究を見てみよう．

　彼らは，1時間当たりの電車の本数が異なる3つの普通電車の停車駅で，不特定多数の乗客を観察し，時間間隔毎のホームに到着した乗客数を数えた．ホームに到着する電車は，2本（C駅），6本（B駅），12本（A駅）であった．ホームに到着する電車の各時間間隔を4等分した階級にホームに到着した乗客数をまとめたところ，電車の本数の少ない駅（C駅）では，電車到着時刻に近づくにつれて，乗客数が増えることが明らかになった．これは，電車に乗ろうとしている乗客にとって，電車の到着が強化事象であると考えられるので，強化スケジュール（第9章「学習」参照）の効果，特に，固定間隔強化スケジュールの効果を表していると考えられた．

　また，藤（1986）は，自分自身の撮影行動を取り上げて，研究日誌のために撮影した記録を事後分析した．この分析の結果，プリントのできあがり直後に撮影行動の休止期間があり，撮影行動は，プリントのできあがりを強化事象とした固定比率強化スケジュールにより維持されていると解釈できることを報告している．

　こうした日常場面の行動観察は，上で述べた事例に見られるように，実験室から得られた知見の一般性の確認や，新たな要因の発見などの点に意義が認められるが，ここから導き出される結論は，観察という方法の限界があり，あくまでも**環境とそこで見られる行動との相関的関係**（correlation）**である**ということに注意が必要である（第7章「関係の要約（2）：相関係数」参照）．相関的関係とは，関連あるいは関係があるという意味である．

●観察データの分析

　観察データは，ある事象と別の事象との**事象間の関連性や事象の特徴**を明らかにすることができる．事象間の関連性を調べるには，事象をいくつかの

カテゴリー（属性）に分類した**分割表**（contingency table）にもとづく分析を適用する（第8章「適合度検定」参照）．たとえば，保育園児の行動を「相手を手で押す」行動と「相手の手をとって助ける」行動の2つに分類し，これらの行動に性差があるかどうかを調べることを考えてみよう．この場合，行動を2分類，性（男児と女児）を2分類とする2×2の分割表ができることになる（表4-1）．

　表4-1は，観察事例総計48のうち，男児と女児それぞれ24事例の別れ方（あるいは，押す行動21例と助ける行動27例の別れ方）を示している（仮想データ）．この分析では，周辺度数を表にある数字（21, 27, 24, 24）に固定して考え，これらの周辺度数がでたらめ（ランダム）に各セルに分かれたとした場合の別れ方と比べて偏っているかどうかを見るのである．表から，男児では「相手を押す」行動が起きやすく，女児では，逆に，「相手の手をとって助ける」行動が起きやすいという傾向（関連性）は読み取れるが，こうした関連性を定量的に表すには，**適合度の検定**や**分割表にもとづく相関係数**，その他の統計的指標を用いる必要がある（第8章参照）．

表4-1　2×2の分割表

行動／性	相手を押す	相手を助ける	
男児	18	6	24
女児	3	21	24
	21	27	48

●観察法の問題点

　観察という方法の持つ問題点は，この方法から見いだせる事象間の関係が相関的関係に限られるという問題点以外に，以下の3つの側面にまとめること

ができる．観察法の適用に当たっては，これらの側面について十分な検討が望まれる．

❋観察の妥当性

　観察にあたって，観察単位や観察対象のサンプリングが伴うことは，観察法のひとつの特徴である．このような特徴は，また，こうしたサンプリングが研究目的にとって，適切であるかどうかを十分に検討することを必要とするのである．先に取り上げた「攻撃性」の指標として，どのような行動を測定すべきか，また，この行動を，いつ，どこで測定すべきかという問題などがこれにあたる．これを**サンプリングの妥当性**という．妥当性は，これまでの諸研究の成果，あるいは日常場面の体験などに照らして，ある指標や，場所，時間を用いることの適切さを，同じ研究対象を扱った研究で用いられた別の指標との関連性や，外的な基準との相関などを用いて論証することにより保証される．

❋観察の信頼性

　観察は，1人の観察者によって行われることが多い．この場合，その1人の観察結果に偏りがないことが前提になる．しかし，研究目的を知っている観察者は，どうしてもその研究目的に合うような偏った判断をする可能性も考えられる．このため，この前提を保証するには，観察に偏りがないことを定量的に示す必要がある．このための方法として用いられているのは，同一の対象の観察結果を複数の観察者間で比較する手続きである．この場合，観察結果が複数の観察者間で，どの程度一致しているかを定量的に示せばよい．このための方法としては，一般に，相関係数（第7章「順位相関係数」参照）が用いられる．

　また，より厳密な手続きとして，観察者自身にも研究目的を知らせない方法も用いられる．これを**二重盲験法**（double blind test）という．二重盲験法は，薬物効果の判定の際に，偽薬の効果（「この薬は効きますよ」といわれると本当に効いたように感じられる暗示効果）のあることが知られている

ので，よく使われている．観察法においても，観察者の判断の偏りを防ぐためには，このような方法を用いることが望ましい．

❂観察者の存在

　観察という方法は，観察対象と観察者という対置関係を持っている．このことは，**観察者の存在が観察対象に影響する可能性**を示唆している．たとえば，保育園児の「遊び」の研究のために，ある保育園に初めて訪れたとしよう．保育園児にとって，初めて見知らぬ人物（観察者）が現れたことになるので，この人物に注意を向けたり，避けようとしたり，逆に近づいたりなど，ふだんとは異なる振る舞いを見せるであろう．このような行動変化は，観察者の存在による影響と考えられるのである．このような影響をなくす方法として，主として，観察対象を観察者に**慣らす**という方法と観察対象から観察者を**隠す**という２つの手続きが用いられている．

　観察対象を観察者に慣らすという方法は，あらかじめ観察を行う前に，保育園に通って子どもたちにとって違和感のない一定の関係を作っておくのである．これを**ラポール**（rapport）という．しかし，どの程度保育園に通ったら，このようなラポールができあがるかについては，個々の事例に即して考えなければならない．たとえば，同じ保育園児であっても，年少組と年長組の子どもたちでは相違があることも考えられるからである．この方法は，従来から，生態学的研究において用いられてきた手続きでもある．ニホンザルの研究で用いられてきた，個体識別のために，餌付けをして，観察者の存在に慣れさせる方法はよく知られている（河合，1969）．しかし，最近では，生態系への配慮から，餌付けという方法よりも，単純に観察者の存在に慣れさせる人付けという方法が用いられている．

　観察者の影響をなくすには，観察者を隠す方がより確実である．生態学的調査の場合には，観察小屋を設けて，観察対象から身を隠して小屋の中から観察する方法が用いられる．この方法では，先の慣らすのとは異なり，観察者の存在の影響を完全に取り除くことができる．保育園の事例では，子どもたちの「遊び」をビデオカメラで撮影して，後にビデオ画像から観察データを

取り出すことになる．この場合は，ビデオカメラを子どもたちにわからないように隠しておかなければならない．

コラム：日常的観察と映画『裏窓』

　通学の途中で目にする出来事を注意深く観察してみるのも大変おもしろい．これがいつも決まった場所であれば，定点観察（観測）をすることになる．時間経過とともに，その観察対象が変化していく様子を記録しておくと，科学的データとしての価値を持つことになる．

　ひとつの観察事例を紹介しておこう．電車の車窓から見える，線路際のある家の様子が変だなと気づいたのは，家の物乾し場に何日も同じ洗濯物が吊してあったり，また子ども用の布団が手すりに干したままになっていたからである．最初は，洗濯物を取り込み忘れたのであろうかと考えたが，その後も，観察をしてみると，何ヶ月もの間，晴れの日も雨の日も同じ洗濯物と布団が干したままになっていたのである．あるとき，その洗濯物が少し移動しているのを見つけ，その後，数日して，今度は布団が手すりから屋根の上に落下した（捨てた？）状態にあるのに気がついた．こうした変化から，住人が生活を始めたのであろうと思われたが，ほどなく，その家は，火災により半焼し，焼け跡の残骸が無惨な姿をさらすだけになってしまったのである．この観察の経緯の背後には，何らかの人生のドラマがあったと思われるが，しかしこれから先は思考実験でたどるしかないであろう．

　このような観察事例は，アルフレッド・ヒッチコック監督のスリラーの名作『裏窓』（1955年）を思い起こさせる．この映画は，定点観察から見いだされた殺人事件に主人公の新聞社カメラマン，ジェフ（ジェームス・スチワート）とその恋人，リザ（グレース・ケリー）が巻き込まれる物語である．事故による骨折のため，車いす生活を余儀なくされたジェフは，暇をもてあまし，部屋の窓から向かいのアパートの観察を始める．その中の１室に注意を引かれ，観察を続けると，そこには殺人事

件が浮かび上がってくるのであった．やがて，見られていることに気づいた犯人がジェフの部屋に乗り込んでくる．この映画のクライマックスである．

　皆さんは，くれぐれも事件などに巻き込まれないように注意してほしい．

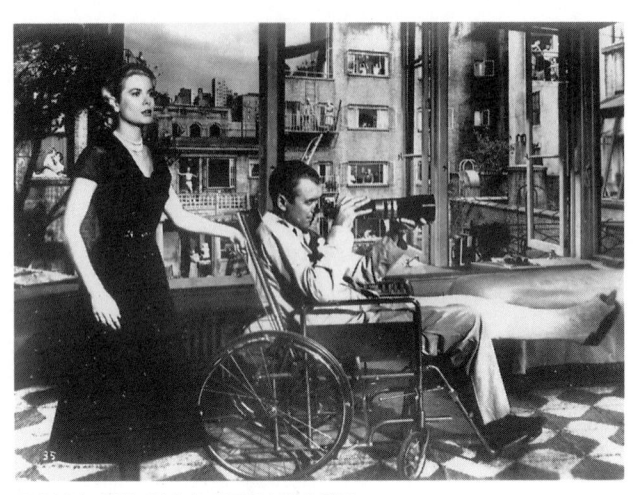

写真協力　(財)川喜多映画記念文化財団

●読書ガイド

Bernard, C. 1865 *Introduction a l'etude de la medicine experimentale.* (三浦岱栄(訳)『実験医学序説』岩波文庫　1970)
　＊フランスの生理学者ベルナールの科学方法論についての古典的名著である．観察と実験とが有機的に関連していること，両者には本質的な相違があることを教えてくれる．

続 有恒・苧阪良二(編)『心理学研究法 10 観察』東京大学出版会　1974
　＊やや古くはなったが，観察的方法について体系的な解説がなされている．

課題 4-1：観察的方法における制約とは何かについて述べなさい．
課題 4-2：観察的方法の問題点を述べなさい．

第5章 実験的方法

人間は物を見るだけに止まってはいない．観察がその存在を知らせてくれた現象について，今度は，その意味を考え，これを知ろうと思うのである．このため，我々は推理を下し，事実を比較し，或いは質問を発し，そこから引き出す答えによって更に相互吟味する．真の意味で実験と呼ばれるものは，推理と事実との方法によるこの種の吟味を指すのである．

C. ベルナール『実験医学序説』より

●実験とは

　心理学が扱う日常場面の様々な出来事は，様々な要因により影響を受けていると考えられる．このような様々な要因が存在している場面を「**複雑系**」という．複雑系という言葉は，この十数年の間にあちこちで聞かれるようになったが，そのひとつが「人は複雑な存在である」という通説（常識）である．しかし，このような複雑な対象を，複雑なまま扱うことができるのだろうか．

　科学は，第2章で述べたように，この問いに対して，複雑な対象を複雑なまま扱うのではなく，その対象を**単純化**して扱おうとするのである．この単純化するという考え方を具現化したものが，科学における方法のひとつである**実験**（experiment）という操作である．

　実験とは，ある現象の生起にどの様な要因が関与しているのかという問いに対する答えを求める操作である．ここで，「関与する」という言葉は，その要因を変化させると，その現象の生起も変化することを意味している．したがって，要因には，ある現象の生起に**関与する要因**と**関与しない要因**があることになる．実験は，このような要因をふるい分ける手段であるといえる．言い換えると，実験操作は，第2章で述べたように，現象の生起に関与する要因の分析のための方法なのである（第2章「研究における分析と統合」参照）．

❋独立変数と従属変数

　実験において操作する各要因は，それぞれ相互に独立であると考えられる．このような要因を**独立変数**（independent variable）という．独立変数となる要因は，一定の測定という手続きにより定量化される．たとえば，刺激の呈示時間や強度などは，いずれも時間や大きさについて何らかの測定を行ったものである．要因の具体的な値として，たとえば，刺激の呈示時間の場合，300ミリ秒，600ミリ秒，900ミリ秒の値を用いるとしたら，3つ

の水準があることになる．これを**要因の水準**という．実験の実施に当たって，このような要因の水準の操作（呈示）を行うことになるが，これを**処理（treatment）水準**の操作という．

このような独立変数の効果を検出するためには，現象の生起を定量的に表す測度が必要である．独立変数の操作により変化するものを**従属変数**（dependent variable）という．従属変数も，独立変数と同様に，一定の測定という手続きにより定量化されたものである．たとえば，反応時間や，反応率，あるいは正答率などの行動の測度は，いずれも何らかの測定を行ったものである（第3章「行動の測定」参照）．

このように，**実験とは，独立変数（要因）の効果を従属変数の変化から決定すること**である．ここから，実験では，従属変数の変化（結果）の原因が独立変数の操作にあることが明らかになる．つまり，実験では，**独立変数と従属変数の間の原因とその結果，すなわち因果的関係が同定できる**のである．

●実験の目的

実験の目的には，主に（1）**常識の精密化**，（2）**仮説の検証**，（3）**新しい事実の発見**という3つの側面がある．常識の精密化とは，たとえば，「勉強すれば，掛け算がわかるようになる」というのは常識であるが，どれくらい勉強したらわかるようになるのか，またどの程度わかるようになるのかについては曖昧である．このような曖昧さをなくさないと，科学的常識にはならない．常識の精密化とは，実験という手続きと得られたデータにもとづいて，**どれくらい勉強すれば，どの程度わかるようになるのか**を定量的に明らかにすることなのである．

実験の第2の目的は，仮説の検証である．心理学には様々な理論があり，それぞれの理論は具体的な実験条件について理論的予測を導き出すことができる．仮説の検証とは，これらの**予測値が，正しいのか誤っているのかを，明らかにすること**である．予測値と実験から得られた実測値を比べて，一致

していれば，理論の正しさが高まることになる．逆に，一致しなければ，その理論を修正するか，あるいは，この理論を捨てて別の理論を作ることになる（図2-1参照）．

実験の第3の目的は，新しい事実の発見である．こうした事例として，**自動反応形成**（autoshaping）の実験を挙げることができる（伊藤, 2005）．この実験では，ハトを被験体として実験箱のなかに置き，反応用のキイに光を呈示し，一定の時間後に餌皿を呈示することを繰り返していると，やがてハトはキイをつつくようになる（Brown & Jenkins, 1968）．この事実を自動反応形成という．ハトのキイつつき反応は，通常，オペラント条件づけにより形成・維持されるのに対し，**キイの照明と餌箱の対呈示というレスポンデント条件づけによっても形成・維持されるというこれまでの常識をくつがえす新しい事実**が発見されたのである．また，ある現象の研究の中から，その現象に付随する別の新しい現象が見つかる場合もある．たとえば，強化スケジュール研究の中で，先に反応が強化されてから一定時間後に強化可能になる固定間隔強化スケジュール下のネズミのレバー押し反応を調べていたところ，反応が強化された後にネズミが通常の飲水量よりも多く水を飲むことが発見された．この現象は強化スケジュールの副次的な効果のひとつとして**付随行動**（adjunctive behavior）とよばれる（Falk, 1971）．

●実験における2つの問い

実験を行うにあたって，2つの異なる問いが区別される．そのひとつは，ある対象に対する要因Aの効果はどのようなものであるかという問いである．この問いに対する答えは，この要因を操作して，何らかの従属変数を用いてある対象を測定することである．これを**要因探索**（exploration）という．一方，2つの要因AとBのうち，ある対象に関与しているのは，どちらの要因であるかという問いである．この問いに対する答えは，片方の要因を一定にするか除去し，もう一方の要因を操作して，ある対象を測定することである．これを2つの要因について行えば，どちらの要因が関与しているかを決

めることができる．これを**要因決定**（determination）という．このように，2つの問いは，実験の操作の仕方を規定し，異なる実験操作を要請するのである．こうした異なる問いに対する答えを求める実験は，それぞれ**要因探索実験**と**要因決定実験**とよばれる．

ここでは，具体的研究事例により，要因探索実験と要因決定実験の相違を見ていくことにしよう．

❖要因探索実験：効果の探索

最近，テレビやビデオの子どもたちに対する影響を懸念する声が高まりつつあるが，はたしてテレビやビデオの視聴は，子どもたちにどのような影響を与えているのであろうか．このような疑問に対する答えは，要因探索実験により得られるであろう．

Liebert & Baron（1972）は，この問題を明らかにするために，組織的な実験を行い，暴力シーンを含むテレビの視聴内容が子どもたちの攻撃行動を誘発することを明らかにしている．

彼らは，5歳から9歳の子ども136名（男子・女子とも各68名）を被験者として，無作為（ランダム）に2群に割り当てた．ひとつの群には，暴力シーンのあるテレビ番組，もう一方の群には，競技シーンのテレビ番組をそれぞれ個別に小さな部屋で3分半視聴させた．続いて，隣の部屋にいる子どもをいじめるボタン（ゲームをするのを妨害）と助けるボタン（ゲームをするのを助ける）のいずれかを選ばせた．最後に，部屋の中のおもちゃで遊ぶのを観察した．この結果，年齢と性別をまとめたデータに分散分析（第8章「分散分析」参照）を行うと，**暴力シーンを視聴した群は，隣の部屋にいる子どもをいじめるボタンを，より長く押している**ことが認められた．図5-1は，年齢と性別にデータを示しているが，図中の年齢と性で分けたデータを，実験群と統制群として，それぞれをまとめると，実験群と統制群の間に相違が認められたのである．実験群とは，後に述べるように，ある要因を操作する（この要因のある）群であり，統制群とは，この要因のない群のことである．

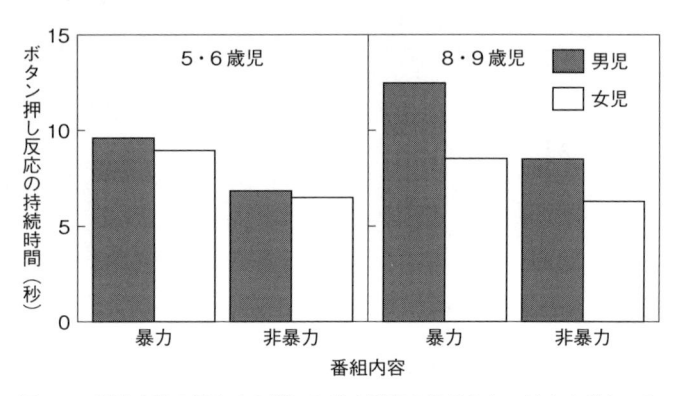

図 5-1 視聴内容の異なる 2 群における隣室の子どもをいじめるボタンを押していた平均時間. ただし, 数値は分散分析を行うために平方根変換を行ったものである. Liebert & Baron (1972) のデータから作図.

　また，遊びの観察データの分析（第 8 章「分散分析」参照）から，5 歳から 6 歳児では，男児の方がテレビの視聴内容の影響を受けやすいが，8 歳から 9 歳児ではほとんど影響を受けないことが明らかにされた（図 5-2）.

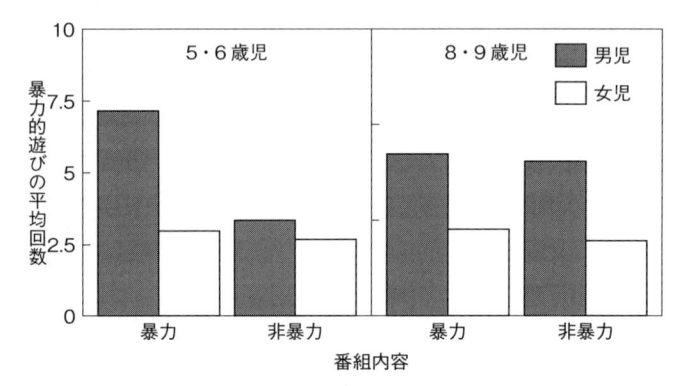

図 5-2 視聴内容の異なる 2 群における暴力的遊びの平均回数. Liebert & Baron (1972) のデータから作図.

　彼らの実験は，いくつかの側面で優れた実験の計画になっているので，そうした側面を取り上げて検討してみよう. この検討から，実験の計画に際して，どのような点に注意しなければならないかがわかるであろう.

まず，2つの群に分けたのは，テレビの視聴内容（暴力シーン）という要因の効果を，この要因のある群（**実験群**）と，この要因のない群（**統制群**）との比較から明らかにするためである．この手続きにより，テレビ番組視聴後に子どもをいじめるボタンを押すこと，あるいは暴力的な遊びをすることという結果の原因は，テレビの視聴内容にあることになる．つまり，この2群の比較から**因果関係が同定される**のである．こうした因果関係の同定には，統制群が重要な役割をはたしている．彼らの実験では，統制群がどのような役割を果たしているのか少し詳しく見てみよう．彼らの実験の構造は図5-3に示してある．

　この統制群は，**実験群と視聴内容だけが異なる**という点が重要なのである．このことは，たとえば，統制群を番組の視聴を行わせない群とした場合と比べてみれば明らかであろう．この場合，テレビを小さな部屋で見たというだけの効果が，結果には含まれている可能性が残ってしまうのである（本章「混交要因」参照）．さらに，番組を見ていた時間の効果も含まれていると考えられる．こうした点から，**統制群の作り方が重要である**ことがわかるであろう．

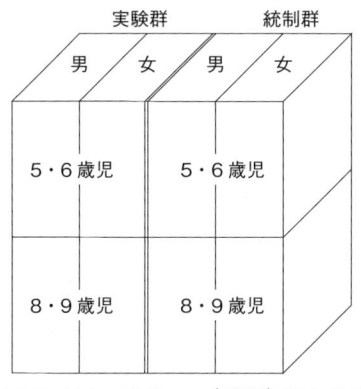

図 5-3　Liebert & Baron（1972）における群間比較法の模式図．

　次に，この実験の従属変数としてのボタン押しを測定する手続きに注目してみよう．子どもの「攻撃性」を調べるために，2つの押しボタンを用意したことに手続き上の優れた側面を見ることができる．たとえば，隣の部屋の子どもをいじめるボタンしか設置しなかったとした場合と比べてみると，この手続きの優れている点が明らかになるであろう．ボタンがひとつしかないとしたら，子どもたちの単なる興奮傾向から，ボタンがあればそのボタンを押してしまう可能性もあるからである．**2つのボタンを設けることで，単な**

る興奮傾向からではなく，明らかに目的を持って片方のボタンを選んだことが示せるのである．

✱要因決定実験：関数の決定

　Liebert & Baron（1972）の実験の発展として，たとえば，テレビの暴力シーンの視聴時間が短い場合と長い場合，どちらで攻撃性が高まるのかという新たな設問を行ったとしてみよう．この設問に対する答えは，視聴時間の異なる2群（たとえば，視聴時間3分半と7分）を設けて，視聴後の子どものいじめるボタンを押している持続時間を比べればよい．こうした実験計画は，**要因決定実験**になることがわかるであろう．ここでは，要因決定の拡張として関数の決定を行った研究事例を取り上げてみよう．

　将来の報酬や不確実な報酬は，それぞれ今すぐもらえる報酬（即時報酬）や確実にもらえる報酬に比べて，それらの主観的価値が減衰する．これを**報酬の価値割引**（discounting）という（伊藤，2005）．こうした主観的価値の減衰は，どのような過程なのであろうか．このような疑問に対する答えは，要因決定実験により得られる．ここでは，価値の減衰過程がどのような関数により記述できるかを検討したラックリン（Rachlin, H.）らの実験を見てみよう（Rachlin, Raineri, & Cross, 1991）．

　彼らは，大学生を被験者として，2つの選択肢をカードにして呈示し，どちらか一方の選択肢を選択させた．遅延時間による報酬の価値割引の場合，一方の選択肢には，一定の遅延時間後の1,000ドル，他方の選択肢には変化する即時報酬金額が呈示された．こうした選択を7つの遅延時間条件（1ヶ月，6ヶ月，1年，5年，10年，25年，50年）のもとで選択させ，遅延される1,000ドルと主観的に等価となる即時報酬金額を求めた．この等価点データに数理モデルを当てはめることにより，価値の減衰を記述する関数型を決定した．この結果，図5-4に示したように，等価点データは，**指数関数よりも双曲線関数によってうまく記述できる**ことが明らかになった．

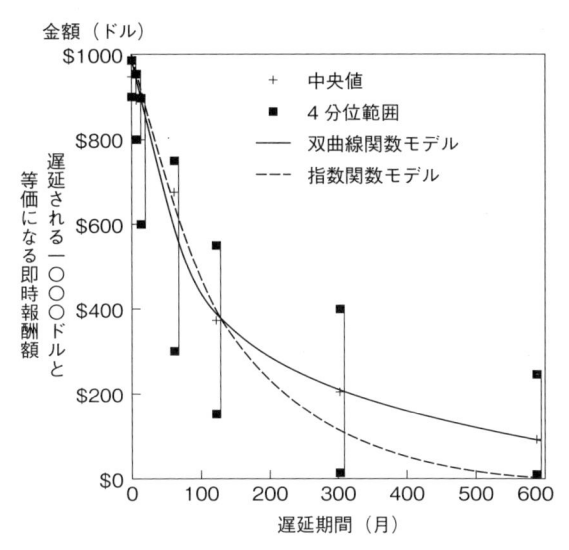

図 5-4 遅延時間の関数としての主観的等価点の変化．Rachlin et al. (1991) を改変．

　この研究事例では，2つの関数のいずれが当てはまるかを知りたいのであるから，それぞれデータへ適用してみればよい．図から明らかなように，長い遅延時間（300ヶ月から600ヶ月）では，関数の描く減衰曲線が指数関数では等価点から大きく外れていることがわかる．

●剰余変数

　実験は，実験室という様々な要因が統制された環境で行われるが，それでも独立変数以外の要因が存在する場合がある．こうした要因のことを**剰余変数**（extraneous variable）という．剰余変数は，独立変数や従属変数の中に入り込んでくる場合があり，独立変数の効果を隠してしまう可能性があるので，何らかの方法により統制する必要がある．統制するという言葉には，**一定にする**という意味と，**取り除く**という2通りの意味がある．

　薬物投与の実験を例に，剰余変数の統制の問題について考えてみよう．たとえば，ある薬物を投与した後，視覚探索課題（第3章「行動の時間的側

面」参照）により目標刺激の検出を被験者に行わせるとしよう．被験者を2群（各群5人）に分け，2種類の薬物（興奮薬と鎮静薬）のいずれかを投与したときの目標刺激の検出数を比べるのである．刺激の呈示時間は500ミリ秒で，5秒間の試行間間隔をはさんで10試行行うものとする．このため，実験に要する時間は反応時間を考えなければおよそ1分である．いずれも投与後10分経過してから実験を開始することとする．この結果，興奮薬投与群における目標刺激の検出数の平均値は4，鎮静薬投与群の平均値は5となったとしよう．この結果からどのような結論が導き出されるのであろうか．

　この結果から，2つの薬物の効果には違いがないという結論をくだせるであろうか．ここには，薬物の薬理作用の違いを検討していないという問題がある．たとえば，興奮薬は，投与後30分で血中濃度がピークに達するのに，鎮静薬は15分であるとしたら，**要因の操作（独立変数の操作）は，2つの薬物で同じではない**．ここに剰余変数が介在していることになる．薬物の場合には，血中濃度により要因の操作を決める必要がある．

　また，従属変数の測定が10試行で十分であるかという問題もある．実験が短時間に終了してしまうので，**被験者がこの課題に慣れないうちに終わってしまう可能性がある**．ここに剰余変数が介在していることになる．この可能性を取り除くには，あらかじめ練習試行を一定試行行わせておくか，実験における試行数を増やす必要がある．

　さらに，一般に，人や動物は，様々な点で個体毎に異なっている．これを**個体差**（individual difference）という．このような**個体差のため，この課題における目標刺激の検出数が異なった可能性がある**．ここにも剰余変数の介在があることになる．このため，各群に割り当てる被験者（被験体）の等質性を確保しておかなければならない（具体的な方法については群間比較法の項で触れる）．

●混交要因

　混交要因 (confounding factors) とは，あたかも独立変数の効果であるかのような変化を生じさせる要因のことである．この要因としてよく知られたものは，**偽薬の効果**（placebo effect）である．医者から「この薬はよく効きますよ」といって処方された偽薬が，本当に効果があるように感じられてしまうのである．これは一種の暗示効果である．

　このような**混交要因を取り除くには，この要因の効果を差し引くことのできる統制群や統制条件を設けることである**．このような統制群や統制条件の設定は，Liebert & Baron（1972）の実験にも見られる．たとえば，彼らの実験の統制群がテレビ番組を視聴させないとしたら，その後に見られた攻撃行動増加の原因が番組内容なのか，小さい部屋に番組を見るために閉じこめたことなのかが，わからないことになる．このために，彼らの統制群は，番組を視聴させられていたのである．この例から明らかなように，彼らの実験では，子どもを小さい部屋に閉じこめるという要因を取り除くのではなく，**実験群と統制群の比較からこの要因の効果を差し引いている**のである．

　混交要因の除去の具体例として，渡辺らのハトにおける絵画弁別の実験を見てみよう（Watanabe, Sakamoto, & Wakita, 1995）．彼らは，モネとピカソの絵画からそれぞれ10作品を選び出し，8個体のハ

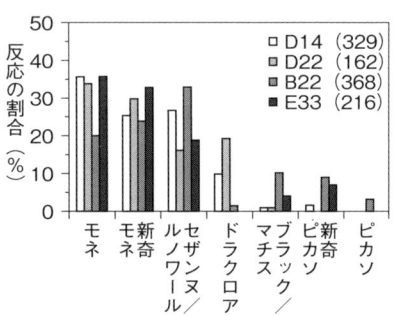

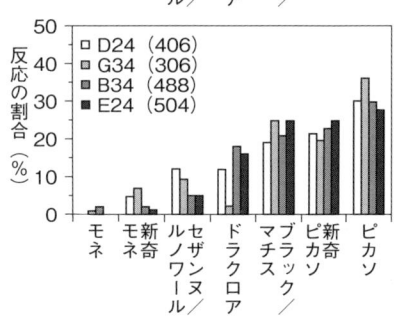

図 5-5　モネを正刺激とした場合（上図）とピカソを正刺激とした場合（下図）の般化テストの結果．Watanabe et al.（1995）を改変．

トを，モネを正刺激（ピカソを負刺激）とする群とピカソを正刺激（モネを負刺激）とする群に分けた．継時弁別手続きによりこれら20枚の絵画をランダムな順番で呈示して分化強化を行った．十分な弁別行動が形成された後，概念が形成されたことを確かめるために，これまでの訓練刺激とともに，モネとピカソの新しい絵画を呈示する般化テストを行った．このとき，新しい刺激として，印象派やキュービズムに属する他の画家の作品も合わせて呈示した．

この結果，図に示したように，ハトは訓練時の刺激カテゴリーに属する新しい刺激に対してもキイをつつくことができた．また，同じ印象派の画家の作品にも類似した反応を示したのである．このことから，ハトはモネやピカソの絵画の概念を獲得していると考えられたのである．

しかし，この結果の解釈の中には混交要因が含まれている．まず，印象派とキュービズムの絵画では，色調や輪郭線などが異なっているので，このような**刺激特性の違いを手がかりにして，ハトは区別していた可能性があ**る．ここに混交要因の介在が考えられる．このため，色の手がかりを取り除いた，絵画刺激をモノクロにした条件や，輪郭線の相違という手がかりを取り除いた，ぼかし処理を行った条件を用いて般化テストを行う必要がある．このような条件から得られた結果と先の結果とを比較して大きな差がないことから，ハトのモネとピカソの絵画概念の成立が確認されたのである．

同様な手続きは，ハトの絵画弁別を2つの異なる刺激呈示装置（ブラウン管モニタと液晶ディスプレイ）を用いて検討した山口・北村・伊藤（2003）においても用いられており，渡辺らと

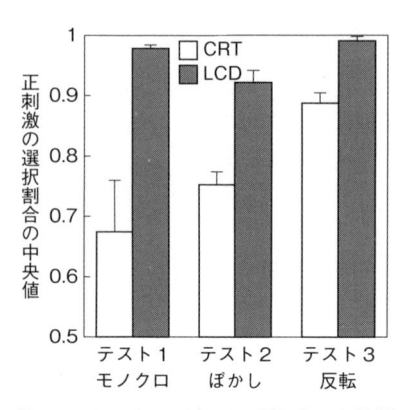

図 5-6 モノクロ，ぼかし，反転という統制条件のもとで得られた正刺激の選択割合．1.0 に近いほど訓練時の正刺激選択と同じであることを表している．この研究は刺激呈示装置（CRTとLCD）の検討を行ったもので，液晶ディスプレイ（LCD）の方が優れていることがわかる．山口ら（2003）を改変．

同じ結果となった．ここでは，山口らの結果を示しておこう．

●実験の方法

　実験の方法は，大別すれば，**群間比較法**（group comparison design）と**個体内比較法**（within-subjects comparison design）に分けられる．さらに，これらの方法を基礎とした**要因配置法**（factorial design）が区別できる．ここでは，各方法の特徴と問題点について見ていこう．

✦群間比較法

　群間比較法の典型的事例は，先に取り上げたLiebert & Baron（1972）の実験である．その方法の第1歩は，被験者の**無作為な割付**（ランダムな割付）である．彼らの実験では，テレビの視聴内容の違いによる2つのグループを設けたので，被験者を2群に割り付けたのである．次に，2群の内，1群は，実験群として独立変数を呈示し，もう1群は，統制群として独立変数を呈示しないという**独立変数の操作**を行った．続いて，各群について，これらの**操作の効果を測定**（従属変数の測定）した．彼らの実験では，従属変数は，隣室にいる子どもをいじめるボタンを押している時間や遊びの内容であった．

　群間比較法では，設定された複数の群における**被験者の等質性**が前提になる．等質というのは，被験者の特性に関すること，たとえば，男性・女性という性や，年齢，あるいは職業などがおおむね2つの群間で等しいことである．このような等質性を実現するひとつの方法は，多数の被験者を用いることである．こうすることで，多様な被験者特性がひとつの群の中に存在することになり，それぞれの特性の効果が打ち消しあって，一定の状態になると考えるのである．この考え方を**相殺化**（counterbalancing）という．

　群間の被験者特性を等しくするもうひとつの方法は，被験者の特性をいくつかの水準にわけて，群間で水準毎に等質になるように被験者を割り付けることである．これを**均等化**（balancing）という．均等化を年齢の水準に分

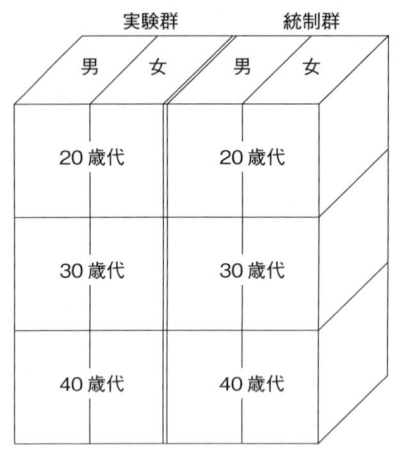

図5-7　年齢と性を均等化した群間比較法の模式図.

ける例で考えてみよう．たとえば，20歳から40歳にわたる年齢に幅のある被験者群を対象にしたい場合には，各群の中を20歳代，30歳代，40歳代という3つの**層**（level）にわけて，各層について被験者数を等しくするように割り付ける．さらに，性差についても等質にするのであれば，各年齢層を男性，女性という2分割にすればよい．図5-7に均等化の模式図を示してあるが，年齢と性差で均質な2つの群になっていることがわかるであろう．この図と先の図5-3を比べてみると似ていることがわかる．Liebert & Baron（1972）の実験も，こうした均等化により2群を等質にしているのである．

◎個体内比較法

個体内比較法は，同じ被験者（被験体）に様々な実験操作を時系列で与え，独立変数（要因）の効果を，同じ被験者の独立変数が呈示されないときの行動との比較から検出しようとする方法である．この方法は，被験者自身との比較になるので，群間比較法では問題となる個体差を問題にしなくてもよいという利点がある．このため，多数の被験者を用いる必要もなく，少数の被験者で要因の効果を明らかにすることができる．また，さらに個体差の原因を被験者ごとに検討することもできる．

しかし，この方法では，実験操作を時系列で与えることから，それらの操作の**順序効果**（order effects）が問題になる．この順序効果を統制しないと，要因の効果と順序効果が混じり合って，要因の効果だけを取り出すことが困難になる．次に，仮想の薬物効果の実験を例にあげ，こうした問題をどのように解決できるのかを見ていこう．

まず，すべての被験者に偽薬を投与し，視覚探索課題により目標刺激の検出を被験者に行わせるとしよう．従属変数は正検出率や反応時間である．次に，同じ被験者にある薬物（鎮静剤）を投与し，同じ視覚探索課題を行わせる．ここで最初の課題成績と2度目の課題成績を比較することで，薬物の効果を明らかにするのである．図5-8は，被験者の反応時間の変化を被験者毎に示したものである．このように，各被験者のデータを直線で結ぶと，分かりやすくなる．図から，鎮静剤投与により反応時間が長くなることが読み取れるであろう．

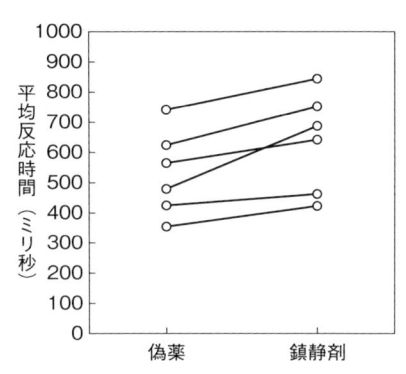

図 5-8　偽薬と鎮静剤投与における6人の被験者の反応時間（仮想データ）．

　しかし，この実験計画では，**順序効果が混交している**といえる．鎮静剤の効果の中には，2度目の課題という**経験効果**も含まれていると考えられるからである．この例からも明らかなように，個体内比較法では，順序効果とともに，剰余変数や混交要因をどのように統制するかを十分に検討しなければならない．

　一般に，ある要因の効果は，時間とともに消失すると考えられる．たとえば，通常の薬物は，一定時間後には，体内で分解され，体外へ尿として排出される．したがって，薬物投与という操作とその操作による効果には，**可逆性**があるといえる．薬物投与実験では，こうした薬物効果の経過についてのデータをもとに計画される．

　一方，時間とともに容易には消失しない効果もある．経験効果もこうした持続性のある効果である．持続性のある効果の場合には，たとえば，**行動がこれ以上変化しない状態にまで訓練するという方法**が考えられる．こうした安定した状態を**定常状態**（steady state）という．通常，独立変数の効果を検出するための基準となる状態を**ベースライン**（baseline）というが，ベースラインは，こうした定常状態であることが望ましい．

しかし，様々な制約からこのようなベースラインを作ることが難しい場合には，一定期間の訓練を行うことで代用することもある．これを**練習**（warm-up）という．
　行動が定常状態にない場合でも，要因を呈示するテスト試行を一定の間隔をあけて挿入することで，行動の変動のなかで要因の効果を見ることもできる．この方法を**プローブテスト**（prove test）**法**という．
　それでは，効果に可逆性がない場合にはどうしたらよいであろうか．この場合には，個体内比較法は，残念ながら使えないのである．たとえば，行動神経科学分野における脳の破壊実験の場合がその典型例である．脳の神経細胞は一度破壊されると再生しないと考えられるので，操作とその効果の可逆性もないことになる．
　順序効果をなくすことはできないが，均等化することはできる．すべての要因の水準（条件）で順序効果が等しく影響するようにすればよい．これは，条件間を比較することで，順序効果を差し引くという操作になる．この均等化するための方法は，先に述べた**相殺化**である（本章「群間比較法」参照）．先の薬物投与実験で説明してみよう．
　この実験に相殺法を適用すると，半分の被験者には最初に鎮静薬を投与し，残りの半分の被験者には，偽薬を投与する．続いて，最初に鎮静薬を投与した群には，偽薬を投与し，最初に偽薬を投与した群には，鎮静薬を投与するのである．そして，鎮静薬を投与したときの反応時間と偽薬を投与したときの反応時間を薬物ごとにまとめて平均値（第7章「平均値」参照）を求めれば，それぞれ最初に投与した場合の結果と，2度目に投与した場合の結果があるので，順序効果は相殺されると考えられる．ただし，**相殺化は，個体内では実現できていない**ことに注意してほしい．
　2条件以上の場合には，相殺化は使えないので別の方法を用いる必要がある．いま，3人の被験者に3条件（要因の3水準）を経験させるような実験を考えてみよう．たとえば，鎮静薬と偽薬に加えて，興奮薬を投与するものとし，それぞれをa, b, cという略号で表すとしよう．ここで，3×3の計9マスからなる表を作ってみる．この表の行と列を見ると，a, b, cという各略

号がひとつずつ入っていることがわかる．このような表のことを，**ラテン方格表**（latin square table）という．

このラテン方格表にしたがって3条件を各被験者に呈示する．すなわち，被験者1はa→c→b，被験者2はb→a→c，被験者3はc→b→aという順序で実験を実施するのである．条件毎に3人の被験者の平均値を求めれば，この中に含まれる順序効果は相殺される．ラテン方格表は，各行・列に要素が必ずひとつ存在するという規則により，各自で作ることができるので，被験者の人数に合うものを用意すればよい．

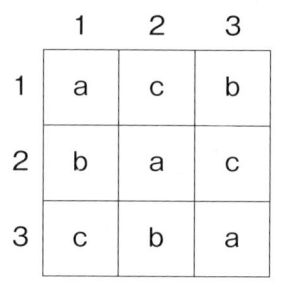

図5-9 3×3のラテン方格．a, b, cは各薬物を表している．行番号は被験者を，列番号は実験の実施順序を表している．

このように，あらかじめ条件の呈示順序をラテン方格表により決めておくのではなく，**乱数表**（付表A参照）に従って条件の呈示順序を決める方法もある．しかし，この方法は，試行回数やセッション数が少ない場合には，ある条件の呈示が多くなる（あるいは少なくなる）という偏りが生じることは避けられない．この欠点に対して，ラテン方格法は，条件の呈示回数を正確に決めることができるという利点がある．

❂要因配置法

独立変数（要因）が2つ以上ある場合の実験法は，**要因配置法**（factorial design）とよばれる．この方法の利点は，ひとつの実験から，複数の要因の効果を明らかにできることである．また，複数の要因間の影響を明らかにすることができることも利点である．この影響のことを**交互作用**（interaction）という（第8章「分散分析」参照）．しかし，1要因の場合と比べると，実験を行うのに時間と労力がかかる．

要因配置法には，複数の要因をひとつの実験の中で配置する方法（**実験内要因配置法**）と，複数の実験間で配置する方法（**実験間要因配置法**）がある．前者の例は，先に述べたLiebert & Baron（1972）の実験である．彼らの実験は，図5-3に示したように，独立変数として操作したテレビ番組の内容以外にも，年齢と性という要因に注目して分析するとすれば，3つの要因を操作した実験とみなすことができる．したがって，実験は，各要因が2水準（暴力シーンと非暴力シーン，男児と女児，5・6歳と8・9歳）からなる3要因の要因配置法を用いていることになる．ここでは，もう少し単純な，強化量と遅延時間という2つの要因を実験間で操作したIto（1985）の実験を見てみよう．

　強化量の多い選択肢と少ない選択肢が呈示されたら，人や動物は強化量の多い選択肢を選ぶであろう．彼は，このような強化量の選択が，強化量の変化に対してどのように行われるのかを，ネズミを被験体として同時選択手続を用いて検討した（伊藤，2005）．また，選択した強化量を得るまでの待ち時間（遅延時間）の影響についても調べた．強化量は4水準（餌ペレット1:1, 1:2, 1:3, 1:5の個数），待ち時間は2水準（5秒と20秒）とした．

　図5-10の上段は遅延時間が5秒の場合の結果であり，下段は遅延時間が20秒の場合の結果である．4つのデータ点に直線を当てはめ，直線の傾きを比べると，遅延時間が長い場合に傾きが大きくなっていることがわかる．つまり，**遅延時間の要因は，強化量という要因の効果に影響する**のである．言い換えると，遅延時間と強化量という2つの要因間には交互作用があることになる．

　このような要因間の交互作用は，Liebert & Baron（1972）の結果にも見られる．図5-2に示されているように，8・9歳児では，暴力的遊びの回数に性差がある（男児の方が女児より多い）が，番組内容が違っても棒グラフの高さは変わらない．しかし，5・6歳児では，統制群（非暴力的内容）の男児の暴力的遊びの回数が実験群に比べて減少することがわかる．このように，**年齢と番組内容という2要因の間には交互作用がある**といえる．

　3要因以上の実験間要因配置の例として，ネズミの強化量の選択行動を

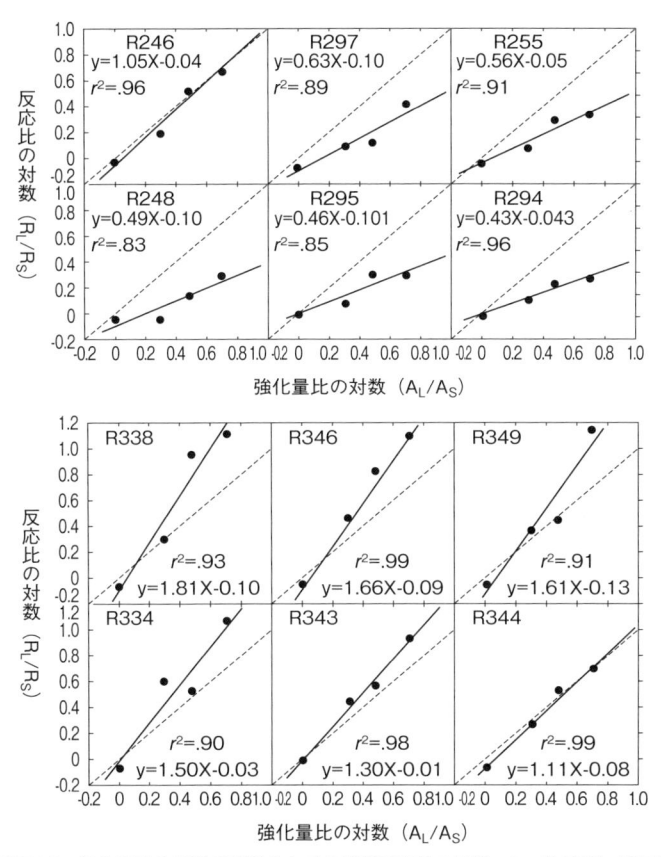

図5-10 強化量比の対数の関数としての選択反応比の対数. Ito (1985) を改変.

扱った伊藤・小林・佐伯（2001）を取り上げて見よう．彼らは，3つの実験を通して，絶対強化量（餌ペレットの個数1:3, 2:6, 3:9, 4:12の4水準），経済環境（給餌が実験セッション内に限られる封鎖経済環境と，実験セッション以外にも給餌のある開放経済環境の2水準），および体重レベル（自由摂食時安定体重の80%以下と95%以上の2水準）という3つの要因の効果を調べた．すべての実験において強化量の絶対量4水準と経済環境2水準は，**個体内要因**としてすべての被験体が経験した．体重レベルは**個体間（実験間）要因**とし，実験1では安定体重の80%以下，実験2では95%以

第5章❖実験的方法　081

上，さらに実験3では再び80%以下とした．この結果，絶対強化量が1：3より4：12の方が，大強化量への選好が高くなること，大強化量の平均選択率は封鎖経済環境の方が開放経済環境よりも大きいことが明らかになった．この例では，絶対強化量と経済環境の効果は認められたが，体重レベル要因の効果は認められなかった．

●データの信頼性

　以上に述べた実験法から得られたデータが，どの程度安定しているか，あるいはどの程度信頼できるかについては，データを評価する上で重要である．このようなデータの信頼性を保証する方法は，実験法によって相違がある．

　群間比較法では，第8章で述べる確率論にもとづく**統計的仮説検定**の方法を適用して，データの信頼性を保証することが行われる．一方，個体内比較法では，ベースラインや要因を操作した場合の行動が安定しているかどうかの基準を設けることでデータの信頼性を保証する．この基準は，**目視**（visual inspection）によることもあるが，通常は，何らかの**安定基準**（stability criterion）を設けることが多い．たとえば，選択行動の実験では，最低14セッションの訓練を行うとして，14セッション目からさかのぼって，2セッションずつの選択率の平均値を3つ求め，(1) これらが上昇・下降傾向のないこと，かつ (2) 3つの平均値の変動が5%以内であること，という基準を用いる（Ito & Asaki, 1982）．この基準を満たせば，次の条件に移行し，満たせなければ，安定基準を満たすまで，次のセッションのデータを使って安定基準を求めていくのである（第6章「1事例の研究法」参照）．個体内比較法では，このような安定基準を用いることで，統計的仮説検定法を適用せずに，データの信頼性を保証することができる．

●予備実験とパイロット研究

　実験の実施に当たって，どのような方法や手続きを用いたらよいかは必ずしも明確ではない場合もある．研究者が用いる方法が研究目的にとって最もふさわしい方法であるかどうか，どの要因を統制すべきか，ベースラインを何にするか，従属変数を何にするかなどについて研究者は，始めから答えを知っているわけではない．このため，まず実験を行ってみる必要がある．このような目的で行われる研究を**パイロット研究**（pilot study）という．パイロット研究として行われる実験を**予備実験**（preliminary experiment）という．このような目的で行われるパイロット研究は，探索的な性質を持っているといえる．また，失敗した実験もそこから方法や手続きの改善のヒントが得られれば，これも予備実験になる．

　失敗した実験は，あまり顧みられないことが多いが，実は，よりよい実験のための有益な情報を含んでいる．たとえば，薬物効果の実験で，ある薬物の3水準の投与量（1mg/kg, 2mg/kg, 2.5mg/kg）を用いたところ，投与量2.5mg/kgで若干行動が増加したとしよう．この場合，データ全体としては効果がなかったという結論になったとしても，この失敗実験（効果がないという結論になったからといって失敗実験とはいえないが）から，効果があるとしたら，投与量2.5mg/kg以上である可能性が示唆されるのである．

●野外実験と実験室実験

　実験は，様々な要因の統制や操作が容易にできる実験空間を作ることから始まる．実験は，通常，**実験室**（laboratory）という特別な施設の中で行われる．このような施設の中で行われる実験を**実験室実験**（laboratory experiment）という．一方，実験室の外で行われる実験もある．これを**野外実験**（field experiment）という．

✼野外実験

野外実験の典型例は，第3章で述べたティンバーゲンの実験である．ティンバーゲンの『本能の研究』は，野外で行われた数々の実験の成果をまとめた著作であり，野外実験がどのようなものであるかを端的に教えてくれる．**野外実験は，実験者が操作する要因以外は自然のままにしておく方法である．**したがって，野外実験は，観察と実験の中間的な性質を持つといえる．ここでは，よく知られたトゲウオの攻撃行動を誘発する**解発子**（第3章「生得的行動」参照）は何か，という設問に対する答えを明らかにした実験を取り上げてみよう．

彼は，姿形がトゲウオにそっくりな模型（N）以外に，下部を赤く塗ったトゲウオに似ても似つかない模型（R）を用意して，自然状態で生息しているトゲウオに呈示したところ，トゲウオの攻撃行動は，もっぱら姿形が似ていない模型に向けられた．このことから，トゲウオの攻撃行動を解発する刺激は，模型の下部に塗られた赤い色であることが明らかになったのである．

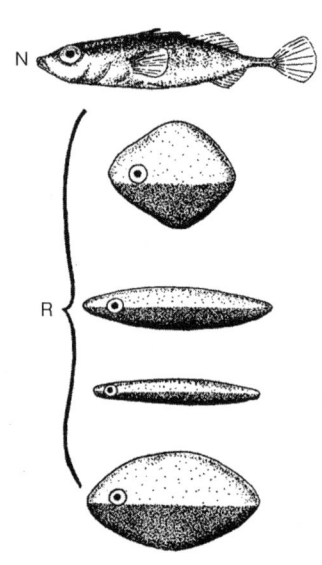

図 5-11 ティンバーゲンがトゲウオの攻撃行動の解発子に関する野外実験で用いた模型のトゲウオ．Tinbergen (1950) より．

✼実験室実験

実験室実験の典型例は，スキナーによるオペラント条件づけ研究に見られる．第3章「習得的行動」の図3-6に示したオペラント実験箱は，要因の操作が容易なハト用の実験空間である．この実験空間は，野外実験とは異なり，自然が内包する様々な要因を取り除いている点に大きな特徴がある．こ

のような実験空間は，日常空間が**具象的な空間**であるとすれば，日常空間とはかなり異なる**抽象的な空間**といえる．しかし，実験空間は，本質的には日常空間と同質なものを持っていなければならない．実験空間の中の給水器や照明，換気扇などは日常生活空間としての側面を表している．図3-6に示した実験箱は1950年代のものであり，現在の実験箱とは刺激呈示法がかなり変わっている．ここでは新しい刺激呈示法を用いた実験箱の一例を示しておこう（伊藤・内田・佐伯・北村, 1999）．

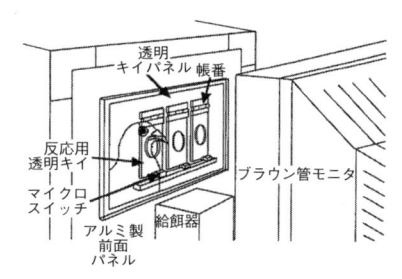

図5-12 ハトはブラウン管モニタに呈示される刺激を透明キイパネルを通して見ることができる．現在は，ブラウン管モニタから液晶モニタに変わっている．伊藤ら（1999）を改変．

　実験空間が抽象的空間であることは，要因の操作や統制が容易であることであり，従属変数の測定も容易であることを表している．この空間には，要因を操作するための機器（装置）や行動を測定するための機器（装置）が含まれている．こうした装置は時代とともに変遷しており（伊藤ら, 1999），現在は，パソコンと液晶ディスプレイを中心とした機器を用いて，プログラミング（佐伯・内田・伊藤, 1998）により要因の操作や行動の測定が自動的に行われるようになっている．

●残された問題

　これまで，優れた実験として紹介したLiebert & Baron（1972）の研究にも残された問題はある．たとえば，この研究からは，番組内容のどの部分が後の子どもたちの行動に影響したのかという問いには答えられない．また，視聴時間を長くしたら年長の子どもにも効果が見られるのだろうか，この効果がどの程度持続性を持っているか，そもそも彼らの見いだした結果はどの程度一般性があるか，などという問いにも答えられないのである．だからといって，彼らの実験が不十分であることにはならない．ひとつの実験から，

すべての問いに対する答えを求めることはできないからである．個々の実験は，ある限定された問題に対する答えを求めるために行われるのである．

　研究とは，様々な研究者が様々な方法を用いて，こうした問題に対する答えを求めていくことである．これが科学の営みの本質的部分なのである．

●実験施設

　先に述べたように，実験は実験室という要因の統制が容易にできる空間で行われる．実験室は，研究対象により，大きなスペースを必要とするものから被験者1人が入る小さなブースまで様々である．また，実験機器の製作・調整などのために使用する**工作室**も設けられている．工作室には，木工・金工・電工などの工作ができるような工作台や工具が準備されている．

　実験室内には，様々な現象を扱う実験を行うための**実験機器**が設置されている．現在，心理学実験の大部分は，パソコンによる自動制御システムを用いて行っている（佐伯ら，1998）ため，パソコンと外部の様々な機器（自動給餌装置や刺激呈示装置）を接続するインターフェイスが大きな役割を果たすようになっている．

✿実験室

　ここでは，大阪市立大学心理学実験室を例に説明しておこう．ここの特徴は，動物実験施設と一般実験室が同じフロアの廊下でつながっていることである．これは，動物実験室が，特別な飼育設備（一方向気流方式による飼育装置）により，臭気のしない施設になっているから実現したのである（伊藤，1995）．

　実験施設は，大別すると，動物実験施設と一般実験施設に分けられる．このうち，動物実験施設は，動物飼育室と動物実験室からなる．動物飼育室は，米国国立衛生研究所（NIH）の「実験動物の飼育と管理の指針」（NIH，1985）に準拠して作られており，異種の動物を同じ飼育室で飼育しないことが原則である．このためネズミ用とハト用の飼育室が設けられている．こ

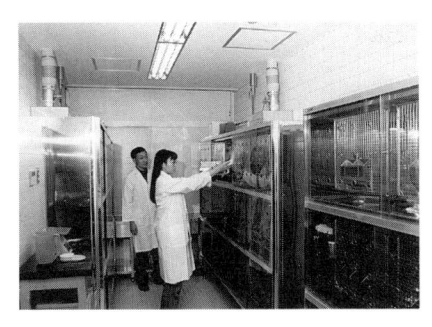

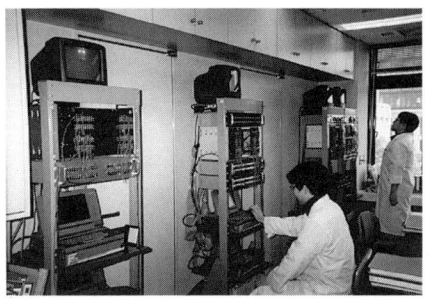

図 5-13　米国国立衛生研究所 (NIH) のガイドラインに準拠した動物飼育施設と実験室．飼育室は，飼育者側から動物へという一方向気流方式による換気を行っているので，人獣共通感染症から研究者を守ることができる．飼育ケージの前面は，多数の通気口のあいた透明アクリル板の引き戸になっている．実験室では，実験者と動物が置かれている実験箱とは隔離されており，実験箱内部の動物の様子は，モニタを通して見ることができる．実験は，パソコンにより自動制御されている．

の他，屋上には集団飼育室のある鳥舎が設けられている（伊藤，1996a）．

　一方，一般実験施設は，防音や電磁シールドを施した**音響実験室**や，天井高のある**空間実験室**など特別仕様の実験室から，**認知実験室**，監視用ビデオカメラを備えた**行動観察室**や，被験者 1 人が入れる小さなブースが複数設けられた**学習実験室**などからなる．この他，心理テストを行うための**心理検査室**も設けられている．このような実験施設は，実験心理学を中心とした研究・教育機関のほぼ標準的なものといえる．

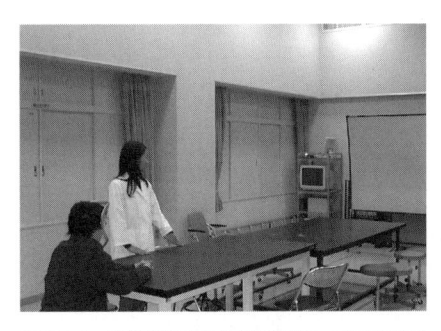

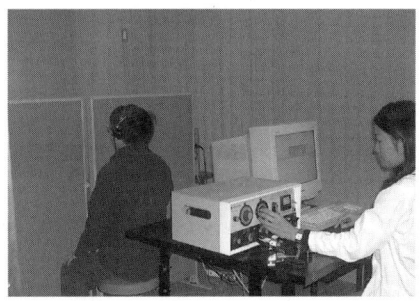

図 5-14　音響実験室と空間実験室．空間実験室（左）は天井高が 5m もあり，刺激の空間的布置を様々に変えることができる．また，観察距離を長くとる実験も可能である．音響実験室（右）には，電磁シールドされた防音室が 2 室あり，外来音の遮蔽と純音などの音刺激を用いた実験に使用される．

✿実験装置と実験制御

　ヴントの時代の実験心理学では，刺激の呈示のために機械式の装置が用いられた．現在もドイツの機械技術の高さには定評があるが，ヴントの研究室に留学した各国の研究者たちはヴント心理学の内容とともに，当時はこのような実験装置がなければ心理学の研究ができなかったため，精度の高いドイツ製の実験装置をそれぞれの国に持ち帰ったのである．

　当時の実験では，刺激の呈示から反応の記録まで実験者自らが手動で行っていたが，やがて実験の自動化の試みが始まった．実験の自動化に先鞭をつけた研究者のひとりは，オペラント条件づけを体系化した米国の心理学者スキナーであろう．1940年代に開始された強化スケジュール研究は，電気式の装置である電磁リレー（電気でスイッチを開閉するもの）を用いた実験装置による，一種の流れ作業方式とでもいうべき方法によって行われた（Ferster & Skinner, 1957）．1950年代には，自動化の主役は，トランジスタの発明とその普及により，トランジスタ回路（トランジスタによる回路の開閉）であり，さらに1970年代には集積化技術の進歩による集積回路を用いた論理モジュールが用いられるようになった（浅野, 1970）．

　1980年代には現在のパソコンが登場し，パソコンは実験制御の道具としても格段に優れた能力を提供することになった．また，パソコンは汎用性を持っているため，パソコン1台でもプログラミングにより様々な実験の制御が可能になった．このため，現代は，実験者にとって機械や電気の知識よりも，パソコンに関する知識，特にプログラミングの知識が必要とされるのである（佐伯ら, 1998；伊藤ら, 1999）．

　実験の遂行は，1または0という2値をとる論理代数（ブール代数）にもとづく**論理演算**として表現することができる．論理演算とは，事象AとBが「起きた（1）」・「起きない（0）」という2つの状態をとる場合，たとえば，その論理和（AまたはB）を求めることである．「ある刺激を呈示したときに，反応が起きれば，餌を呈示する」という実験操作は，刺激の呈示と反応の生起の論理積（AかつB）をとり，その結果が1（いずれもが起きた）な

らば，餌を呈示するという操作を実行することなのである．このような論理演算を時間順序（時系列）にしたがって多数組み合わせ，これらを何らかのプログラム言語（たとえば，Visual Basic®）で記述したものが実験制御プログラムであり，これらの実験制御プログラムを，たとえば「Windows®」というシステム・ソフトウエア上で実行することで，実験を自動的に行うことができる．

●読書ガイド

Bernard, C. 1865 *Introduction a l'etude de la medicine experimentale.*（三浦岱栄（訳）『実験医学序説』岩波文庫）
　＊フランスの生理学者ベルナールの科学方法論についての古典的名著である．観察と実験とが有機的に関連していること，両者には本質的な相違があることを教えてくれる．

大山 正（編）『心理学研究法2 実験Ⅰ』東京大学出版会 1973
苧阪良二（編）『心理学研究法3 実験Ⅱ』東京大学出版会 1973
苧阪良二・大山 正（編）『心理学研究法4 実験Ⅲ』東京大学出版会 1975
　＊これら3つのテキストはやや古くはなったが，実験的方法についての体系的な解説がなされているので，参考になる．

課題5-1：実験の論理（考え方）を説明しなさい．
課題5-2：剰余変数の統制について述べなさい．
課題5-3：混交要因の除去について述べなさい．
課題5-4：順序効果の均等化を説明しなさい．

第6章 事例の実験計画

実験データを評価する際に用いられる手続きは，個々の事例や事例史に照らして適切に記述されるのである．

M. シドマン『科学的研究の方法：心理学における実験データの評価』より

第1章「心理学における実験法の展開」で述べたように，初期の心理学の実験は，すべて少数個体によるものであった．ヴントの内観法という方法を用いた実験や，自分自身を被験者としたエビングハウスの記憶の実験，イヌを被験体としたパブロフの条件反射の実験などは，いずれも1事例の実験といえるものである．その後，統計的仮説検定の手続きを適用する群間比較法の普及とともに，1事例の実験は，やや影が薄くなった感があったが，やがて1950年代以降には，個体の行動分析に焦点を当てたスキナーらの「**実験的行動分析**（the experimental analysis of behavior; EAB）」の確立とともに，再び脚光をあびるようになった．これには，個人に焦点を当てた臨床的研究が進展したこと，特に，実験的行動分析の応用として，臨床的問題を扱う「**応用行動分析**（applied behavior analysis; ABA）」が確立したことも寄与している．

　ここでは，基礎的研究分野と臨床的研究分野から具体的研究事例を取り，1事例の実験計画の考え方を紹介していこう．

● 1事例の実験計画とは

　1事例の実験計画の特徴は，群間比較法では，独立変数の効果が，群全体の中央値や平均値などの代表値として示されるのに対し，**独立変数（要因）の効果が個体データの中に直接見える**ことにある．ここでの問題は，被験者や被験体の数の大小ではなく，実験において，たとえば，6人の被験者を用いていたとしても，独立変数の効果が被験者毎に示されているかどうかという点である．もし，被験者毎に独立変数の効果が示されていれば，1事例の実験計画と見なされる．1事例の実験計画では，後に述べるように，データの信頼性は，個体データの**安定性**（stability）や**再現性**（replication）から保証する（Sidman, 1960）ので，確率論にもとづく統計的仮説検定法（第8章参照）を適用することは，あまり多くない．しかし，行動の安定基準（第5章「データの信頼性」参照）を用いていない場合や，繰り返し型実験計画が用いられていない場合には，統計的仮説検定法を適用することも必要

になる．

　独立変数の効果が直接的に見えるということの意味は，以下に紹介する実験的行動分析と応用行動分析の具体的研究例から明らかになるであろう．

✺実験的行動分析における研究事例

　実験的行動分析における研究事例として，ブラウ（Blough, D. S.）によって行われた暗順応の実験（Blough, 1958）を取り上げてみよう．

　彼は，図6-1に示したハト用の実験装置を用いて，ヒトの暗順応の過程が，ハトにも認められるかどうかを検討した．用いた方法は，オペラント条件づけにもとづいて，ハトのキイつつき反応を強化する巧妙な手続きである．

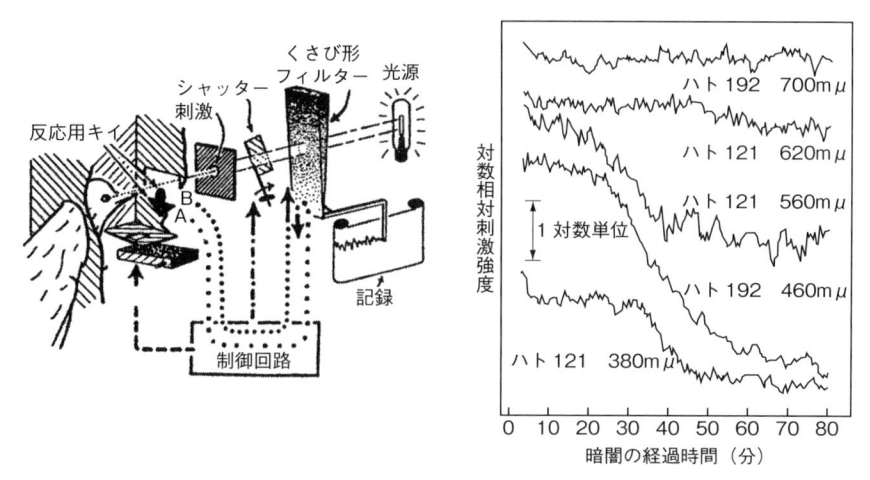

図6-1　ブラウの用いたハト用実験装置と個体毎に示された暗順応曲線．

　図6-1の左側は，この方法を模式図で示したものであるが，被験体の反応に依存して刺激の物理的特性を組織的に変化させる**トラッキング**（tracking）**法**を適用したものである．2種類の反応用キイがあり，まず，刺激が呈示されているときは，キイA（三角形）へ反応し，刺激が呈示されていないときは，キイB（円形）へ反応するように訓練する．次に，キイAへの反応は，フィルターを変化させることで，明るさを一定の割合（0.02

log単位）減少させ，逆に，キイBへの反応は，明るさを一定の割合増加させるという手続きを用いた．したがって，フィルターに連動した記録器により刺激の強度変化が**連続的かつ実時間**で記録できることになる．強化は，刺激が呈示されていないか，閾値以下である場合のキイBへの反応に伴うように設定してあるので，ハトは，キイAへ反応することにより，刺激を暗黒（あるいは閾値以下）とした後に，キイBへ反応するという一連の反応連鎖を獲得することが必要であった．

　以上の手続きによりハトの反応は，ヒトの「見えた」，「見えない」という言語反応と機能的に等価となっているといえる．この方法により，ハトの暗順応は，色光により異なるが，ヒトと同じような錐体と幹体の働きに対応する2段階の過程からなることが明らかとなった（波長380mμの場合がその典型例である）．

　このデータのように，暗順応の過程を個体データの変化として，個体毎に示すことが独立変数の効果を直接的に見せるという意味なのである．

●応用行動分析における研究事例

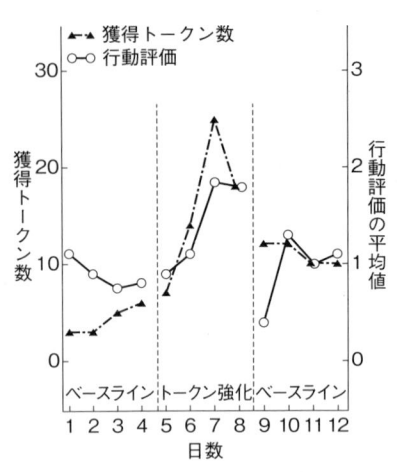

図6-2　ある鬱病患者（52歳男性）におけるトークン強化子の効果．Hersen et al. (1973) を改変．

　応用行動分析における研究事例として，鬱病患者の治療を，トークン強化子を用いて行ったハーゼンらの研究（Hersen, Eisler, Alford, & Agras, 1973）を見てみよう．トークンとは**代用貨幣**のことであり，通常の貨幣と同様に，物品の購買が可能な働きを持たせたものである（第9章「般例実験9-16」参照）．

　彼らは，反応性鬱病患者3人の被験者について，病院内で特典や品物と交換できるトークンの強化子としての働き（機能）を持たせた場合と，持たせ

ない場合の行動の改善を調べた．この実験の独立変数はトークンの強化子としての働きの有無であり，従属変数はトークンの獲得数と行動評価であった．実験の最初の期間（4日間）は，トークンは与えられるが院内で何物とも交換できない条件（強化子としての働きなし），次の期間（4日間）は，**介入**（要因操作）**期**として，トークンが院内で特典や物品と交換できる（強化子としての働きあり）条件，3番目の期間（4日間）は，再びトークンが交換できない条件であった．

　図6-2には，52歳男性の個体データが示されているが，この実験から，強化子としてのトークンの効果が，個体の行動変化，すなわちトークンの獲得数の増加と行動評価の上昇（能動的になったこと）として直接的に見られたといえる．

● 1事例の研究法

　1事例の研究法は，第5章で述べた**個体内比較法**である．この方法の最も基本となるものは，**A-B実験計画**である．これは，時系列的な順序で被験者がAを経験した後にBを経験する手続きである．通常，Aを**ベースライン**（独立変数の効果を検出するための基準）として，Bで独立変数（要因）を呈示し，ベースラインと比較して，Bにおける行動に変化があるとしたら，その行動変化は呈示した要因の効果であると考える．しかし，A-B実験計画は，Bにおける行動変化が呈示した要因の効果ではない可能性が残ってしまうのである．この可能性を取り除くには，再びAに戻して見ればよい．もし，Aに戻して行動変化が消失したとしたら，Bにおける行動変化は，呈示した要因の効果であることが明確になるからである．

　着目する行動はひとつであるとは限らない．たとえば，先のハーゼンらの研究では，トークン獲得数と行動評価の2つの測度が用いられている．このような複数の行動指標を用いる理由は，**ある行動指標では効果が顕著ではなくても，もう一方の行動指標では効果が認められることもあるためである**．また，実験の前には，どちらの行動指標に効果が現れるかは不明な場合も多

い．したがって，要因の効果を検出するためには，ひとつの行動指標だけではなく，複数の行動指標を用いることが望ましい．ただし，これらの行動指標は互いに独立である必要がある（第5章「独立変数と従属変数」参照）．

　1事例の実験計画では，**要因の操作は1度にひとつの要因である**．この要因をBに割り当てるのである．データの信頼性は，ベースラインAと要因操作期Bにおける行動変化の安定性から保証することになるが，このためには，ベースライン期においても要因操作期においても行動が安定しているということを示す何らかの基準が必要になる．たとえば，訓練セッション（日数）20日間という**試行基準**だけでは不十分であり，行動がこれ以上変化しないという**実行基準**を設ける必要がある．このような基準を**行動の安定基準**という．たとえば，訓練セッションをいくつかのブロックに分けて，各ブロックの平均値が相互に5％以上変動しないこと，かつ各ブロックの平均値が上昇または下降傾向にないことなどという基準を設ける（第5章「データの信頼性」参照）．こうした基準は，用いる行動によっても異なるであろう．また，安定基準を設けなくても，以下に述べる繰り返し型の実験計画にもとづいて，現象の**再現性**を示すことでも保証することができる．

　1事例の実験計画のデータについても統計的仮説検定法（第8章参照）を適用できるが，具体的な検定法については，Barlow & Hersen（1984）を参照してほしい．

❂A-B-A実験計画

　A-B-A実験計画は，先に紹介したハーゼンらの実験（図6-2）のように，Aをベースライン，Bを要因呈示（あるいは介入）として，要因の効果を2度目のAを設けて確認する手続きである．2度目のベースラインにおいて，Bで見られた行動変化が消失したとしたら，Bの行動変化は，Bで操作した要因の効果であることを確認することができる．また，AとBにそれぞれ異なる要因を割り当て，2つの要因の効果を比較することもできる．A-BまたはA-B-A実験計画は，個体内で時系列的に行動の変化を見ていくので，第5章「個体内比較法」で述べた**順序効果**が問題になる．このため，2

つの要因をAとBに割り当てた場合には，A→B→Aという順序とは逆のB→A→Bという順序の群を設けて比較する必要がある．これを基本となるA-B-A実験計画に対して，**B-A-B実験計画**という．

　Hachiya & Ito（1991）は，ネズミの継時弁別学習を試行反応場面と自由反応場面で比較するために，A-B-A実験計画とB-A-B実験計画を用いて検討した．試行反応場面をA，自由反応場面をBとして実験を行った結果，2群のネズミの継時弁別学習は，試行反応場面では成績が悪く，自由反応場面では成績の良いことが示された（図6-3）．この学習場面の効果は，最初の条件であるという理由で成績が悪いのではないことが，B-A-B実験計画群のAにおける学習成績から明らかに示されるのである．このAでは，一部の個体（R12とR422）に**B（自由反応場面）**の効果が持ち越されていることもわかる．

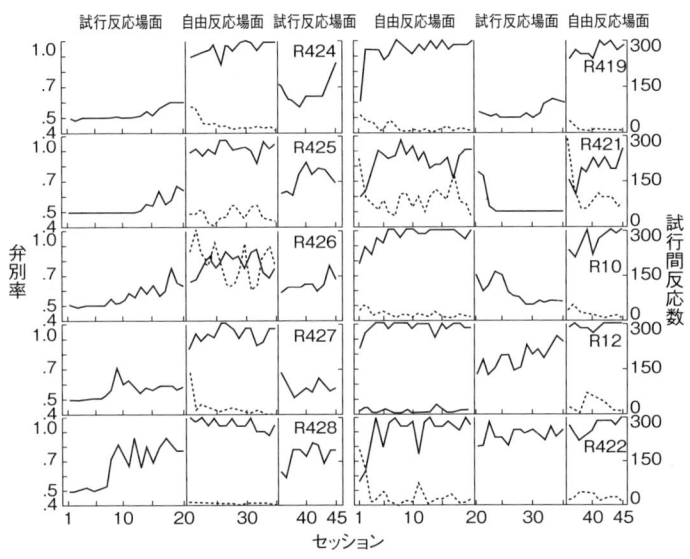

　この2つの群におけるそれぞれの最初のAとBを比べると，群間比較法になることがわかる．ここからA-B-A実験計画とB-A-B実験計画を合わせ

図6-3　ネズミの継時弁別学習の実験に適用された A-B-A 実験計画と B-A-B 実験計画．実線は弁別率，点線は試行間反応数を表している．Hachiya & Ito（1991）を改変．

た実験を群間比較法と個体内比較法が混合していることから，**混合実験計画**（compound experimental design）という．

❀繰り返し型実験計画

　A-B-A実験計画では，さらに時系列的に何度でもAまたはBを呈示することもできる．たとえば，A→B→A→B→Aというように，時系列で繰り返し呈示する場合である．もし，Bにおいて呈示された要因が効果を持つとすれば，Bの呈示ごとに，行動変化が繰り返し示されるであろう．これを**行動の再現性**という．このことは，その要因の効果が頑健なものであることを示しているのである．

　また，まったく同じ条件ではなく，手続きを変えて同じ要因を呈示する場合もある．これをCとすれば，Cは，要因が同じで手続きの一部が異なるAということになる．たとえば，A→B→A→B→Cという順序で呈示する場合である．この場合，手続きの一部を変えても，同じような行動変化が見られるとしたら，この要因の効果の一般性を高めることになる．こうした**系統的に手続きの一部を変えて同じ要因を呈示する手続き**を，**繰り返し型実験計画**（replication design）という．

　蜂屋・伊藤（1990）は，ネズミの観察反応が，継時弁別学習場面で呈示される正刺激（この刺激のもとで反応すると強化される）と負刺激（この刺激のもとで反応しても強化されない）のいずれの刺激の呈示により維持されるのかを，繰り返し型実験計画を用いて明らかにしている（第9章「学習」参照）．

　観察反応の手続きでは，通常の継時弁別学習の手続きとは異なり，弁別刺激（正刺激と負刺激）が呈示されず，弁別刺激の呈示は，実験箱に設置された2つの反応用レバーのうち，観察反応用レバーが押されたときに限られる（伊藤，2005）．こうした場面に置かれたネズミは観察反応をどのように自発するのかということが問題になる．より具体的に述べれば，ネズミの観察反応は，正刺激のみ，負刺激のみ，あるいは正・負両刺激により維持されているのかという問題である．

図6-4は，刺激の呈示スケジュール（VI 30, FR 1）や1回当たりの刺激持続時間（30秒，6秒）を系統的に変化させたときの正刺激（S+），負刺激（S-），正・負両刺激（S+, S-）呈示による観察反応の起こり方を示している．図から明らかなように，いずれの条件でも観察反応を維持できるのは，正刺激のみと正負両刺激が呈示される場合であることが繰り返し示されている．このことから，この事実は一般性を持っているといえる．

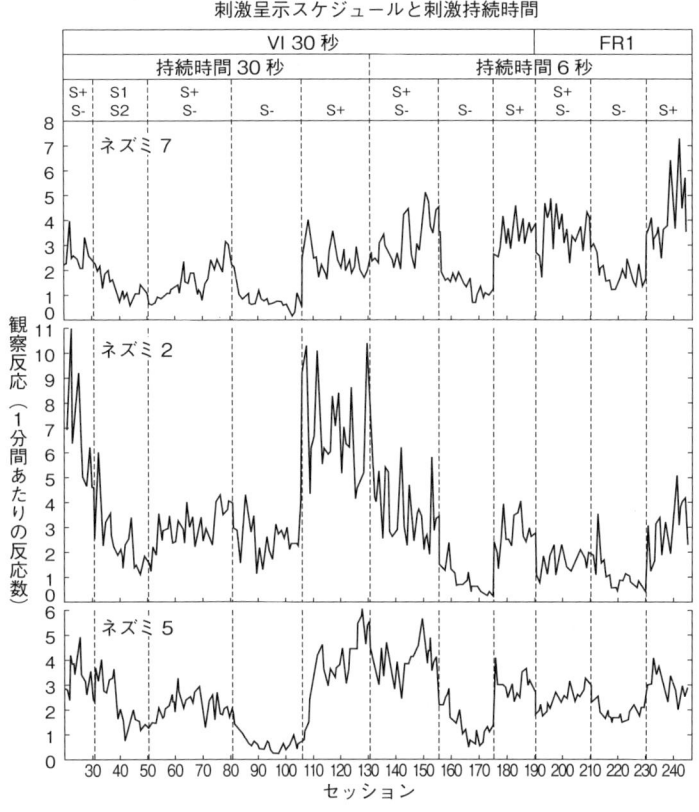

図6-4　ネズミの観察反応に関する実験に適用された繰り返し型実験計画．蜂屋・伊藤（1990）より．

❁多層ベースライン実験計画

　ベースラインは，独立変数（要因）の効果を検出するための基準となるものである．このようなベースラインを複数設ける場合がある．この場合，ハーゼンらの研究のように，複数の行動指標の変化を同時に見ていくのではなく，ある行動指標に焦点を当てて，要因の効果を検討し，次に別の行動指標に焦点を当てて，同じ要因の効果を検討することも行われる．このような**方法を多層ベースライン実験計画**（multiple baseline design）という．この方法の利点は，臨床場面ではA-B-A実験計画で倫理的な問題となる，2度目のAで治療を中断するという操作がないことである．この方法では，各ベースラインとなる行動指標はお互いに独立であることが前提になる．

　また，複数の行動指標ではなく，複数の場面で同じ行動指標を用いる方法もある．これは，臨床場面では，介入の効果が訓練を受けた場面に限らず，別の場面でも見られることを確認することが重要だからである．このような場面間の多層ベースライン実験計画を適用した事例として，オダム（Odam, S. L.）らの研究を見てみよう（Odam, Hoyson, Jamieson, & Strain, 1985）．

　彼らは，3名の発達障害児（およそ3歳から4歳）の社会的相互交渉を増加させるために，統合保育（健常児と発達障害児が一緒に教育を受ける制度）を受けている健常児に介入役として，社会的スキル（遊び指導，分け与え，分け与え要求，援助，賛辞，情愛表出）による働きかけを行わせた．実験は，3つの異なる場面，すなわち構造化された遊び（ごっこ遊び），机上の遊び，学習センターの作業のベースライン，健常児による介入（社会的働きかけに対する障害児の反応を強化），強化の除去，教師によるうながし（プロンプト）の低減，教師によるうながしの復活の順で行われた．図6-5に示されているように，各場面の介入により，社会的相互交渉の頻度は増加すること，強化を取り除いても一定に維持されること，しかし教師のうながしが少なくなると急速に減少することが明らかになった．

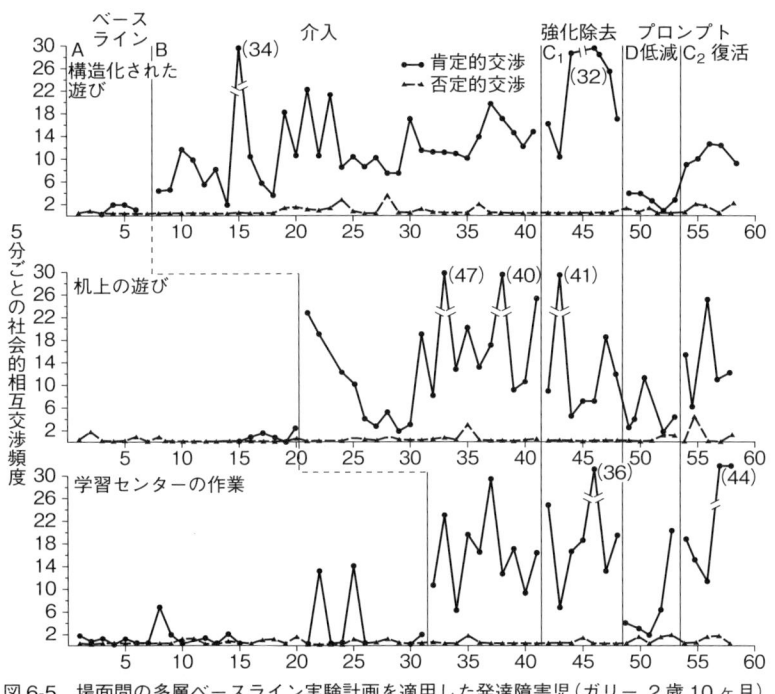

図6-5 場面間の多層ベースライン実験計画を適用した発達障害児（ガリー，2歳10ヶ月）の社会的相互交渉頻度の変化．Odam et al.（1985）を改変．

● 1事例の実験計画の問題点

1事例の実験計画にも利点とともに，問題点が存在する．ここでは，結果の変動性，可逆性あるいは一般性などについてこの方法の持つ限界を見ておこう．

✿変動性

第5章で述べた群間比較法では，個体差に起因するデータのばらつき（変動性）は，誤差として，ひとつの群の個体数を増やすことで相殺できると考えられている．しかし，1事例の実験計画では，個体そのものがベースラインになるので，個体差に起因するデータのばらつきの問題はないといえる

が，個体の行動自体の変動性に起因するデータのばらつきは問題になる．このような**個体に起因するばらつきは，必然的に行動に固有の問題である**．このばらつきが大きいと，要因の効果を隠してしまう可能性がある．

　この問題に対処するためのひとつの方法は，こうしたばらつきを，繰り返し測定することである．ばらつきを繰り返し測定することで，ばらつきの範囲を知ることができる．さらに，そうしたばらつきの原因を直接的に同定することである．ばらつきの原因を同定できれば，その原因を取り除くことができる．ばらつきの測定や原因の同定を通して，行動のばらつきを低減することができるようになると考えられる（Sidman, 1960）．

✺可逆性

　1事例の実験計画では，A-B-A実験計画の項で述べたように，**要因の操作やその効果が可逆的であること**が前提になっている．したがって，行動神経科学分野における脳の損傷実験のように操作が可逆的でない場合（破壊された神経細胞は再生しない）には，この方法は使えない．また，薬物投与のように操作は可逆的であっても，ある一部の薬物の場合（たとえば，毒性のある薬物の場合）のように効果が非可逆的であれば，やはり使えないのである．

✺一般性

　第2章で述べたように，科学の目的のひとつは，不変なるもの，つまり一般性を確立することである．一般性という言葉は，ある現象が，（1）**異なる被験者間**でも，（2）**異なる実験者間**でも，さらに（3）**異なる実験場面間**でも共通に見られる，という3つの側面がある．1事例の実験計画とはいっても，1事例だけでは一般性に言及することはできない．しかし，一般性の（1）の側面は，複数の被験者を用いたA-B-A実験計画により，各被験者についてBにおける行動変化に共通性があることを示せばよい．また，（3）については，蜂屋・伊藤（1990）に見られる系統的な条件変更を伴う繰り返し型実験計画により，行動変化の共通性を示すことができれば，要因の効

果の一般性を保証することができる．(2)は科学の営みに共通する側面であり，様々な研究者や臨床家の**追試**という作業を通して一般性が確認される．このような3つの側面について現象の再現性を検討する手続きを**組織的再現法**（systematic replication）という．

コラム：人は歩けるから歩くのか：個人に即した環境づくり

　ある新聞記事によると，ある介護施設に入所中のAさんは，医学的には歩くこともできる段階にもかかわらず，いつもベッドで寝たきりであり，現状を何とかしようという意欲も感じられない状態であった．看護師たちが，散歩やリハビリ，あるいは，花を見に行きましょうと誘っても，ほとんど乗ってはこなかったAさんが，ある日を境に突然積極的に外出するようになったのである．このわけは，何とかベッドから出るようにさせたいと思案していた看護師の一言であった．それは，「牛の様子を見に行きませんか」という誘いであった．実は，Aさんは，病気で倒れる前は，牛を飼っていて，牛の世話が毎日の日課になっていたのである．その後，Aさんは，元気を回復し，病院のなかの行事にも積極的に参加するようになったことはいうまでもない．

　この事例は，人は歩けるから歩くのではなく，歩くためには，環境（外的条件）を整えること（行動の目的を持つこと）がいかに重要であるかを示している．つまり，Aさんには意欲がなかったわけではなく，意欲を発揮する環境（機会）がなかっただけなのである．言い換えると，環境のなかに歩く目的を作ることによって，歩くようになったのである．このように考えると，やる気・意欲の問題は，当該の個人の行動を起こさせるために，いかにその個人に即した環境を整えるかという問題に帰着する．やる気と意欲は個人にとっての環境づくりからである．

◉読書ガイド

Barlow, D. H., & Hersen, M. 1984 *Single case experimental designs: Strategies for studying behavior change* (2nd Ed.). Pergamon Books.（高木俊一郎・佐久間徹（監訳）『1事例の実験デザイン』二瓶社 1988）
　＊1事例の実験計画についての体系的な解説書である．臨床場面の研究例が豊富に紹介されている．

Sidman, M. 1960 *Tactics for scientific research: Evaluating experimental data in psychology.* New York: Basic Books.
　＊実験的行動分析の研究法の古典的教科書である．データの信頼性を保証するための方法が解説されているが，統計的仮説検定法とは対極にある考え方を知ることができる．

課題6-1：1事例の実験計画，特にA-B-A実験計画の考え方を説明しなさい．

課題6-2：実験操作とその効果の可逆性について述べなさい．

第7章 探索的データ解析

> データを描画することは，われわれの持つ作業仮説に敏感にしてくれるだけではなく，考えたこともないことや，ありそうもないと見なしたり，不可能であると考える多くのことに敏感にしてくれるのである．
> 　　　　J. W. テューキー『数学とデータの描画』より

探索的方法は，ある要因はどのような効果を持つかという設問に対する答えを求めるための方法である．つまり，このような設問は，この要因の効果を実験者があらかじめ予想できない場合になされる．したがって，実験者は，この要因の効果について**仮説**（hypothesis）を立てることができないことになる．このため，この要因の効果を調べるためのデータの記述や要約などの方法について様々な提案が行われている．

　探索的方法は，従来の統計学では，**記述統計学**（descriptive statistics）とよばれる分野に相当するが，その分野の内容以上の新しい考え方を含んでいる．この新しい考え方は，**探索的データ解析法**（exploratory data analysis; EDA）とよばれている（Hartwig & Dearing, 1979; Tukey, 1977）．ここでは，従来の記述統計学と新しい探索的データ解析法の具体的方法について紹介しよう．

●データの分類

　観察や実験という方法を用いて得られるデータは，ひとつの変数により規定される**1変量データ**，2つの変数により規定される**2変量データ**，さらに3つ以上の変数により規定される**多変量データ**に分けられる．

　ある強さの光（視覚刺激）を短時間（数百ミリ秒）呈示し，その光が見えたらボタンを押すという実験課題（閾値の測定）を考えてみよう（第9章「刺激閾の測定」参照）．この実験では，たとえば，ボタンを押した（「見えた」反応）回数や，ボタンを押した場合には刺激呈示からボタンを押すまでの反応時間などがデータである．このような課題を50回（試行）行ったとすると，ボタンを押した回数というデータは，最大で50個になるであろう．一般には，データはx_i（$i=1 \sim n$）個あることになる．これらは，いずれも1変量データである．

　次に，刺激呈示時間という要因の効果を検討することを考えてみよう．たとえば，条件1では，250ミリ秒の呈示，条件2では，500ミリ秒の呈示として，この2つの呈示時間条件におけるボタン押しの回数（「見えた」

A：1変量データ

B：1変量データセット

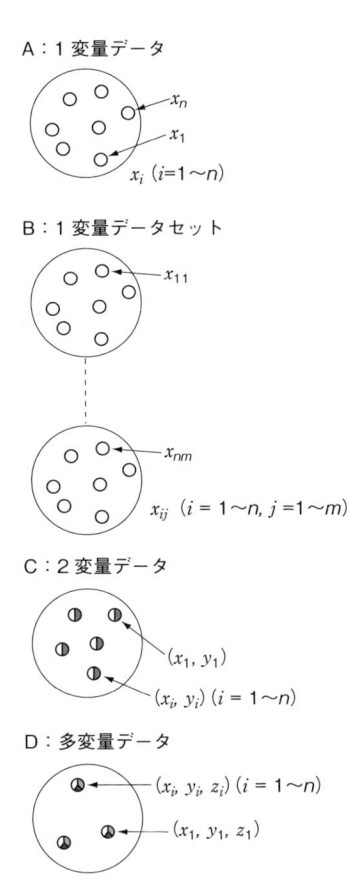

C：2変量データ

D：多変量データ

図 7-1　データの分類の概念図．ここでは，1変量から2変量データまでを扱うが多変量データは扱わない．

反応）を比べる実験では，1変量データが2組あることになる．心理学の実験では，このように条件間の比較という目的のために，1変量データの組（**データセット**）の得られる場合が多い．

　2変量データは，2つの変量により決められるものである．たとえば，先の実験で，ある被験者の平均反応時間の値と，別の方法で測定されたその被験者の衝動性の尺度値で決められるものである．前者の値を変量X，後者の尺度値を変量Yとすると，各データは，一般に，(x_i, y_i)と表現できる．ただし，

$i = 1 \sim n$ である．

　多変量データは，3つ以上の変量により決められるデータである．多変量データといっても，あらかじめどのような変量が関与しているかを知ることはできない場合が多い．多変量データの解析法を適用して，初めて，関与している要因が明らかになるといえる．このような多変量解析法としては，多変量線形回帰，多次元尺度構成法，クラスター分析，重回帰分析などがあり，研究目的により適切な解析方法を適用することになるが，ここでは扱わない．

　さらに，データは，**計量データ**と**計数データ**という別の分類もできる．前者は，体重や身長，あるいは時間がこれにあたる．これらのデータは，実数の任意の値を取りうるので**連続量**あるいは連続変量とよばれる．後者は，数えることのできる反応数や正答数など回数や個数を数え上げるように，整数値をとるので，**離散量**あるいは離散変量とよばれる．

●データ解析とは

　データ解析とは，**データの中に隠れている規則性（構造）を明らかにする**ことである．また，**データを通して，そのデータが要素となっているデータ集合の規則性を明らかにする**ことである．この2つのことは，一見同じように見えるかもしれないが，はっきりと異なる考え方であり，そこで用いられる方法も異なるのである．前者の考え方では，目の前にあるデータに含まれる規則性を取り出すことが目的になる．これに対し，後者は，第8章で述べる確認的データ解析の考え方である．この考え方では，1組のデータ（x_1, x_2, x_3, ………, x_n）をn個の**標本**（sample），その背後にある同じ様なデータの集合を**母集団**（population）といい，この標本を通して，母集団の規則性を明らかにしようとするのである．母集団と考えられるものは，問題となっている対象により異なるが，個人の集合もあれば，ある生物の集合というのもある．また，**同一条件の下で，同じ対象について無限回，独立に測定を繰り返すことができるとした場合の測定値の集合**も，母集団と見なすことができる．母集団は，データ数の多い・少ないで決まるわけではない．たとえ

ば，ある非常にまれな難病の患者が100名しかいないとしたら，その100名のデータは標本ではなく，母集団のデータそのものである．

　データの中に隠れている規則性を取り出すにせよ，母集団の規則性を取りだすにせよ，いずれの目的においても，データ解析には，何らかの**データの圧縮**という過程が含まれる．先に挙げた実験を例に見てみると，1試行ごとに，ボタンが押されたならば，1個の反応時間のデータが得られる．50試行行ったとしたら，最大50個の反応時間が得られることになる．これらが最初のデータであり，これらを**生のデータ**（raw data）という．この生のデータを，そのまま扱うのではなく，これらのデータをひとつの数値で表すことを考えてみる．これを**代表値**といい，後で述べる平均値や中央値が用いられる．平均値や中央値は，このデータをひとつの数値で代表していることになり，言い換えれば，データが50個（各試行）から1個（代表値）になるという意味でデータが圧縮されているといえる（図7-2）．

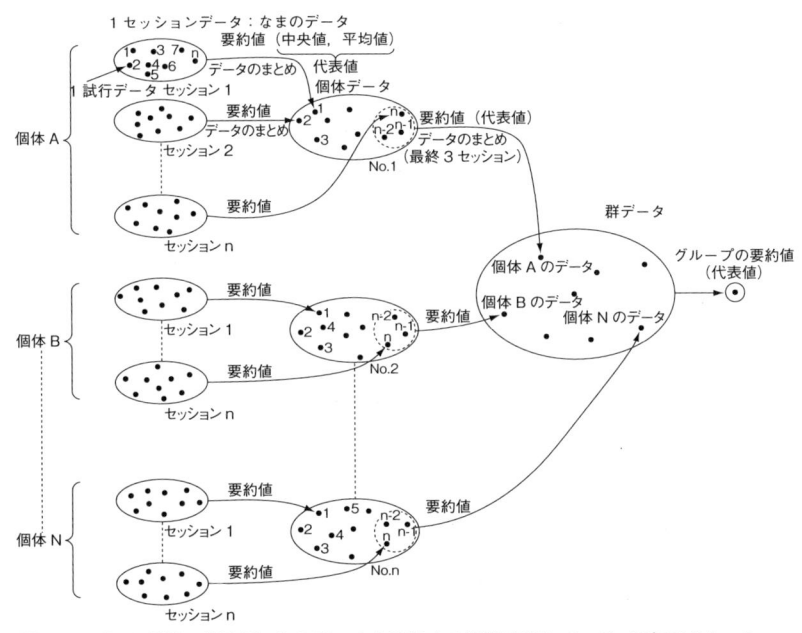

図7-2　データ要約の概念図．生のデータを要約する過程を表している．最初の1セッションn個のデータが最後には1個の代表値で要約される．

このデータの圧縮という過程は，実験を3つのセッションとして繰り返したとすれば，3つのセッションについて3個の代表値が得られることになる．さらに，別の4名の被験者も同じ実験を行ったとすれば，やはり被験者ごとに3個の代表値が得られ，全体で，15個のデータが得られるであろう．このような5名の被験者のデータをひとつの数値で表そうとすれば，1個の数値に圧縮されることになる．このように，データの解析には，データの圧縮が伴うのである．

●データの分布

　データ解析の第1歩は，データの分布を調べることである．分布とは，データ全体の散らばり具合や，個々のデータがデータ全体の中のどのような位置を占めているかなどのデータについてのさまざまな情報を表現するものである．分布の概観を調べる方法として，**幹葉表示**（stem-and-leaf display）と**ヒストグラム**（histogram）が用いられる．特に，幹葉表示は探索的データ解析法から提案された，視覚的にもわかりやすく，かつ作成が容易な方法といえる．最初に，幹葉表示の方法について見ていこう．

❂幹葉表示

　データの分布がどのような形状をしているかを見るときには，データが最も多く集まっている値（**最頻値**）はどこか，データの分布の中心となる値（**分布の位置**）はどこか，中心となる値から個々のデータがどのようにちらばっている（**散布度**）か，分布が左右対称的（**分布のゆがみ**）か，分布がどの程度すそを引いている（**分布のとがり**）か，分布に峰がいくつある（**分布の多峰性**）か，さらに極端な値を持つデータがある（**外れ値**）かなどについて注意して見ていくのである．これらの側面は，データの分布を描いてみれば自ずと明らかになる．具体的なデータにもとづいて，データの分布を描く幹葉表示の方法を説明しよう．

例題7-1: 2つの条件のもとで得られた反応数
条件1: 48, 43, 26, 33, 21, 20, 26, 29, 32, 23, 34, 41, 41, 32, 32, 28, 30, 38, 22, 31, 26

条件2: 72, 52, 45, 40, 40, 33, 50, 93, 86, 32, 38, 44, 130, 49, 49, 36, 38, 49, 50, 43, 35

　データの分布を描くことは，データを適当な**階級**（class）に分類することである．このデータに幹葉表示の方法を適用するに当たって，最初に，**表示の単位**を決める．この例では，2桁なので，10という単位を用いる．次に，0から順番にしたがって階級に行番号を付けてゆく．続いて，データの順番（測定の順番にしたがって並べてある）に，そのデータが帰属する行（階級）に下の桁の数字を記入する．条件1の最初の数値は48なので，4の行に8という数字を記入するのである．以下同様に数字を記入していくと，図7-3に示したようなものができる．行番号を木の幹に見立て，各行に並ぶ数字を葉に見立てることから，幹葉表示と名付けられたのである（Tukey, 1977）．

　この状態でも分布の概要を知ることはできるが，よりわかりやすい形にするために，各行の中の数値を小さい順に並び替えてみる．これが図7-3の右側の幹葉表示である．こうすることで，各行に入るデータがその行の前半に多いのか後半に多いのかが一目瞭然になる．

```
単位 10
条件 1
 0
 1
 2  610693826    →    012366689
 3  32422081          01222348
 4  8311               1138
 5
 6
```

図7-3　幹葉表示の具体例（条件1のデータ）．データの順番に記入した後，各葉の中でデータを小さい順に並べ替えると分布の様子がわかりやすくなる．

❀背中合わせ幹葉表示

次に，条件1と条件2の分布を比べることを考えてみよう．この場合には，2つの分布を比較しやすい形にする必要がある．このための方法として，**背中合わせ幹葉表示**（back-to-back stem-and-leaf display）が用いられる．この方法は，2つの条件のデータ分布を，幹を共通にして左右に葉をのばすように描くのである．こうすることで，2つの条件におけるデータ分布の違いが明らかになる．

図7-4から明らかなように，2つの条件におけるデータの最頻値が異なること，条件1よりも条件2の方がデータのばらつきが大きいこと，条件2では外れ値のあることなどがわかる．

```
              単位 10
          条件1          条件2
                    0
                    1
  9 8 6 6 6 3 2 1 0  2
        4 3 2 2 2 1 0  3  2 3 5 6 8 8
              8 3 1 1  4  0 0 3 4 5 9 9 9
                    5  0 0 2
                    6
                    7  2
                    8  6
                    9  3
                   10
                   11
                   12
                   13  0
```

図 7-4　条件1と2を比較するための背中合わせ幹葉表示．幹を共通にして左右に葉をのばすように分布を描く．

❀多変量背中合わせ幹葉表示

比較するものが2つとは限らない．比較するものが3つ以上の場合における幹葉表示の方法を，**多変量背中合わせ幹葉表示**（multiplicative back-to-back stem-and-leaf display）という．例題7-2のデータは，先の閾値の測定

実験において，ある薬物の閾値に及ぼす効果を調べるために，実験群にはその薬物を投与し，統制群にはビタミン剤を投与したものである．この薬物の効果があるかどうかは，薬物投与前と投与後の閾値の値を比較すればよい．

例題 7-2：薬物投与による閾値の変化

表 7-1 薬物投与の閾値に及ぼす効果

被験者	条件	薬物投与前	薬物投与後
1	実験群	315	287
2	〃	425	379
3	〃	691	611
4	〃	534	462
5	〃	542	533
6	〃	865	647
7	〃	477	389
8	〃	352	266
9	〃	566	467
10	〃	621	478
11	統制群	288	297
12	〃	655	650
13	〃	454	432
14	〃	334	325
15	〃	655	660
16	〃	544	560
17	〃	765	773
18	〃	772	730
19	〃	451	480
20	〃	522	498

```
           投与前                      投与後
   統制群       実験群        実験群       統制群
                    単位100
                        1
         88              2   66 87      97
         34      52 15   3   79 89      25
     54  51      77 25   4   62 67 78   32 80 98
     44  22   66 42 34   5   33         60
     55  55      91 21   6   11 47      50 60
     72  65              7              30 73
                      65 8
                         9
```

図 7-5 例題 7-2 のデータ（表 7-1）についての多変量背中合わせ幹葉表示の一例．

第 7 章 ● 探索的データ解析　113

幹葉表示には適当なデータの数がある．一般に，分布を描こうとすれば，少ないデータでは分布の形状にならないことも考えられる．また，多すぎるとかなりの手間がかかるという問題も生じる．このように，**データの数**は，少なすぎても，多すぎても問題である．

　データの分布を描くために，**階級の数**をどの程度にしたらよいかという問題もある．データの数の問題と同じように，階級の数が少ないと，データがある階級に集中して，分布が描けないこともある．また，分布の階級の数が多すぎると，各階級に入るデータ数が少なくなり，分布を描くことが困難になることも考えられる．通常，**階級の数は10から20程度が適当**であろう．

　以上の幹葉表示において重要なことは，**生のデータがそのまま表示されている**ことである．そのため，ここから直接データの情報を知ることができる．

❂ヒストグラム

　ヒストグラムとは，データをいくつかの階級に分類し，各階級に対して度数に相当する面積を矩形（棒グラフ）の形で表し，データの変動を表現する方法である．**度数分布**（frequency distribution）ともいう．手順としては，最初に，データ x_i の変動を適当な階級にまとめる．この場合，連続変量では変量の範囲をいくつかの級にわけることになる．一方，離散変量では，属性による階級分けを行う．たとえば，第2章コラム「超能力の科学的評価」で述べたトランプの色当て実験の場合，色当ての正答数は，正答がひとつもない場合（0）からすべて正答の場合（10）まで，11個の階級に分けられる．一般に，ヒストグラムでは，幹葉表示と異なり，個々のデータ x_i の階級の中の位置や，試行の順序などの情報は，消えてしまうという問題がある．

　このヒストグラムを作成する簡便法として，各階級に入るデータの個数を「正」の字を書くことで表す方法がある．これは，幹葉表示と似ているが，個々のデータの情報を消してしまうという点で問題がある．先の例題7-1の条件1と2のデータのヒストグラムをこの方法で作ってみると，以下のようになる．

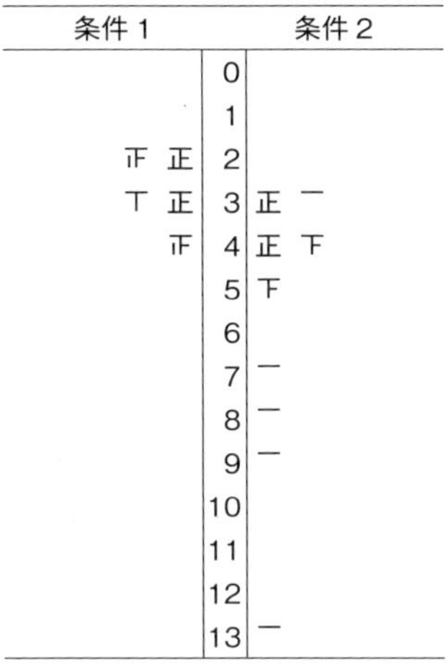

	条件1		条件2	
		0		
		1		
下	正	2		
下	正	3	正	一
	正	4	正	下
		5	下	
		6		
		7	一	
		8	一	
		9	一	
		10		
		11		
		12		
		13	一	

図7-6 正の字を用いた度数分布の作成例.

❊累積度数分布

度数分布は，累積的に表現することもできる．これを**累積度数分布**（cumulative frequency distribution）という．累積度数は以下の式で与えられる．累積度数分布とは，各階級の境界以下の階級の度数を加えあわせたものである．すなわち，度数 f_s を下から加えてゆき，ある階級の上限で区切り，それ以下にある度数の総数（F_s）である．あるデータが全データの中に占める位置（相対的位置）を表すためには，以下の**相対累積度数**（relative cumulative distribution）を用いる．これは累積度数をデータの個数（n）で割ったものである．

$$累積度数： F_s = \sum_{s=1}^{S} f_s$$

$$相対累積度数： \frac{F_s}{n} = \frac{1}{n}\sum_{s=1}^{S} f_s$$

図7-7に示したように，相対累積度数分布は，0から1.0の範囲となる．相対累積頻度分布の形状は，度数分布の形状により異なる．

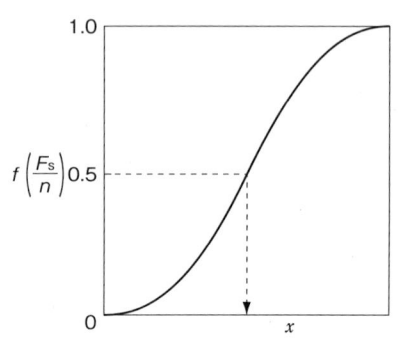

図7-7 相対累積度数．相対累積度数は0から1.0の範囲で変化する．

　データを累積的に表現する目的は，**データの変動をなめらかに見せる**ためである．このことは，次の概念学習に関する数学的モデルからの予測（理論値）と，実験データ（実測値）の当てはまりの程度を表現する事例にも見られる（Atkinson, Bower, & Crothers, 1965）．

　図7-8は，概念学習における誤反応を，3回の誤反応をひとつの階級（k）として横軸にとり，相対累積度数（$Pr\{T \leq k\}$）を縦軸にとって，理論値と実測値の変化を描いたものである．この図から，相対累積度数ではな

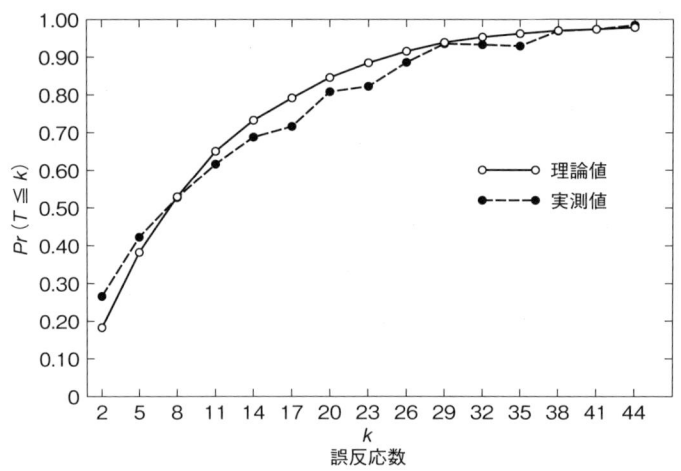

図7-8 3回の誤反応数を各階級（k）として描いた総誤反応数（T）の相対累積度数（確率）分布．Atkinson et al.（1965）を改変．

く，ただの相対度数を読み取って，図を書き直してみると，当てはまりの程度の印象は，かなり違うことがわかるであろう．

　累積的表現によるデータ変動をなめらかに見せる方法は，オペラント条件づけ研究における反応の生起頻度の累積記録法にも見られる（伊藤, 2005）．その最初期の研究報告のひとつはラットのレバー押し反応形成の実験である（Skinner, 1932）．図7-9の累積記録から，反応の始まりには個体差があるが，反応が始まってからの反応の起こり方は，ほぼ一定であることが読み取れる．

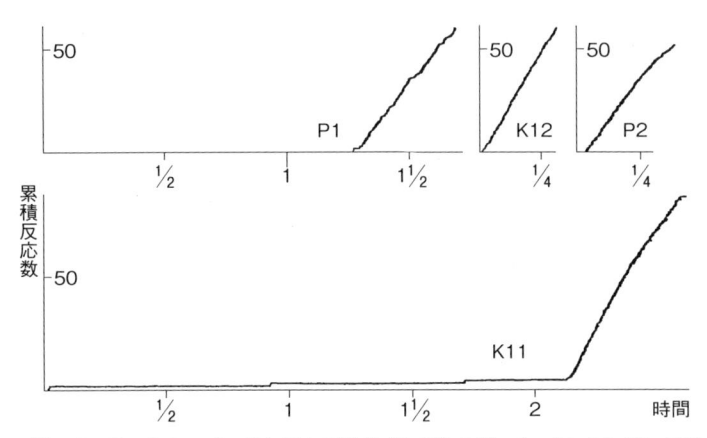

図 7-9　ラットのレバー押し反応の形成（4個体のデータ；P1, P2, KI1, KI2）．縦軸は累積反応数，横軸は時間経過（1は1時間を表す）である．Skinner (1932) を改変．

コラム：作図の魔術

　データを作図するときに注意しなければならないことは，縦軸の目盛りのとり方である．目盛りのとり方で，データの中にある規則性の印象が大きく変わるからである．たとえば，**目盛りを細かくとれば，小さな変化も，大きな変化のように見せることができる**．逆に，**目盛りを大きくとれば，あまり変化していないように見せることができる**．以下に示したように，同じデータを異なる目盛りで描いてみると，この違いは歴

然としていることがわかるであろう．同じ単位で測定されたものは，同じ目盛り幅で作図すべきである．そうでないと，図と図の直接的な比較ができないからである．

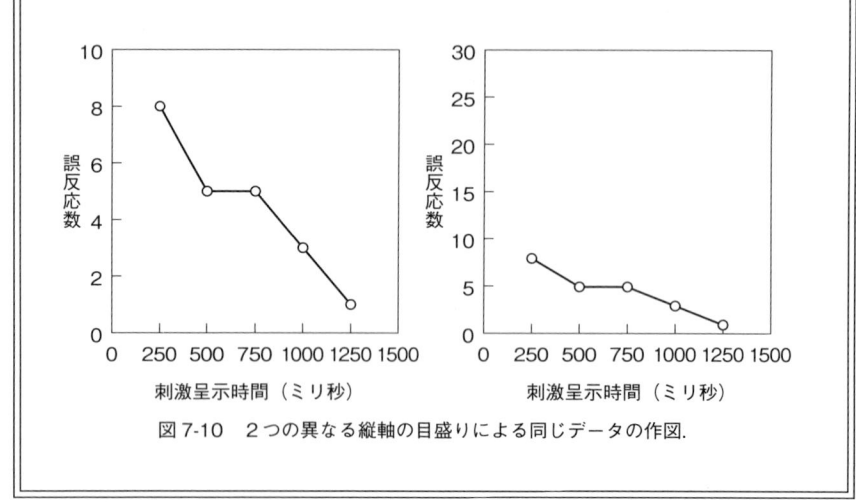

図7-10　2つの異なる縦軸の目盛りによる同じデータの作図．

●数値要約（代表値）

数値要約とは，先に述べたように，データの圧縮にほかならない．数値要約の際に重要なことは，代表値が，文字通り，すべてのデータを代表するようなものになっているか否かである．したがって，機械的に代表値を求めるのではなく，個々のデータに立ち戻って代表値が正しく個々のデータを反映しているかどうかを検討しなければならない．以下に，代表値としてよく用いられる中央値と平均値について見てみよう．どの代表値を用いるかは，尺度の水準や，データのばらつき具合（本章「データのばらつき」参照）により変わるので注意しておこう．

❁中央値と分位数

　変量 X の実現値 x_i の全データの中の位置の表し方を考えてみよう．この場合，順位の情報にもとづいて表現すればよい．たとえば，**中央値**（median）とは，このデータの真ん中の値である．データの個数が奇数の場合には，順序づけられた数値を2つに分ける中央の値である．偶数の場合には，順序づけられた中央の2つの数値の平均値を中央値とする．中央値は，順序尺度水準にあるデータや，データのばらつきが大きい場合に用いられる．

　順序尺度データの順位の表し方は，**分位数**（percentile）による．分位数とは，データを大きさの順番に並べたときの**累積比率**（p）に対応するデータの値である．データを100等分する場合を100分位数あるいは100パーセンタイルという．そうすると，中央値は50分位数（$p = 0.5$）である．25分位数（$p = 0.25$）を Q_1，75分位数（$p = 0.75$）を Q_3 という．Q_1 はこれ以下にデータの四分の一が，これ以上に四分の三が，Q_3 はこれ以下にデータの四分の三が，これ以上に四分の一があることを示すものである．これらを **4分位数**（quartile）という．Q_3 と Q_1 の差は，順序づけられたデータのばらつきの程度を表すものであり，この値が小さい場合には，データが中央値のまわりに密集していることを，大きい場合には，散らばっていることを表している．これを **4分位範囲**（quartile range）または**中央散布度**（midspread）という．

❁平均値

　平均値として，一般によく使われる**算術平均**（arithmetic mean）の他に，**幾何平均**（geometric mean）や**調和平均**（harmonic mean）などの平均値も使われる．しかし，特にことわりがなく「平均値」という用語を用いているときは，次の算術平均を表している．

　算術平均とは，n 個のデータ x_i について，次のような式により求められるものである．つまり，個々のデータをすべて足し合わせ，それをデータ数で

割ったものである．先の例題7-1の反応数データについて，算術平均を求めると，条件1では31.24，条件2では52.57となる．これは，また**相加平均**ともいう．

$$\bar{x} = \frac{1}{n}\sum_{i=1}^{n} x_i$$

一般に，以下のように，**偏差**（deviation）の総和は0になるので，算術平均は個々のデータの重心に相当する．このことから，もし大きな外れ値があると，算術平均では，その影響を大きく受けることになる．

$$\sum_{i=1}^{n}(x_i - \bar{x}) = \sum_{i=1}^{n} x_i - \sum_{i=1}^{n} \bar{x} = n\bar{x} - n\bar{x} = 0$$

幾何平均とは，n 個のデータ x_i について，それらの積の n 乗根である．このため，これを**相乗平均**ともいう．もう少しわかりやすくするために，両辺を対数変換すると，幾何平均の対数は，各データの対数をとり，その算術平均を求めたものであることがわかる．

$$\bar{x} = \left(\prod_{i=1}^{n} x_i\right)^{\frac{1}{n}} = \sqrt[n]{x_1 \cdot x_2 \cdot \cdots \cdot x_n}$$

$$\log \bar{x} = \frac{1}{n}(\log x_1 + \log x_2 + \cdots + \log x_n) = \frac{1}{n}\sum_{i=1}^{n} \log x_i$$

同様に，反応数データの幾何平均を求めると，例題7-1の条件1では30.39，条件2では48.91となる．

調和平均は，以下の式から明らかなように，数値の逆数をとるので，小さい値ほど大きな値になるため，データの中の小さい数値に重みづけを与えることになる．これらは，平均値という統計量の数学的定義の違いを示しているが，同時に，ある事象の起こり方の推定をヒトや動物がどのように行うのかという心理学の問題にも関係する．たとえば，キリーン（Killeen, P.）は，餌呈示という強化事象の経験から，ハトが強化事象の起こり方（時間間隔）を，どのように平均化するのかを検討したところ，ハトによる強化事象の平

均化の過程は，算術平均ではなく，短い時間間隔に重みづけされた調和平均であることを明らかにしている（伊藤，1983; Killeen, 1968）．

$$\bar{x} = \left(\frac{1}{n}\sum_{i=1}^{n}\left(x_i^{-1}\right)\right)^{-1} = \frac{n}{\left(\dfrac{1}{x_1} + \dfrac{1}{x_2} + \cdots\cdots + \dfrac{1}{x_n}\right)}$$

反応数データについて調和平均を求めると，例題7-1の条件1では29.56，条件2では46.34となる．以上の平均値の相違から，調和平均 ≦ 幾何平均 ≦ 算術平均という関係になることがわかる．

ここで，平均値と中央値の違いを具体的なデータで考察してみよう．いま，反応数データ（21, 18, 23, 24, 28, 26, 25, 16, 20）が得られたとして，このデータの平均値（算術平均）と中央値を求めてみると，平均値は22.3であり，中央値は23となる．もし，最も大きい値（最大値）が28から160になったとしたら，平均値は37となるが，中央値は変わらず23である．このように，中央値に比べて，平均値は外れ値（160）の影響を大きく受けるのである．

●データのばらつき

代表値として平均値を用いる場合には，その平均値の周りのデータのばらつきを表現するものとして，**分散**（variance）あるいは**標準偏差**（standard deviation; SD）が用いられる．一方，代表値が中央値の場合には，先に述べた**分位数**が用いられる．データのばらつきを表す分散値あるいは標準偏差値も平均値と同様に，外れ値の影響を大きく受ける．

✿箱型図

代表値として中央値を用いる場合，分位数によりデータのばらつきを表すが，よりわかりやすい視覚的表示の方法として**箱型図**（box plot）が用いられる．図に示したように，箱型図とは，25分位数と75分位数の範囲を箱で

囲い，箱の中に中央値の場所を線を引いて表現するものである．さらに，この箱の両側に4分位範囲（中央散布度）を点線で表示する．

例題7-1における条件2の反応数データを取り上げ，箱形図の作り方を説明しよう．まず，データを大きさの順に数直線上に並べてみる．中央値は45であり，25分位数は38（38と38の中央値），75分位数は62（52と72の中央値）であることがわかる．ここから4分位範囲（62-38 = 24）は24となる．この4分位範囲の値（中央散布度）の分だけ，箱の両端から点線をのばすのである．このとき，中央散布度の値に最も近い実際のデータ値のところで点線を止めることもある．図7-11に示したように，左側は実際のデータのところで点線を止めてある．一方，右側はデータがないので4分位範囲の値で点線を止めている（上側の箱型図）．下側の箱型図は，両端とも4分位範囲の値のところで点線を止めた場合を表している．

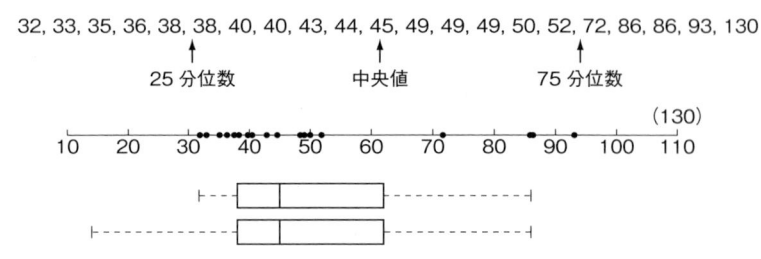

図7-11 大きさの順番に並べ替えた反応数データと箱型図．中央値と分位数（25分位数と75分位数）も示してある．

箱形図の両端からのばす点線の範囲は，上に述べたように，4分位範囲の値とする場合の他に，1.5倍の4分位範囲の値を推奨している場合もあるが，現在のところ，必ずしも研究者間で意見の一致を見ていない（Hartwig & Dearing, 1979）．

なお，4分位範囲を2で割った**4分位偏差**（quartile deviation）をばらつきの指標として用いることもある．

分散と標準偏差

各データ x_i の平均値（$\bar{x}$）からの偏差の平方の平均値を，データの**分散**と

いう．この分散値も，外れ値により大きな影響を受ける．これは，偏差の平方和を求めることから，外れ値の影響が一層強調されるのである．

$$\sigma^2 = \frac{1}{n}\sum_{i=1}^{n}\left(x_i - \bar{x}\right)^2$$

$$\sigma = \sqrt{\frac{1}{n}\sum_{i=1}^{n}\left(x_i - \bar{x}\right)^2}$$

後者を**標準偏差**という．分散の式を整理すると

$$\sigma^2 = \frac{1}{n}\sum_{i=1}^{n}x_i^2 + \frac{1}{n}\sum_{i=1}^{n}\bar{x}^2 - \frac{2\bar{x}}{n}\sum_{i=1}^{n}x_i = \frac{1}{n}\sum_{i=1}^{n}x_i^2 + \frac{n}{n}\bar{x}^2 - \frac{2\bar{x}}{n}\times n\bar{x}$$

$$\therefore\ \sigma^2 = \frac{1}{n}\sum_{i=1}^{n}x_i^2 - \bar{x}^2$$

という形に簡略化される．分散の計算にはこの簡略化した式を用いる．

✻ 変異係数

一般に，平均値が大きくなれば，その分散もまた大きくなるという関係があるので，平均値が異なる場合，分散値を直接比較することはできない．このため，分散値を直接比較するのではなく，標準偏差の値を平均値で割るという一種の基準化（本章「基準化」参照）を行ったもので比較する必要がある．これを**変異係数**（coefficient of variation）という．

$$\frac{\sigma}{\bar{x}}$$

● 2変量データの分析

これまでは，1変量の分布に関する位置や，ばらつきの程度などの解析法について述べてきたが，次に2変量間の関係の分析に話を進めよう．2変量の間の関係とは，2つの変量の分布の関係を明らかにすることである．

✻ 散布図

2つの変数の関係を視覚的にわかりやすく表現する方法は，**散布図**

(scatter plot) を作ることである．これは，2変量データ (x, y) を2次元平面上に描くことで容易に得られる．ここでは，遅延時間による報酬の価値割引と年齢という2変量の関係（佐伯・伊藤・佐々木, 2004）を例に解析してみよう．横軸に年齢をとり，縦軸に報酬の価値割引の程度（割引率）を表す指標（割引率 k）をとって描いてみる．

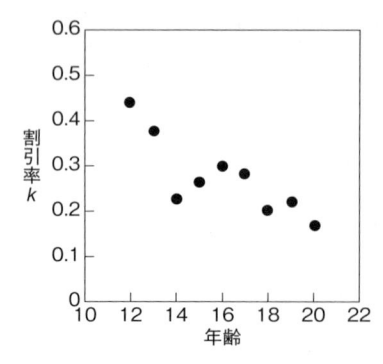

図7-12　割引率 k と年齢の2変量データの散布図．佐伯ら（2004）より．

　図7-12から大まかな関係を読み取ることができる．たとえば，加齢とともに割引率は減少するという関係が読み取れる．このような散布図に示された関係を要約するために直線の当てはめと相関係数が用いられる．次に，これらの要約の方法を見ていこう．

❀関係の要約（1）：直線の当てはめ

　散布図に示された2つの変量間の関係を，目視による傾向の記述だけでは不十分なので，何らかの形で，数量的に表現することが必要になる．このためのひとつの方法は，直線を当てはめることである．この直線が散布図に見られる2変量間の関係を要約し，1次関数の形で数量的に表すことになる．

　直線の当てはめには，中央値と分位数にもとづく直線と，平均値と分散にもとづく直線が用いられる．前者を**テューキー線**（Tukey line）または**抵抗直線**（resistance line）による方法，後者を**最小2乗法**（least-squares method）による方法という．先の「数値要約（代表値）」の項で述べたように，外れ値に対する抵抗性という観点からは，後で述べる最小2乗法より，テューキー線の方が優れているといえる．

　先の年齢と報酬の価値割引のデータについて，テューキー線の当てはめ方を見ていこう．最初に，すべてのデータを X 軸上の3つの部分に分類する．次に，第1の部分と第3の部分の変量 X の中央値をそれぞれ求める．それ

らを x_{med1}, x_{med3} としよう．同様に，変量 Y についても，第1の部分と第3の部分の中央値をそれぞれ求める．これらを y_{med1}, y_{med3} としよう．直線を当てはめるには，$y = ax + b$ という1次関数の傾き（a）と切片（b）を求めればよい．傾きは，以下の式により求められる．また，切片は，傾きが決まれば，$b = y - ax$ により求められる．この切片は，理論上，$b_i = y_i - ax_i$ の中央値である．

$$a = \frac{(y_{med3} - y_{med1})}{(x_{med3} - x_{med1})}$$

さらに，もっと簡単に図上で直線を当てはめる方法もある．先の x_{med1}, x_{med3} と y_{med1}, y_{med3} を利用して，定規を (x_{med1}, y_{med1}) と (x_{med3}, y_{med3}) の2つのデータ点に当て，この2点を通る直線を引いてみよう．このとき，全データの半分がこの直線の上側に，残り半分が下側にくるように直線を引くのである．

✿残差の分析

残差とは，たとえば，直線を当てはめた場合，直線（理論値）と個々のデータ点（実測値）とのズレのことである．ズレがあるということは，データの中に，当てはめた直線では説明できない部分が存在することを意味する．一般に，データの中には，規則性を持つ成分とノイズの成分が含まれていると考えられる．これまで述べてきたように，**データ解析とは，データの中にあるこの規則性を持つ成分を，ノイズ成分から分離して取り出すこと**なのである．いま，あるデータにある直線が当てはめられたとしても，この直線が最適なものとは限らない．また，ノイズと思われる成分の中にも，なお規則性を持つ成分が取り残されている可能性もある．この可能性を検討することが残差の分析である．

このズレを，横軸に実測値，縦軸に残差値をとって表現したものを**残差図**（residual plot）という．残差図を描くことにより，この残差図の中に，たとえば，1次関数（線形関数）を当てはめた場合，残りの成分になお線形な

成分が残っているかどうかを視覚的にさらに分析することができる．この残差図も一種の散布図である．具体的な分析方法を説明すると，まず，残差に直線を当てはめることを考える．この直線を $D = a'x + b'$ とおき，この直線で示される傾きと切片を先の当てはめた直線の傾きと切片に組み入れるのである．すなわち，$y = (a+a')x + (b+b')$ となる．このような過程を繰り返し，傾きの値（a'）が0.0001より小さくなった時点で収束として作業を止める．

コラム：最小2乗法

　最小2乗法とは，当てはめる直線にもとづく理論値（$\hat{y}_i$）と個々のデータ（y_i）とのズレ（残差）を，すべてのデータについて，最小にするように，傾きの値を決めることである．この考え方は，個々のデータと理論値との偏差（$y_i - \hat{y}_i$）の平方を用いているので，大きなズレの影響が大きく出るという問題がある．

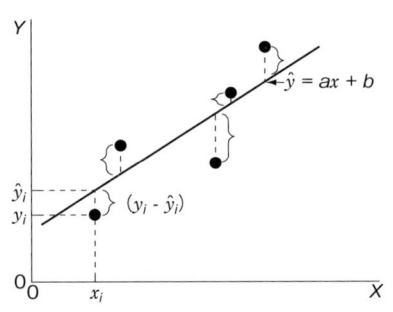

図 7-13　最小2乗法では理論直線と実測値とのズレをすべてのデータについて最小にすることを考える．

　理論値と実測値とのズレは，図に示したように，Y軸上のズレであるので，偏差の平方を最小にすること，すなわち，

$$Q = \sum_{i=1}^{n}(y_i - \hat{y}_i)^2$$

この値（Q）を最小にすることを考えればよい．このためには，上の

式を微分して0とおき，$\hat{y}_i$ の値を求めるのである．いま，$\hat{y} = ax + b$ とすると，

$$Q = \sum_{i=1}^{n}(y_i - \hat{y}_i)^2 = \sum_{i=1}^{n}(y_i - ax_i - b)^2$$

と書ける．したがって，a, b について偏微分すると，

$$\frac{\partial Q}{\partial b} = -2\sum_{i=1}^{n}(y_i - ax_i - b) = 0$$

$$\frac{\partial Q}{\partial a} = -2\sum_{i=1}^{n}x_i(y_i - ax_i - b) = 0$$

となり，さらに，それぞれの式を整理すると，

$$\sum_{i=1}^{n}(y_i - ax_i - b) = \sum_{i=1}^{n}y_i - a\sum_{i=1}^{n}x_i - nb = 0$$

$$\therefore b = \frac{1}{n}\sum_{i=1}^{n}y_i - a\frac{1}{n}\sum_{i=1}^{n}x_i = \bar{y} - a\bar{x}$$

として切片（b）が求まる．この切片の値を式に代入して整理すると，

$$\sum_{i=1}^{n}x_i(y_i - ax_i - b) = \sum_{i=1}^{n}x_i(y_i - ax_i - \bar{y} + a\bar{x})$$

$$= \sum_{i=1}^{n}x_i\{(y_i - \bar{y}) - a(x_i - \bar{x})\} = 0$$

$$\therefore a = \frac{\sum_{i=1}^{n}(x_i - \bar{x})(y_i - \bar{y})}{\sum_{i=1}^{n}(x_i - \bar{x})^2} = \frac{\frac{1}{n}\sum_{i=1}^{n}(x_i - \bar{x})(y_i - \bar{y})}{\sigma_x^2}$$

となり，直線の傾き（a）の値が求まる．この式は，後で述べる2変量の間の関係を表現する回帰分析における回帰式（1次関数）を与える．

　図7-12に示したデータに最小2乗法を適用して1次関数（直線）を求めると，$y = -0.027x + 0.699$ となる．また，この直線へのデータの当てはまりの程度は，$r^2 = 0.696$ であった．

第7章●探索的データ解析　127

❂テューキー線と最小2乗法による直線の比較

テューキー線と最小2乗法による直線の当てはめを比較してみよう．用いる2変量データは，視覚探索課題における刺激の呈示時間と反応時間である（仮想データ）．横軸に刺激呈示時間，縦軸に反応時間をとって散布図を描く（図7-14）．この散布図から明らかなように，外れ値の扱い方が問題となるであろう．この散布図に2つの直線を描くと図のようになる．

この図から，最小2乗法では，外れ値の影響を大きく受けるため，傾きが0.261となるのに対し，テューキー線では，傾きが0.197と低くなり，むしろデータの全体的な傾向をよく表していることがわかる．

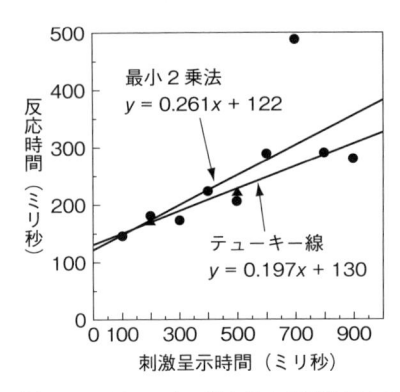

図 7-14 テューキー線と最小2乗法による当てはめた直線の比較（仮想データ）．三角印は3分割したデータのそれぞれの中央値である．外れ値の影響を大きく受けるのは最小2乗法による回帰直線の方であることがわかる．

❂関係の要約 (2)：相関係数

2変量データの解析の第1歩は，先に述べたように，変量Xと変量Yの散布図を描くことである．次に，散布図の中に現れている関係を，直線により要約する．この当てはめられた直線は，変量Xと変量Yの関係を示してはいるが，その**関係の深さ**を表すには，別の方法が必要である．このような2変量間の関係の深さを表す指標を**相関係数**（correlation coefficients）という．図7-15に示したように，変量Xの増加とともに，変量Yも増加する場合と減少する場合など，散布図の中には一定の関係が読み取れるが，これらの関係や関係の深さを数量的に要約するのである．

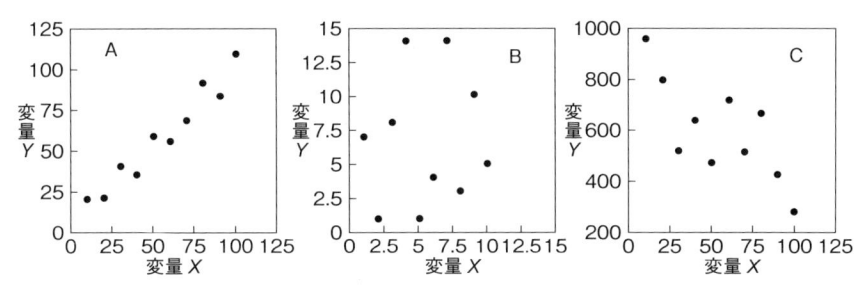

図 7-15 様々な散布図の例．A は変量 X の変化に伴って変量 Y も増加する場合，B は変量 X の変化と変量 Y の変化は独立である場合，さらに，C は変量 X の増加に伴い変量 Y は減少する場合を示す．

✳︎積率相関係数

ここでは，最初に，2変量が間隔尺度以上のデータである場合を扱う**ピアソンの積率相関係数**（Pearson's product-moment correlation coefficient; r）を見ていこう．

2変量データの組，(x_1, y_1)，(x_2, y_2) …… (x_n, y_n) があるとして，この n 個のデータの散布図を描く．次に，原点を変量 X と変量 Y のそれぞれの平均

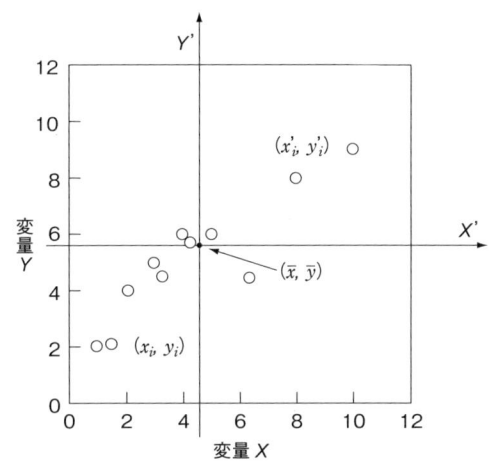

図 7-16 旧座標と新座標．新座標は旧座標の原点を平均値に移動させたものである．

第7章✳︎探索的データ解析　129

値 $(\bar{x}, \bar{y})$ に移動する．すると，各データ (x, y) は，新しい変量 $x' = x - \bar{x}$, $y' = y - \bar{y}$ となる．この新しい座標系で新しい変量の積 $(x'_i y'_i)$ を考えてみると，データがこの新しい座標の第1象限と第3象限に集まっている場合は，正の値をとり，第2象限と第4象限に集まっている場合は，負の値になる．したがって，前者の場合，これらの積の総和 $\Sigma x'_i y'_i$ も正の値になる．後者の場合には，逆に，総和 $\Sigma x'_i y'_i$ は負の値となる．このように，関係の深さを積の平均値 $\frac{1}{n}\sum_{i=1}^{n} x'_i y'_i$ で表すことができる．ただし，このままでは，変量の測定の単位に関係するので，各変量 (x'_i, y'_i) を変量 X と Y の標準偏差で割ったもの $(x'_i/\sigma_x, y'_i/\sigma_y)$ を用いる．

$$r = \frac{1}{n}\sum_{i=1}^{n}\left(\frac{x'_i}{\sigma_x}\right)\left(\frac{y'_i}{\sigma_y}\right) = \frac{1}{n}\sum_{i=1}^{n}\left(\frac{x_i - \bar{x}}{\sigma_x}\right)\left(\frac{y_i - \bar{y}}{\sigma_y}\right)$$

$$r = \frac{\frac{1}{n}\sum_{i=1}^{n}(x_i - \bar{x})(y_i - \bar{y})}{\sigma_x \sigma_y}$$

さらに，この式を整理すると，以下のようになる．

$$r = \frac{\frac{1}{n}\sum_{i=1}^{n} x_i y_i - \overline{xy}}{\sigma_x \sigma_y} \qquad (7\text{-}1)$$

ただし，$-1 \leq r \leq 1$ である．この式を用いると，計算が容易になる．

相関係数が上に述べた範囲の値をとることは，以下のような極限の値を調べればよい．各データについて，$x'_i = y'_i$ の場合，分散の定義から $\Sigma(x_i - \bar{x})^2 = n\sigma^2$ であるから，値は1となる（本章「基準化」参照）．

$$r = \frac{1}{n}\sum_{i=1}^{n}\left(\frac{x'_i}{\sigma_x}\right)^2 = \frac{1}{n\sigma_x^2}\sum_{i=1}^{n} x'^2_i = \frac{1}{n\sigma_x^2}\sum_{i=1}^{n}(x_i - \bar{x})^2 = 1$$

各データについて，$x'_i = -y'_i$ の場合，

$$r = -\frac{1}{n}\sum_{i=1}^{n} x'^2_i = -1$$

となり，相関係数の取りうる値の範囲は，+1から-1になる．

例題7-3：年齢と報酬の割引率という2変量間の関係の深さ

先に示した散布図の年齢と遅延時間による報酬の価値割引率のデータ（佐伯ら，2004）について相関係数を求めてみよう．

まず最初に，年齢（X）と割引率（Y）の平均値と標準偏差を求めると，$\bar{X} = 16$, $\bar{Y} = 0.276$, $\sigma_x = 2.582$, $\sigma_y = 0.082$ となる．

これらの数値を用いて，相関係数を計算すると，以下のように相関係数が求まる．

表7-2　年齢と遅延時間による報酬の価値割引率

年齢	割引率
12	0.442
13	0.375
14	0.227
15	0.265
16	0.301
17	0.283
18	0.203
19	0.219
20	0.169

$$r = \frac{\frac{1}{9}\{(12-16)(0.442-0.276) + \cdots\cdots + (20-16)(0.169-0.276)\}}{2.582 \times 0.082}$$

$$= \frac{-0.17667}{0.2117} = -0.8345$$

例題7-4：理論値と実測値間の当てはまりの程度

次に，Ito & Nakamura（1998）における理論値と実測値の当てはまりを表現する事例を取り上げてみよう．横軸に理論値，縦軸に実測値をとってデータを描いてみると，理論値と実測値が完全に一致すれば，相関係数は1.0になるであろう．したがって，相関係数の値を理論値と実測値の一致の程度を表す指標として用いることができる．

彼らは，2つの選択行動モデル，すなわち，局所的強化密度（local reinforcement density; LRD）モデルおよび全体的強化密度（overall reinforcement density; ORD）モデルの予測（理論値）と，実際の選択データ（実測値）が一致するか否かを，大学生を被験者として検討した．図7-17の左側は局所的強化密度モデル，右側は全体的強化密度モデルからの予測値と実測

値との相関を，散布図の形で示したものである．図中の傾き45度の直線は理論値と実測値が完全に一致する場合を表している．

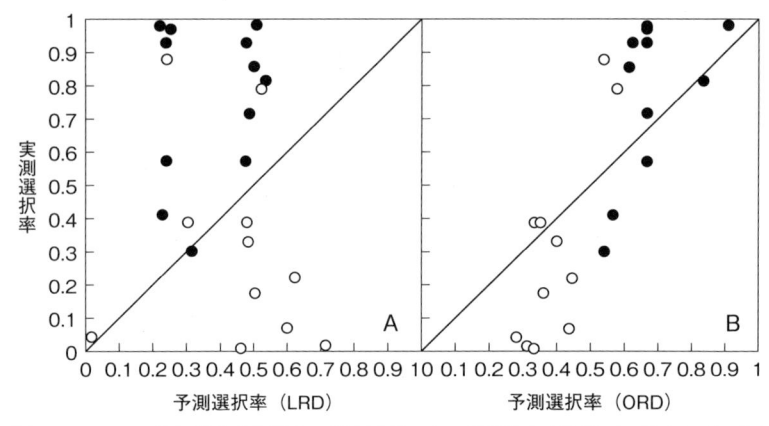

図 7-17 2つの予測値と実測値との対応関係．もし予測値と実測値が一致すれば，傾き45度の直線上に並ぶはずである．黒丸は短い遅延時間後にタイムアウトを伴う条件，白丸は伴わない条件を表す．Ito & Nakamura（1998）を改変．

図7-17から明らかなように，左側のAでは，傾き45度の直線から大きく逸脱しており，局所的強化密度モデルの理論値は実測値と一致しないことを表しているが，右側のBは若干のズレはあるものの，傾き45度の直線のまわりに点在しており，全体的強化密度モデルの理論値の方がより実測値に一致していると見ることができる．

以上の具体例からわかるように，**相関係数は，2変量間の直線的関係の深さを表すものであり，2変量間の因果的な関係を表すものではない**ことに注意が必要である．

❀ばらつきの定量化

先に述べた回帰直線は，個々のデータのすべてにわたって理論直線とのズレを最小にするように直線の傾きと切片を決めたのであるが，この回帰直線がどの程度個々のデータを代表しているかという点については別の測度を用いて表現する必要がある．回帰直線によるデータへの当てはまりの程度を，

定量的に示す測度として，**2乗相関**（r^2）が用いられる．この2乗相関を**決定係数**（coefficients of determination）という．2乗相関の値が1.0に近づくほど当てはまりがよいこと，言い換えれば，当てはめられた直線がデータの変動をよく表していることになる．2乗相関の値が1.0のときは，データが回帰直線上に並ぶことになる．また，0のときは相関係数が0である．

コラム：回帰と回帰の錯誤

　回帰という用語は，最初に，ゴールトン（Galton, F.）によって用いられたが，これは，個々のデータは，集団全体の平均値に戻るという意味である．彼は，親子の身長の調査結果から，背の高い父親を持つ子どもの背丈は，父親よりも大きくなく，また，背の低い父親をもつ息子の身長は，父親よりも高い傾向にあることを見つけたのである．このことは，個々のデータが集団全体の平均値に収れんする傾向を表している．これを**回帰**（regression）**傾向**という．

　また，次のような事例も一種の回帰の例である．たとえば，前期と後期の2回試験を行ったときに，1回目と2回目の上位得点者と下位得点者の平均値をそれぞれ求め，この2回の成績を比べてみると，1回目の上位得点者の成績は下降する一方，下位得点者の成績は上昇することが示される．これも，上位得点者は，2回目にはいろいろな理由であまり勉強しなくなる傾向があり，下位得点者は，このままでは単位取得が不可能になるということでしっかりと勉強する傾向があるため，一種の回帰傾向といえるであろう．このような傾向，すなわち，1回目の成績上位者は2回目には成績が下降すること（あるいは1回目で成績下位の者は2回目で成績が上昇すること）を一種の法則として受け取ると，回帰傾向のあることを見逃していることになる．これを**回帰の錯誤**という．

❂順位相関係数

2変量が順序尺度である場合の相関係数として，いくつかの相関係数が知られているが，ここでは，**スピアマンの順位にもとづく相関係数**（Spearman's rank-order correlation coefficient; r_s）を取り上げよう．

この2変量データは順序づけられたものとしよう．たとえば，ある被験者の報酬の割引率（$x_1, x_2, \ldots x_n$）と，ある性格検査の得点（$y_1, y_2, \ldots y_n$）をそれぞれ大きさの順に並べられるとしよう．もし，これらの順位の差（$d_i = x_i - y_i$）をとれば，$x_i = y_i$のとき，価値割引率の順位と性格検査得点の順位は完全に一致する．したがって，dの総和は0であり，dの値が大きくなればなるほど，2変量間の関係は不完全なものといえる．

相関係数の計算にあたって，関係の深さの程度を表すものとして，dをそのまま使うのではなく，dの代わりにd^2を用いる．この理由は，先に述べたように，順位が一致していない場合，差の値が正・負の値をとるため，dの総和を求めると，正・負の値が打ち消しあうからである．

XとYをそれぞれ順位とすると，n個の整数の和は，まずXについて，

$$\sum_{i=1}^{n} X = \frac{n(n+1)}{2}$$

さらに，順位の平方和は，

$$\sum_{i=1}^{n} X^2 = \frac{n(n+1)(2n+1)}{6}$$

$$\sum_{i=1}^{n} (X-\bar{X})^2 = \sum_{i=1}^{n} X^2 - \frac{\left(\sum_{i=1}^{n} X\right)^2}{n} = \frac{n^3-n}{12}$$

となる．Yについても同様に，

$$\sum_{i=1}^{n} (Y-\bar{Y})^2 = \frac{n^3-n}{12}$$

となる．

ここで，$d^2 = (x-y)^2 = x^2 - 2xy + y^2$であるから，

$$\sum_{i=1}^{n} d^2 = \sum_{i=1}^{n}(X-Y)^2 = \sum_{i=1}^{n} X^2 + \sum_{i=1}^{n} Y^2 - 2\sum_{i=1}^{n} XY$$

この式に相関係数の式（(7-1)式）を代入して，整理すると以下の（7-2）式が得られる．

$$r_s = 1 - \frac{6\sum_{i=1}^{n} d_i^2}{n^3 - n} \qquad (7\text{-}2)$$

これが順位相関係数 r_s である．

例題7-5：2人の観察者間における判断の一致度

いま，集団生活している8個体のハトに，社会的順位関係が認められるかどうかを調べる研究を行ったとしよう．2人の観察者が集団ケージの中で見られる行動を観察して順位付けを行った結果，表7-3のようになった．観察者2人の判断はどの程度一致しているのかを，相関係数を求めることで定量的に示すことができる．

表7-3 2人の観察者により判定されたハトの社会的順位

ハト番号	観察者A	観察者B	d_i	d_i^2
91	3	4	-1	1
92	5	5	0	0
93	6	7	-1	1
94	4	2	2	4
96	7	6	1	1
97	1	1	0	0
98	2	3	-1	1
99	8	8	0	0

合計 8

表7-3のデータから r_s を求める．

$$r_s = 1 - \frac{6(8)}{(8)^3 - 8} = 1 - 0.0952 = 0.905$$

したがって，2人の観察者の判断はかなりの程度一致していると見なせる．

●データの再表現

データを何らかの別の形で表現することを**再表現**という．最初に測定された尺度と異なる尺度を用いて表現すること，言い換えると，別の数学的関数で表現することである．たとえば，変量Xを対数関数（$\log X$）により表すること（対数変換）は，再表現の一例である．この場合，**常用対数**（$\log_{10} X$）でも**自然対数**（$\log_e X$）でもよい．後者は$\ln X$と略記される．対数は大きい値を圧縮し，小さい値を拡大するという性質を持っている．

再表現の目的として，単純な関係の発見，安定した分散の実現，正規分布，その他の標準的確率分布への近似などが挙げられる（第8章「確率分布」参照）．単純な関係の発見とは，具体的には，変量Xと変量Yの関係の場合，1次関数になることである．安定した分散の実現や，正規分布への近似という目的の再表現は，分散分析という統計的仮説検定を適用する場合に用いられる（第8章「分散分析」参照）．平方根変換（$X'=\sqrt{X}$）や，逆正弦変換（$X'=2\arcsin\sqrt{X}$）は，こうしたデータの再表現の例である．

✺ 線形関係をつくる

具体的な例で考えてみよう．たとえば，$y = 4x^2 + 5$という2次関数を$t = x^2$と変換すると，$y = 4t + 5$となり，yはtに対して線形（1次関数）となる．

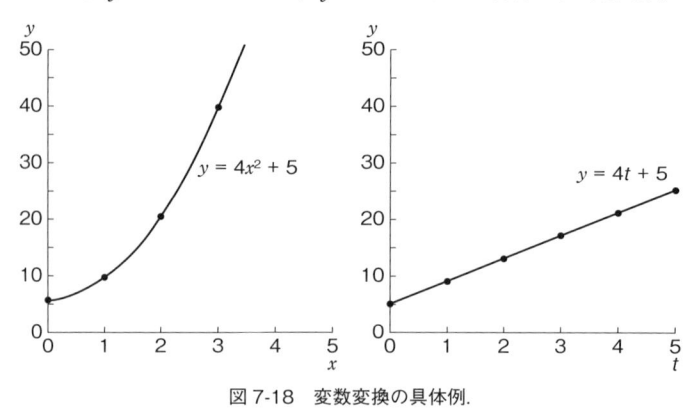

図7-18 変数変換の具体例.

この変換された関係を，t を横軸にして図に描くと，1次関数になることがわかる．

また，$y = kS^n$ という**ベキ関数**を両辺対数変換すると，$\log y$ は $\log S$ に対して線形の関係になる（$\log y = n \log S + \log k$）．$\log S$ を横軸にとり，縦軸に $\log y$ をとって描くと，1次関数になることがわかる．

図7-19は，物理的世界と心理的世界の関係を表現する心理物理関数のひとつであるベキ法則を，ベキ関数の形のまま描いた場合（左図）と，両辺対数変換して1次関数の形で描いた場合（右図）を示している．ベキ関数が非線形関数であることは，左図から明らかであり，両辺対数変換すると直線になることがわかる．ベキ法則によると，電気ショックや明るさなどの刺激次元が異なるとベキ関数の指数の値も異なることが知られている（Stevens, 1979）．

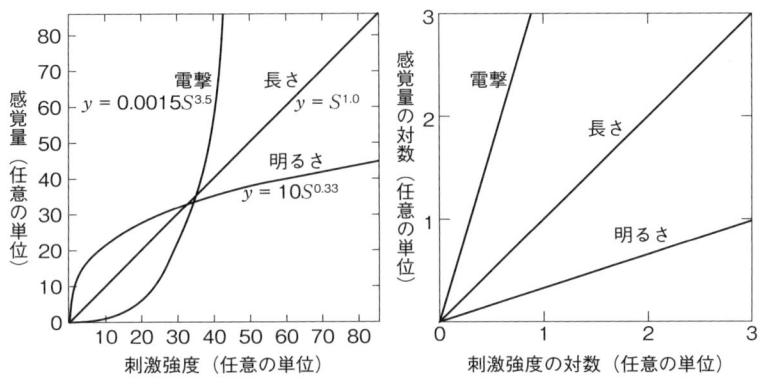

図7-19 刺激次元の違いによって変化するベキ関数の指数の値．Stevens（1979）を改変．

このベキ関数は，心理学ではおなじみの関数のひとつであり，心理物理学（第9章「マグニチュード推定法による音の大きさの尺度構成」参照）以外にも，選択行動研究（第9章「選択行動の数理分析」参照）において**一般対応法則**として用いられている．

次に，2変量データ（x, y）を適当に変換して 線形となることを示してみよう．

例題7-6：以下の2変量データを変数変換して線形となることを示せ．

(1)
$$y: 1,\ 4,\ 9,\ 16,\ 25,\ 36,\ 49$$
$$x: 1,\ 2,\ 3,\ 4,\ 5,\ 6,\ 7$$

解答：変量 X と変量 Y の関係は，$y = x^2$ という2次関数である．これを1次関数（線形関数）にするには，両辺を対数変換すればよい．すると，$\log y = 2 \log x$ という等式になり，$\log y$ と $\log x$ の関係は，1次関数となる．両辺対数グラフにデータを描けば，データはある直線上に並ぶことがわかる．あるいは，$t = x^2$ とおけば，$y = t$ となり，y と t の関係は，1次関数になる．

(2)
$$y: 4,\ 7,\ 12,\ 19,\ 28,\ 39,\ 52$$
$$x: 1,\ 2,\ 3,\ 4,\ 5,\ 6,\ 7$$

解答：変量 X と変量 Y の関係は，$y = x^2 + 3$ という2次関数である．これを1次関数にするには，x^2 を t と変換すればよい．すると，$y = t + 3$ という1次関数になる．

✺内挿と外挿

今，平面上の3点 (x_1, y_1)，(x, y)，(x_2, y_2) が，ある曲線上に $x_1 < x < x_2$ の大きさの順に並んでいるものとする．x_1, y_1, x_2, y_2，および x は既知であるが y は分からない場合，これら5つの値から y を推定することを，**内挿**（interpolation）という．実験の場合には，x_1, x_2 は実験条件であり，実験終了時には，y_1, y_2 はすでに手に入っている（既知）データである．新たな実験条件（x）を設定したとしたら，どうなるかを予想することである．

同様に3点が $x_1 < x_2 < x$ の大きさの順に並んでいるものとする．x_1, y_1, x_2, y_2，および x は既知であるが y は分からない場合，これらの5つの既知の値から y の値を推定することを，**外挿**（extrapolation）という．

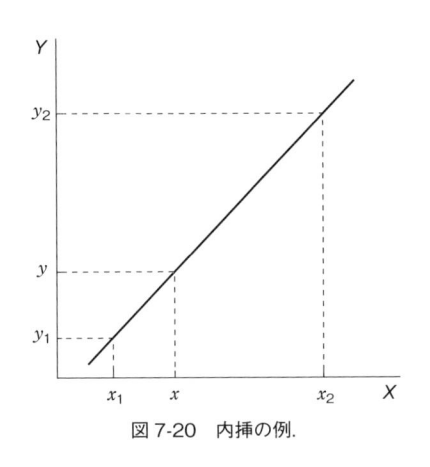

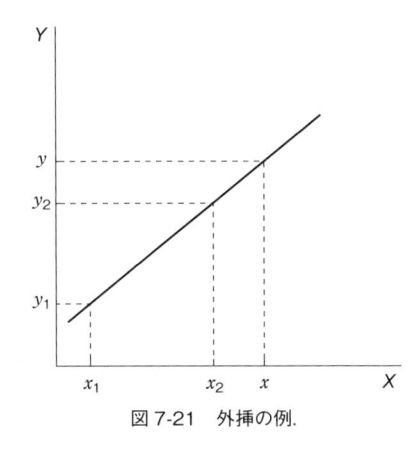

図 7-20　内挿の例.　　　　　　　　　　図 7-21　外挿の例.

◎基準化

　基準化も再表現のひとつである．これは標準偏差の安定化や，ある分布への近似という意味を持っている．

　ある変量Xの実現値xを基準化するとは，基準化された新しい変量Zの平均が０，標準偏差が１となるような変換のことである．このためには，偏差を標準偏差で割ってやればよい．このような変換を**Z変換**という．

$$z_i = \frac{(x_i - \bar{x})}{\sigma_x}$$

ただし，z_iは変換された変量，σ_xは標準偏差を表す．新しい変量Zの平均値を求めてみると，

$$\bar{z} = \frac{1}{n}\sum_{i=1}^{n} z_i = \frac{1}{n}\sum_{i=1}^{n}\left(\frac{x_i - \bar{x}}{\sigma_x}\right) = \frac{1}{n\sigma_x}\sum_{i=1}^{n}(x_i - \bar{x}) = 0$$

　偏差の合計は０であるから，Zは０となる．同様に，分散を求めてみよう．最初に，分散の式を整理した形で考える．ここで，$\bar{z}$は０であるから，$\bar{z}^2 = 0$である．分散の最初の式から，１になる．

$$\sigma_x^2 = \frac{1}{n}\sum_{i=1}^{n}(z_i - \bar{z})^2 = \frac{1}{n}\sum_{i=1}^{n}z_i^2 - \bar{z}^2 = \frac{1}{n}\sum_{i=1}^{n}\left(\frac{x_i - \bar{x}}{\sigma_x}\right)^2 = \frac{1}{n\sigma_x^2}\sum_{i=1}^{n}(x_i - \bar{x})^2 = 1$$

第7章◎探索的データ解析

◉読書ガイド

安藤洋美 1989『統計学けんか物語：カール・ピアソン一代記』海鳴社
  ＊近代統計学の礎を築いた先達，特にカール・ピアソンを中心とした統計学論争を興味深いエピソードを交えて紹介している．

Gonick, L., & Smith, W. 1993 *The cartoon guide to statistics.* Harper Collins.（中村和幸（訳）『マンガ：確率・統計が驚異的によくわかる』白揚社 1995)
  ＊統計学の基本概念を，マンガを用いて簡潔に説明しているので，大変わかりやすい．

Hartwig, F., & Dearing, B. E. 1979 *Exploratory data analysis.* Beverly Hills: Sage Publications.（柳井晴夫・高木溝文（訳）『探索的データ解析の方法』朝倉書店 1981）
  ＊探索的データ解析法の簡便な参考書として推薦できる．用いられているデータが心理学のデータではない点は致し方ない．

Mosteller, F., & Tukey, J. W. 1977 *Data analysis and regression: A second course in statistics.* Addison-Wesley.
  ＊2変量データの探索的データ解析の考え方と具体的な方法について体系的な解説がある．Tukey(1977)の上級編という位置づけになる．

縄田和満 2000『Excelによる統計入門（第2版）』朝倉書店
  ＊本章と次章のデータ解析を「Excel」で行うための解説書であるが，「Excel」が採用している計算方法（アルゴリズム）について確認しておく必要がある．

Tukey, J. W. 1977 *Exploratory data analysis.* Addison-Wesley.
  ＊探索的データ解析の古典のひとつである．探索的データ解析の考え方と具体的な方法について体系的な解説がある．

課題7-1：代表値としての中央値と平均値について述べなさい．
課題7-2：2変量データの解析法について述べなさい．

第8章 確認的データ解析

> 応用分野では，抽象的数学モデルは道具であり，異なるモデルが同じ経験的状況を記述することができる．数学的理論の適用法は，あらかじめ決められた考え方に依存するのではなく，経験とともに変化する目的を持ったものなのである．
>
> W. フェラー『確率論とその応用』より

確認的データ解析（confirmatory data analysis）は，先に述べたように，探索的方法とは異なる設問に対する答え方と関係する．確認的方法は，**ある要因は行動を増加させるか否かという設問に対する答えを求めるための方法**である．このような設問は，実験者があらかじめその要因の効果を予想できる場合である．言い換えれば，この要因の効果について仮説を立てることができる場合である．このために，どのような指標（統計量）を用い，どのような基準から，効果の有無という判断を下すのかについて，様々な方法が考案されてきた．これらの方法は，一般に，先に述べた記述統計学に対する**推測統計学**として知られているが，これらの方法が依拠している考え方が**確率論**（probability theory）である．

　確認的データ解析を行うにあたって，まず探索的データ解析を行う必要がある．探索的データ解析と確認的データ解析は，相互に補い合う関係にある．たとえば，第7章で述べたように，データの分布を調べることで，検定法の前提を満たしているかどうかや，外れ値を調べることで，データの分散についての情報を得ることができる．また，データを図に描くことで，データの中に潜在する規則性を視覚的に示し，データのどの部分に確認的データ解析を適用すべきかの見当をつけることができる．このように，**探索的データ解析は，確認的データ解析の前提なのである**．

　確認的データ解析は，**データの信頼性**を確率論にもとづいて保証しようとする考え方である．しかし，データの信頼性は，データの収集方法によっても保証することができる．第5章の個体内比較法では，データの**安定基準の適用**，また，第6章の繰り返し型実験計画では，ある条件下の**データの再現性**から，データの信頼性を保証するのである．研究目的によって，いずれの方法を用いるのが適切であるかを十分に検討する必要がある．

●確率とは

　ある出来事がどれくらい起きやすいかを考えることは日常場面でしばしば必要になる．たとえば，交通事故にあう可能性や，家が火事になる可能性

が，どのくらいあるかという問題は，保険の加入の際に考慮しなければならない重要な問題のひとつであり，日常場面における**確率**の問題である．

このような出来事の可能性を表現する道具が確率である．交通事故に遭う確率は，交通事故に遭った人の数を人口数でわったもので表現される．たとえば，人口1万人あたり10人であるとすれば，交通事故に遭う確率は，$10 \div 10,000 = 0.001$となる．これは頻度としての確率の表現であり，その他，ある事象の生起率（単位時間当たりの生起回数）や，先にこの現象が起きてから，次にまたこの現象が起きるまでの平均時間としても表現される．

日常場面の様々な出来事の起こりやすさを表現する道具として，確率を用いるのであるが，本来，確率概念は，無限回の試行を前提とした**数学的論理法則**として作られたものなので，有限の世界である日常場面の事象に適用する場合には，日常的世界と数学的世界との橋渡しを考えなければならない．

図8-1は日常的世界と数学的世界における確率概念の関係についてまとめたものである（伊藤，1996b）．日常的世界と数学的世界における確率概念の関係には，詳しく見ると以下のような2つの考え方が区別できる．Aは，頻度を「出現率」や，ある出来事から次の出来事までの「平均時間」などの抽象的概念を用いて表した確率の表現法である．Bは，頻度を直接確率の推定値とする考え方である．Aの考え方は，確率が時間により表現できることを示している．たとえば，ある出来事の起こり方が1分当たり2回という頻度は，時間に変換すると，この出来事の起こる間隔が30秒であることと等価である．このように，時間は確率を表現する方法でもある．

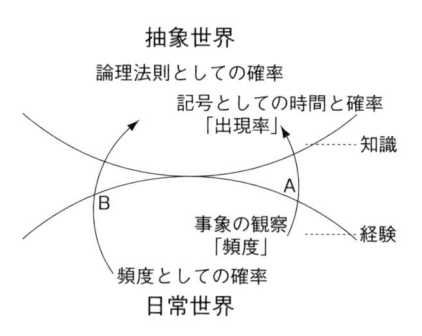

図 8-1 日常的世界と数学的世界における確率概念の模式図．伊藤（1996b）を改変．

ある人にとって，交通事故に遭うという出来事は，遭うか遭わないかのいずれかである（これを**悉無律**という）が，上に述べた例のように，ある人が交通事故に遭う可能性（確率）は，全人口という個人よりも大きな単位を基

礎に考えるのである．この例では，全人口という集団を単位として，個人が1事象となる．このように，確率を考える場合には，どのような単位で考えるかに注意が必要である．また，ある出来事の観察事例が1回しかない場合には，その出来事が起きたか起きなかったかのいずれかであり，このような**1事例では確率を決められない**ことにも注意が必要である．

❂確率論の対象

確率論が扱う対象は，ひとつひとつの事象は，**非決定論的性質**を持っていても，その事象の集合全体として見た場合に，そこに**一定の規則性**が認められるものである．具体例を挙げれば，硬貨を投げて裏が出るか表が出るかを予測する場合や，サイコロを投げて出る目を予想する場合がこれにあたる．たとえば，硬貨投げの場合，投げて表がでるか，裏が出るかは，あらかじめ決められないという意味で，非決定論的性質を持っているといえる．しかし，n 回の繰り返し（試行）の後には，表あるいは裏の出る割合は 0.5 に収束するという点で，一定の規則性を持っているといえる．このような個々の事象の非決定論的性質と，個々の事象が所属する集団全体としての一定の規則性を合わせて，**確率的変動性**という．

❂確率論の必要性

確認的データ解析は，データをひとつの標本としてとらえ，その背後にある同じ様なデータの集合（母集団）について成立する命題を導くことを目的にしている．これは推測統計学の考え方である．その際，標本（データ）と母集団も，ともに確率的変動を含むものとして見る必要がある．このような確率的変動性を扱う道具が確率論なのである．

❂確率の定義

起こりうる全ての場合が n 通りあり，このうち，ある事象（event）A の起こる場合が a 通りであるとすると，このとき事象 A の起こる確率は

$$Pr\{A\} = \frac{a}{n} \qquad ただし，0 \leq Pr\{A\} \leq 1$$

である．

ある事象の起こらないことも，ひとつの事象である．これを**余事象**（complementary event）という．

$$Pr\{\bar{A}\} = \frac{(n-a)}{n} = 1 - \frac{a}{n} = 1 - Pr\{A\}$$

ある事象Aが起きると，他の事象Bが起こらないとき，この事象Aと事象Bは，**排反**（exclusive）であるという．一方，ある事象Aの起きる確率が他の事象Bの起きる・起きないに関係しないとき，この事象Aと事象Bは，**独立**（independent）であるという．

❋確率値の求め方

確率の計算を**壺のモデル**で説明しよう．

外から中が見えない壺の中に赤玉6個と白玉5個が入っているとする．この壺の中から無作為に（でたらめに）1個の玉を取り出すとき，その玉が赤である確率は，6/11，その玉が白である確率は，5/11である．

次に2回続けて玉を取り出すとしよう．1回目に赤玉の出ることを事象A，2回目に白玉の出ることを事象Bとする．すると，事象Aの確率は，6/11であるが，事象Bの確率は，以下のように，取り出した玉の扱い方で変わる．

（1）1回目に取り出された玉を再び元の壺に戻す場合を，**無作為復元抽出**（random sampling with replacement）という．この場合，事象Bの確率は，5/11である．

（2）1回目に取り出された玉を元の壺に戻さない場合を，**無作為非復元抽出**（random sampling without replacement）という．この場合，事象Bの確率は，以下のように2つの場合に分かれる．すなわち，事象Aが起こるという条件の下では，

$$Pr\{B|A\} = \frac{5}{10}$$

となるが，事象Aが起こらないという条件の下では，

$$Pr\{B|\overline{A}\} = \frac{4}{10}$$

となる．このとき事象 A と事象 B は独立ではないという．このように，事象 B の確率が事象 A の起こる・起きないに依存して変わる場合，その確率は，**条件付き確率**（conditional probability）として求められる．

✿組合わせ論による確率値の求め方

確率の計算にあたっては，様々な場合の数を求める必要が出てくる．このため，順列・組合わせの考え方を導入する．

順列（permutation）とは，異なる n 個のもののうちから，r 個を取り出して順序づけて並べたものである．

$$_nP_r = n(n-1)(n-2)\cdots(n-r+1)$$

具体例で考えると分かりやすい．たとえば，4個のアルファベット文字a, b, c, d から2個を取り出して，2文字語を作ることを考えてみよう．

$$_4P_2 = 4(4-1) = 12$$

その2文字語は，ab, ac, ad, ba, bc, bd, ca, cb, cd, da, db, dc という12種類になる．ここで，abとba, acとca, adとda, bcとcb, bdとdb, cdとdcなどのように，同じ構成要素からできているものがあることに注意してほしい．これらをすべて同じものと見なすとすれば，次の組合わせの総数に等しくなる．

組合わせ（combination）とは，異なる n 個のもののうちから，r 個を取り出して組としたもの（n 個のものから r 個を非復元抽出する仕方の総数）であり，

$$_nC_r = \frac{n!}{r!(n-r)!}$$

と表記する．

4個の文字 a, b, c, d から2個を取り出して，2文字語の組を作ることを考えてみよう．

$$_4C_2 = \frac{4!}{2!(4-2)!} = \frac{4 \times 3 \times 2 \times 1}{2 \times 1(2 \times 1)} = \frac{24}{4} = 6$$

であるから，6組となる．この6組はab(ba)，ac(ca)，ad(da)，bc(cb)，bd(db)，dc(cd)である．

次に，壺のモデルにもどって，確率を求めてみよう．たとえば，壺の中に赤玉が6個，白玉が5個入っているとして，この壺から無作為に2個の玉を取り出したとき，2つとも赤である確率を求めてみよう．

11個の玉から2個を取り出す仕方は，$_{11}C_2$通り，6個の赤玉から2個を取り出す仕方は，$_6C_2$通りである．したがって，

$$\frac{_6C_2}{_{11}C_2} = \frac{3}{11}$$

✲確率の基礎定理

確率の基礎定理として，以下の2つの定理を挙げておこう．

加法定理：2つの事象 A, B が排反であるとき，A または B の起こる確率は，A, B の起こる確率の和に等しい

$$Pr\{A \cup B\} = Pr\{A\} + Pr\{B\}$$

乗法定理：2つの事象 A, B がともに起こる確率は，A の起こる確率と，A の起こるという条件のもとでの B の起こる確率との積に等しい

$$Pr\{A \cap B\} = Pr\{A\} Pr\{B|A\}$$

2つの事象A, Bが独立であるならば，A, Bがともに起こる確率は，おのおのの起こる確率の積に等しい

$$Pr\{A \cap B\} = Pr\{A\} Pr\{B\}$$

具体的な問題を用いて，確率の定理が確率値を計算するときに，どのように適用されるかを見てみよう．

例題8-1：概念学習課題において，ある被験者がひとつの事例について正答する確率が0.6であるとする．いま5試行を行うものとして，最初の失敗までの成功の数をXとする．各試行を独立な事象と仮定して，5試行続けて正答する確率はいくらか

解答：5回続けて正答ということは，正しい選択肢を選ぶ確率が0.6であるから，確率の乗法定理により，

$$Pr\{X = 5\} = (0.6)^5 = 0.078$$

となる．

❂確率の経験的意味

裏返しに置いたトランプの色当て実験を，3000回繰り返した結果を考える（第2章コラム「超能力の科学的評価」参照）．n回までの実験で正答の回数をrとすると，rとnの比（相対度数）は，おおよそ0.5になっていると考えられる．表8-1は，ある被験者のデータである．

表 8-1 トランプの色当て実験の結果

試行数 (n)	当たりの回数 (r)	相対度数 (r/n)	試行数 (n)	当たりの回数 (r)	相対度数 (r/n)
1	0	0.000	38	19	0.500
2	0	0.000	39	19	0.487
3	0	0.000	40	20	0.500
4	1	0.250	41	20	0.488
5	2	0.400	42	21	0.500
6	3	0.500	43	22	0.512
7	3	0.429	44	23	0.523
8	3	0.375	45	24	0.533
9	3	0.333	46	24	0.522
10	4	0.400	47	24	0.511
11	4	0.364	48	25	0.521
12	5	0.417	49	25	0.510
13	5	0.385	50	25	0.500
14	5	0.357	55	29	0.527
15	5	0.333	60	31	0.517
16	6	0.375	65	34	0.523
17	6	0.353	70	37	0.529
18	7	0.389	75	39	0.520
19	7	0.368	80	43	0.538
20	7	0.350	85	47	0.553
21	8	0.381	90	50	0.556
22	9	0.409	95	51	0.537
23	10	0.435	100	53	0.530
24	11	0.458	200	106	0.530
25	12	0.480	300	154	0.513
26	13	0.500	400	200	0.500
27	13	0.481	500	249	0.498
28	13	0.464	600	306	0.510
29	13	0.448	700	362	0.517
30	14	0.467	800	404	0.505
31	15	0.484	900	451	0.501
32	16	0.500	1000	490	0.490
33	17	0.515	2000	998	0.499
34	17	0.500	3000	1496	0.499
35	18	0.514			
36	18	0.500			
37	18	0.486			

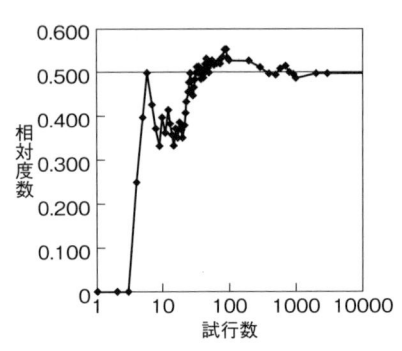

図 8-2 トランプの色当て課題における当たりの確率と試行数の関係．試行数が増えるにつれて当たりの確率は 0.5 に収斂することがわかる．横軸は対数表示である．

この例のように，多数回の試行を行えば，ある事象の起こる相対度数（r/n）は確率（p）にほぼ等しくなるのである．この事実の数学的根拠は次の**ベルヌーイの大数の法則**（law of large numbers）により与えられる．

❂ベルヌーイの大数の法則

ある事象 A の起こる確率 p が毎回一定であるとき，独立試行の回数 n を十分に大きくとれば，事象 A の起こる相対度数（r/n）は，確率 p にほぼ等しい．これを**ベルヌーイの大数の法則**という．

❂確率変数と期待値

変量 X が異なる値 $x_1, x_2,$ のいずれかの値をそれぞれの確率 $p_1, p_2,$ で取る場合，このような変量を**確率変数**（random variable）とよぶ．

2つの排反事象 A, B の起こる確率を p_1, p_2 とし，それぞれが起これば a_1, a_2 円を得る場合，その1回の平均利得は $p_1 a_1 + p_2 a_2$ に等しい．一般に，

$$p_1 a_1 + p_2 a_2 + \cdots\cdots + p_n a_n = \sum_{i=1}^{n} p_i a_i$$

である．これを**期待値**（expectation）とよぶ．これは，**確率変数 X の平均値**でもある．

なぜなら，n 回の試行において，変量 X のとる値 x_i の度数を r_i とすると，変量 X のとる値の1回ごとの平均は，

$$\frac{1}{n}\sum_{i=1}^{n} x_i r_i = \sum_{i=1}^{n} x_i \frac{r_i}{n} = \sum_{i=1}^{n} x_i p_i$$

となるからである．

✲確率分布

変量Xの実現値x_iと対応する確率p_iの2つの系列を**確率分布**（probability distribution）という．

確率の総和は1に等しい

$$\sum_{i=1}^{n} p_i = \sum_{i=1}^{n} Pr\{X=x_i\} = 1$$

確率分布の平均値と分散は以下のようになる．

$$\mu = \sum_{i=1}^{n} x_i \frac{r}{n} = \sum_{i=1}^{n} x_i p\{x_i\}$$

$$\sigma^2 = \sum_{i=1}^{n}(x_i - \mu)^2 p\{x_i\} = \sum_{i=1}^{n} x_i^2 P\{x_i\} - \mu^2$$

例題8-2：(1) 例題8-1におけるXの平均と分散を求めよ．

解答：確率変数Xの平均値は期待値であるから，

$$\mu = \sum_{i=1}^{n} x_i p\{x_i\} = 0 \times 0.4 + 1 \times (0.6)(0.4) + 2 \times (0.6)^2(0.4) + \cdots + 5 \times (0.6)^5 = 1.38$$

$$\sigma^2 = \sum_{i=1}^{n} x_i^2 P\{x_i\} - \mu^2 = 0 \times (0.4) + 1 \times (0.6)(0.4) + 4 \times (0.6)^2(0.4) + \cdots$$
$$+ 25 \times (0.6)^5 - (1.38)^2 = 2.46$$

(2) 例題8-1におけるXの分布を求め，そのグラフを描け．

解答：確率の乗法定理を用いて，$X=0$から$X=5$までの場合の確率値を求めればよい．

$X=5$の確率値は例題8-1で求めたので，それ以外の場合を計算すると，以下のようになる．

$$Pr\{X=0\} = 0.4$$

$Pr\{X=1\} = 0.6 \times 0.4 = 0.24$

$Pr\{X=2\} = 0.6 \times 0.6 \times 0.4 = 0.14$

$Pr\{X=3\} = 0.6 \times 0.6 \times 0.6 \times 0.4 = 0.09$

$Pr\{X=4\} = 0.6 \times 0.6 \times 0.6 \times 0.6 \times 0.4 = 0.05$

これを，横軸に正答数，縦軸に確率値をとれば以下のような図になる．

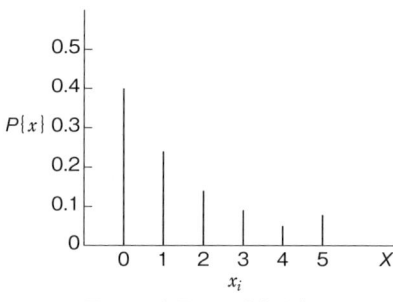

図 8-3　変量 X の確率分布．

コラム：ギリシア文字の読み方

数学や確率論では変数にギリシア文字を使うことが多いので，ここに読み方をあげておこう．左側は大文字，右側は小文字である．

ギリシア文字の読み方

A	α	アルファ	N	ν	ニュー
B	β	ベータ	Ξ	ξ	クシー，グザイ
Γ	γ	ガンマ	O	o	オミクロン
Δ	δ	デルタ	Π	π	パイ
E	ε	エプシロン	P	ρ	ロー
Z	ζ	ゼータ	Σ	σ	シグマ
H	η	イータ	T	τ	タウ
Θ	θ	シータ	Y	υ	ウプシロン
I	ι	イオタ	Φ	$\varphi(\phi)$	ファイ
K	κ	カッパ	X	χ	カイ
Λ	λ	ラムダ	Ψ	ψ	プサイ
M	μ	ミュー	Ω	ω	オメガ

●標本抽出

　確認的データ解析は，先に述べたように，データをひとつの標本としてとらえ，その背後にある同じ様なデータの集合（母集団）について成立する命題を導くことを目的にしている．つまり，確認的データ解析の研究対象は，母集団であるが，通常は，母集団全体のデータを手に入れることはできない（第7章「データ解析とは」参照）．このため，手に入れられるその一部のデータ（標本）から，母集団の性質（母平均，母分散など）を推測することになる（図8-4参照）．母集団の性質を推測するにあたって，標本が偏りのない推定値（**不偏推定値**）である必要がある．偏った標本では，誤った結論が導き出される可能性があるからである．このため，標本の取り出し方が重要である．これを**標本抽出**（sampling）という．

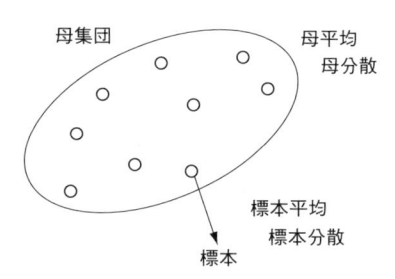

図8-4　母集団と標本との関係．

　標本抽出には，母集団のすべてのデータを取り出す**全数調査（悉皆調査）**，標本を取り出す**無作為調査**（random sampling），さらに**作為的調査**が区別される．本来，全数調査が理想的であるが，母集団の大きさにより，物理的・経済的に不可能なことが多い．唯一の例外は国勢調査である．しかし，あるまれな難病で，患者の総数が100人であれば，全数調査は可能である．

　無作為調査には，**乱数表**（random number table）が用いられる．乱数表とは，0から9の数字がでたらめに並んだ数列であるが，この数列の数字に従って，標本を取り出してくるのである（付表A参照）．乱数表を使うには，付表Aの行と列のどこから始め，どの方向へ数字を読んでいくかをサイコロやトランプを用いて無作為に決めればよい．これが，作為のないことの保証になる．**世論調査**は，このような方法で，たとえば，1,000人の有権者を選挙人名簿から無作為抽出して意見を聞き，これを国民全体（母集団）の

意見の偏りのない推定値とするのである．

　研究目的によっては，無作為調査ではなく，作為的な調査を行う場合がある．たとえば，保育園の子どもの遊びを研究する場合を考えてみると，観察者が同時に何人もの子どもを観察することは困難なので，観察の対象となる被験者を選ぶ場合がこれにあたる．その選び方も，ランダムに行う場合もあれば，あらかじめ決めておいたスケジュール（たとえば，名前のアイウエオ順）にしたがって行う場合もある．また，観察の時間帯も，無作為に選ぶことは困難なことが多いので，決められた時間帯に観察を行うこともある．このような作為的な調査の場合には，そこから導き出される結論を一般化する際には，注意が必要である．

✺不偏推定量

　母集団の平均値（母平均）や分散値（母分散）を推定するには，先に述べたように，標本から行うのである．一般に，母平均が μ，母分散が σ^2 である場合には，この母集団からの大きさ n の標本の平均値については，$\bar{x} = \mu$，$\sigma_{\bar{x}}^2 = \sigma^2/n$ が成り立つ．これは，後に述べる中心極限定理である．一方，母集団の母分散が未知の場合には，母集団からの大きさ n の標本の不偏分散は，以下のようになる．

$$\sigma^2 = \frac{1}{n-1} \sum_{i=1}^{n} (x_i - \bar{x})^2$$

　すなわち，**不偏分散は n ではなく，$n-1$ で割ったものである**ことに注意が必要である．

●確率密度関数と分布関数

　確率変数 X の確率分布は，**確率密度**（関数）（probability density function）により特徴づけられる．図8-5には，後で述べる連続変量の確率分布の一例を挙げたが，変量 X の実現値 x_i に対応する確率密度は縦軸の高さとして描かれている．このような確率密度を累積的に表現したものが**分布関数**

（distribution function）である．

　図8-5に示したように，連続変量に関する確率分布（$y = f(x)$）の分布関数は，斜線で示した部分の面積（$F(x)$）として表すことができる．縦軸に$F(x)$をとり，xの関数として描くと下図のようになる．これを分布関数という．分布関数は，その定義から0から1.0の範囲で変化する．**連続変量の確率密度を定義する場合には，区間を定める必要がある．** たとえば，区間（$x_1 \leq x \leq x_2$）の確率密度は$F(x_1)$と$F(x_2)$の差をとればよい．

　図8-6は，離散変量に関する確率密度関数の例である．この確率密度を累積的に表現すると，下図に示したように，階段状になる．

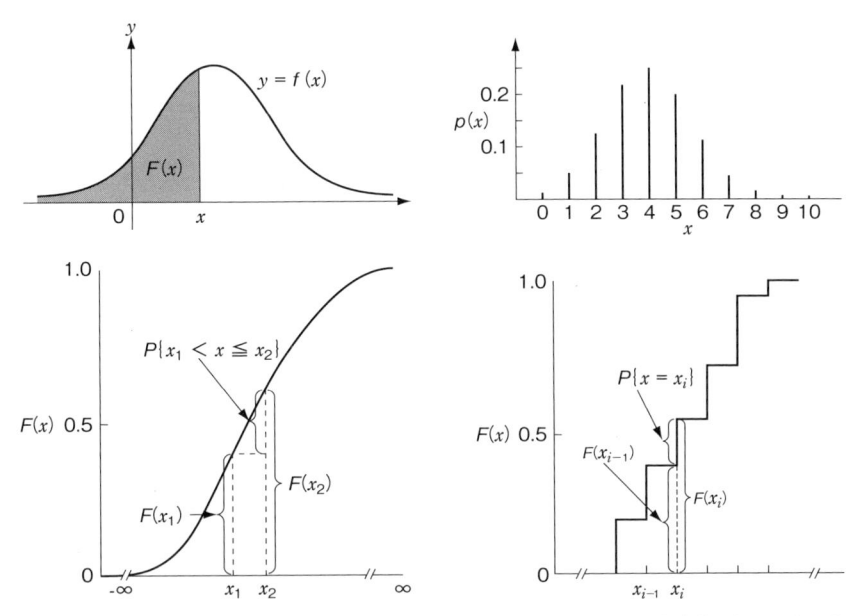

図 8-5　連続変量の確率密度関数（上）と分布関数（下）．

図8-6　離散変量の確率密度関数と分布関数．

●代表的確率分布

　先に述べたように，変量には離散変量と連続変量という区別がある．ここでは，各変量の代表的な確率分布を説明しよう．離散変量の例として

は，**2項分布**（binomial distribution），**負の2項分布**（negative binomial distribution），**ポアソン分布**（Poisson distribution）などがあるが，ここでは2項分布を取り上げる．連続変量の例としては，**指数分布**（exponential distribution），**正規分布**（normal distribution），***t*分布**（Student's t distribution），**χ^2分布**（chi-square distribution），さらに***F*分布**（F distribution）などがあるが，ここでは統計的仮説検定に用いられる正規分布，*t*分布，χ^2分布，*F*分布を取り上げることにする．

✿2項分布

先に挙げたトランプの色当て実験を考えてみよう．当たりを1，はずれを0とし，当たりは偶然（でたらめ）の結果であるとすると，当たる確率は0.5，はずれる確率も0.5となる．このように，各試行が**独立**であり（先の試行の結果が，次試行の結果に影響しない），当たり・はずれという**2つの値を取る場合を，ベルヌーイ試行**という．

確率変数Xの実現値xが1と0という2つの値をとるものとし，各試行で当たる確率をpとすると，n回の独立試行を行ったとき，当たりの回数Xは，以下の式により与えられる．

$$Pr\{X = x\} = {}_nC_x p^x q^{n-x}$$

ただし，$q = 1-p$, $x = 0, 1, 2, 3, \ldots\ldots n$である．

2項分布の平均値は，$E(X) = np$，分散は$\sigma^2(X) = npq$である．

2項分布の平均値$np = \lambda$を一定にして，nが限りなく大きく，かつpが小さくなっていけば，2項分布はポアソン分布になる．

✿正規分布

連続変量に関する確率分布の代表的な分布として，正規分布はよく知られている．この分布を$N(\mu, \sigma^2)$で表現する．すなわち，平均μ，分散σ^2の正規分布と読むのである．身長や体重などの連続変量の確率分布を記述することができる．数学者ガウスにより用いられたことから，**ガウス分布**ともい

う．図8-7から明らかなように，左右対称であり，平均値と中央値さらに最頻値も一致する．この分布の確率密度は，どの統計学の教科書にも付表として載っているので，これを利用して確率値を容易に求めることができる．このため，他の分布からの近似の対象となることもある．正規分布の確率密度は，以下の関数により与えられる．

$$y = \frac{1}{\sqrt{2\pi}\sigma} e^{\frac{-(x-\mu)^2}{2\sigma^2}}$$

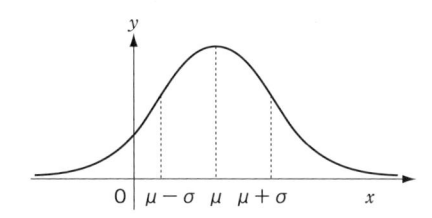

図8-7　$N(\mu, \sigma^2)$ の正規分布．平均値を中心とした左右対称的な分布である．

❋基準正規分布

$N(0, 1)$ の正規分布を**基準正規分布**または**標準正規分布**とよぶ．これは，$Z = (x - \mu)/\sigma$ とする変換（第7章「基準化」参照）を行うことで得られる．このため，この変換を**Z変換**という．基準正規分布の確率密度は，Z変換することで，以下のように，より簡単な式になる．

この分布の確率密度は，付表を用いて求めることができる．付表Bでは，$F(x)$ の形で確率密度が示されている．このため，図8-8の斜線部分の面積が確率密度となる．

$$y = \frac{1}{\sqrt{2\pi}} e^{\frac{-z^2}{2}}$$

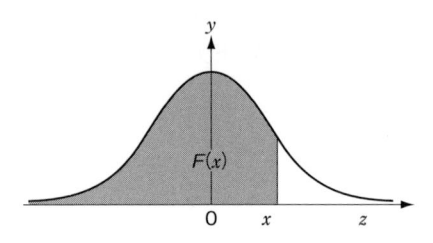

図8-8 基準正規分布．平均値0を中心とした左右対称的な分布である．

❋基準正規分布にもとづく確率計算

付表Bに$F(x)=Pr\{Z \leqq x\}$が求められているので，これを利用する．ただし，$F(x)$は分布関数である

例題8-3：確率変数Xが基準正規分布$N(0, 1)$に従う場合，$F(x) = 0.10$となるときのZの値はいくらか．

解答：基準正規分布は，左右対称的分布であるから，$F(x) = 0.10$となる面積に相当する部分は，分布の左右両端の斜線部分である．付表の両端の列は，確率値を，最上行と最下位行は確率値の小数点以下3桁目をそれぞれ表現している．また，$F(x) = 0.5$以下に相当するxにはマイナスの符号をつけて読めばよい．付表から，$F(x) =0.10$となるZの値は1.2816であるから，マイナスの符号を付けて$Z = -1.2816$となる．図中の両端の斜線部分は，$Pr\{x \leqq -1.2816\} = Pr\{x \geqq 1.2816\} = 0.10$である．

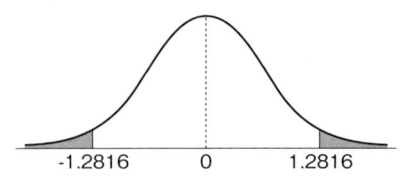

図 8-9 基準正規分布における $F(x) = 0.10$ となる場合の z の値．$z \leqq -1.2816$ または $z \geqq 1.2816$ の部分が斜線（面積）で示されている．

例題8-4：$Pr\{x \leq -1.5432\}$ となる確率はいくらか．

解答：付表から，$Pr\{x = -1.5464\} = 0.061$, $Pr\{x = -1.5382\} = 0.062$ であるから，これらの値の間にあることになる．図に示したように，-1.5464と-1.5382の間隔の中点は-1.5423である．この中点の確率は0.0615である．求める$z = -1.5432$は中点より左側，すなわち$z = -1.5464$に近い値ということになる．したがって，確率は，0.0615より小さい値になるので，四捨五入して，0.061となる．

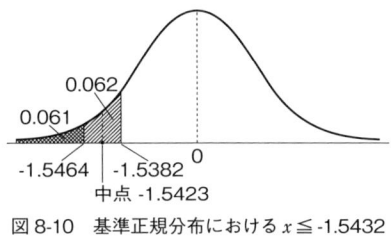

図8-10 基準正規分布における$x \leq -1.5432$となるときの確率値の求め方．

例題8-5：確率変数Xの実現値xが区間 $[\mu - \sigma, \mu + \sigma]$ にはいる確率はいくらか．

解答：以下のような区間に入る確率は，式を整理すると，基準正規分布になることを利用すればよい．基準正規分布において，-1から1までの区間に入る確率を求めることになる．

$$Pr\{\mu - \sigma \leq x \leq \mu + \sigma\} = Pr\{-\sigma \leq x - \mu \leq \sigma\} = Pr\{-1 \leq (x - \mu)/\sigma \leq 1\}$$
$$= Pr\{-1 \leq z \leq 1\} = Pr\{|z| \leq 1\} = 0.682$$

付表から，$Z = 1.0$は，$Z = 1.0027$と$Z = 0.9986$の間にあることになるが，これらの値の中点よりも，0.9986側にあるので，このときの確率値は，0.841となる．図8-11に示したように，付表は分布の左端から$Z = 0.9986$までの面積が0.841であることを示しているので，平均値から右側の面積を2倍すればよい．すなわち，0.841-0.5 = 0.341, 0.341 × 2 = 0.682となる．

このように，-1から1までの区間に入る確率は0.682となる．言い換えれば，データの約68%がこの区間にあることになる．たとえば，データが

第8章●確認的データ解析 159

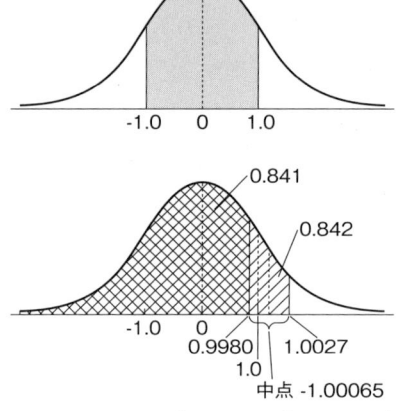

図 8-11　x が区間 $[\mu-\sigma, \mu+\sigma]$ にはいる確率の求め方．基準化して考えると上の図の範囲にはいる確率を求めることになる．付表には $Z = 1.0$ の確率値が与えられていないので，下図のように，$Z = 1.0$ が付表にある値のどちらに近いかにより，確率値を求めることになる．

　正規分布をするとして，外れ値の範囲を決めるときに，標準偏差を基準に考えることが行われる．平均値から±2σの範囲を超えたデータを外れ値とするというのは，こうした例である．ちなみに，±2σの区間に入る確率は 0.955 である．およそ96%のデータがこの範囲にあることになり，この範囲を外れるデータは，全体の約4％にすぎないのである．したがって，**この範囲外のデータを外れ値としてもよいであろう．**

✿ t 分布

　データ数が少ない場合には，正規分布を適用できないので，代わりに t 分布を用いる．図8-12に示したように，t 分布も正規分布と同様に左右対称的な分布である．1標本 t 分布は以下の式で与えられる．

$$t = \frac{\overline{X} - \mu}{\frac{\hat{\sigma}}{\sqrt{n}}}$$

ただし，$\hat{\sigma}$ は母標準偏差の偏りのない推定値（**不偏推定値**），つまり標本標準偏差である（標本標準偏差を求めるときに，n ではなく，$n-1$ で割る必要がある）．μ は母平均値である．

t 分布は，以下に述べる χ^2 分布や，F 分布と密接な関係がある．たとえば，t 統計量が**自由度**（degree of freedom: df）n の t 分布に従うとすれば，その平方 t^2 は，後で述べる自由度対（1，n）の F 分布に従うのである．**自由度とは，分布の形状を決めるパラメータのひとつであり，独立に値をとりうる項の数を表すものである．**

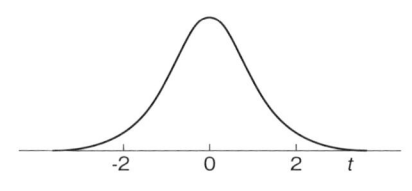

図 8-12　t 分布．正規分布と同様な左右対称的分布である．

✺ χ^2 分布（カイ 2 乗分布）

基準化した変量 Z の平方をカイ 2 乗という．

$$\chi^2 = Z^2 = \frac{(x-\mu)^2}{\sigma^2}$$

このカイ 2 乗統計量は，変量 X が平均 μ，分散 σ^2 の正規分布に従うとすると，自由度 1 のカイ 2 乗分布に従う．一般に，平均 μ，分散 σ^2 の正規分布から無作為抽出した n 個の標本分布は，以下のような自由度 n のカイ 2 乗分布になる．

$$\chi^2_{(n)} = \sum_{i=1}^{n} Z_i^2 = \frac{\sum_{i=1}^{n}(x_i-\mu)^2}{\sigma^2}$$

通常，標本平均 $\bar{x}$ は既知であるが，母集団平均値 μ は未知なので，μ に代わり標本平均値 $\bar{x}$ を用いる．この場合，正規母集団からの n 個の無作為標本の分布は，自由度 $n-1$ のカイ 2 乗分布に従う．

$$\chi^2_{(n-1)} = \frac{\sum_{i=1}^{n}(x_i - \bar{x})^2}{\sigma^2}$$

この場合，自由度が n ではなく，$n-1$ となるのは，χ^2 の項，$(x_1-\bar{x})$, ……… $(x_n-\bar{x})$ について以下の関係式

$$(x_1-\bar{x})+(x_2-\bar{x})+ \cdots\cdots + (x_n-\bar{x}) = 0$$

が成り立つので，独立に値をとり得るのは，これらの項のうち $n-1$ 個であるからである．

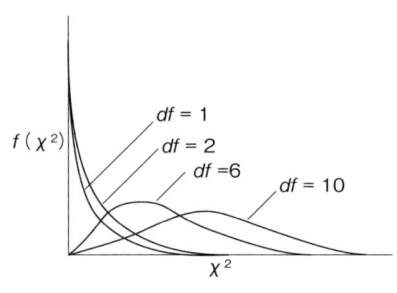

図8-13 異なる自由度におけるカイ2乗分布．自由度により分布の形状が変化する．

図8-13に異なる自由度におけるカイ2乗分布を示してある．

例題8-6：分散が4.0である正規分布から大きさ6の標本が以下のようであるとき，χ^2 がその実現値 χ_0^2 より大きい確率はいくらか．

データ：15.5, 24.0, 18.7, 20.3, 21.5, 17.2

解答：平均値は19.53，分散は4.0，$n=6$ であるから，

$$\chi_0^2 = \frac{(15.5-19.53)^2 + (24.0-19.53)^2 + \cdots\cdots + (17.2-19.53)^2}{4.0} = 11.70$$

自由度5の場合の付表Dを読むと，おおよそ0.05より小さくなる．

$$Pr\{\chi^2 > \chi_0^2\} < 0.05$$

カイ2乗分布と次のF分布との関係を明らかにするために，χ^2 の式を以下のように変形してみよう．すると，χ^2 は2つの分散の比で表せる．

$$\frac{\sum_{i=1}^{n}(x_i - \bar{x})^2}{\sigma^2} = \frac{(n-1)\hat{\sigma}^2}{\sigma^2}$$

ただし，σは母分散，$\hat{\sigma}$は不偏推定値をそれぞれ表す．この式は，以下の等式から容易に導くことができる．

$$\hat{\sigma}^2 = \frac{\sum_{i=1}^{n}(x_i - \bar{x})^2}{n-1}$$

$$\sum_{i=1}^{n}(x_i - \bar{x})^2 = (n-1)\hat{\sigma}^2$$

母分散と不偏推定値との比は，自由度 $n-1$ のカイ2乗分布に従う確率変数である．

✿ F分布

F 分布は，2つの独立なカイ2乗変数の比で表現される統計量の確率分布である．カイ2乗変数とは，カイ2乗を，その自由度で割ったものである．F 分布の F は，推測統計学の創始者のひとりであるフィッシャー（Fisher, R. A.）の頭文字からとられたものである．

$$F = \frac{\frac{\chi_1^2}{n_1}}{\frac{\chi_2^2}{n_2}}$$

言い換えれば，2つの確率変数 χ_1^2, χ_2^2 が独立であり，それぞれが自由度 n_1, n_2 のカイ2乗分布に従うとすれば，それらの比をとった F 統計量は，自由度対 (n_1, n_2) の F 分布に従う．図8-14には，$(n_1=9, n_2=15)$ の F 分布を示しているが，分布の形状は自由度対の値により変化する．

F 分布は，3つ以上の母集団平均値についての仮説検定に用いられる．F 分布については，**(1) 各標本は正規分布する母集団から抽出されたものであること，(2) 各標本は母集団から無作為に抽出されたものであること，(3) F 比の分母と分子は同じ母集団の**

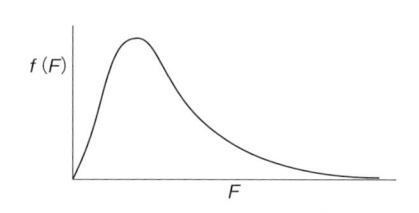

図8-14 自由度対 $(n_1=9, n_2=15)$ の F 分布．

分散値の不偏推定値であること（等分散），(4) F比の分母と分子は独立であること，という仮定が含まれていることに注意が必要である．

✺中心極限定理

あるデータの分布がわからない場合でも，データの個数が十分大きいときは，標本平均の分布は，正規分布しているとみなせる．これは，**中心極限定理**（the central limit theorem）にもとづいている．**中心極限定理とは，変量 X が平均 μ，標準偏差 σ のある分布に従うとき，大きさ n の無作為標本の標本平均 $\bar{x}$ は，n が無限に大きくなると，平均 μ，標準偏差 $\sigma/\sqrt{n}$ の正規分布に従うという定理である**．

この定理の重要な点は，母集団の分布がどのような形であろうと，十分に大きい標本の平均値が正規分布すると仮定できることである．十分に大きい標本数とは，およそ100程度であると考えられている（Kirk, 1982）．

●仮説の検定

上に述べたように，標本平均や標本分散という標本に関する統計量（**標本統計量**）は，標本の特徴を表現するために用いられると同時に，その標本が抽出された母集団の**パラメータ（母数）**を推定するために用いられる．一方，検定に関する統計量（**検定統計量**）は，母集団のパラメータに関する仮説を検定するために用いられる．

仮説の検定とは，第2章で述べたように，科学における命題（科学的命題）の検証のための手続きのひとつであり，**不完全な情報のもとで，ある命題に関する合理的な決定を行うための推論の仕方**である．科学的命題を評価するための第1歩は，その命題を統計的仮説の形で表現することである．統計的仮説とは，ある母集団分布に関するパラメータについての言明である．より具体的にいうと，たとえば，母集団の平均値（μ）は121より大きい（$\mu > 121$），あるいは，母集団の平均値は121に等しいかそれより小さい（$\mu \leq 121$）という言明である．こうした言明のことを**帰無仮説**（null hypothesis）という．$\mu > 121$ という仮説は，$\mu \leq 121$ という仮説と排反であり，一方が成立すれば，他方は成立しないという関係にある．一方を帰無仮説（H_0）とすると，他方は**対立仮説**（H_1）になる．つまり，どちらの仮説を採用するかを決定することが統計的仮説検定なのである．

図8-15はこうした仮説検定の過程を模式図で示したものである．この図は，第2章の図2-1と似ているが，科学的命題の検証と，その命題の改訂や放棄という過程は，科学の営みそのものである．この過程には，帰納と演繹という2つの推論の過程が含まれる．

検定の手続を具体例で考えると，以下のようになる．たとえば，「**弁別学習において，継時弁別手続きよりも同時弁別手続きの方が学習は速い**」という科学的命題は，「**2つの弁別手続きには差がない**」という統計的仮説として定式化される．実験により得られたデータに統計的検定を適用して，この仮説を採択するか，あるいは，棄却するか（言い換えれば，対立仮説を採択するか）を決定するのである．

図 8-15 科学的命題の検証に用いられる手続きの概念図．この手続きでは，演繹と帰納という2つの推論の仕方が用いられる．

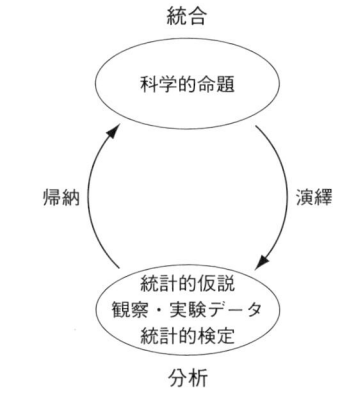

❀パラメトリック検定とノンパラメトリック検定

統計的推論を行うとき，データ（標本）が取り出される母集団の性質について，多くの仮定を設ける場合を，**パラメトリック検定**（parametric test）という．そのような仮定のひとつは，たとえば，母集団が正規分布をしている（正規母集団）という仮定である．一方，母集団について，多くの仮定を設けない場合を**ノンパラメトリック検定**（nonparametric test）という．分布型がわからない場合や，パラメトリック検定の前提を満たしていない（たとえば，正規母集団ではない）場合には，ノンパラメトリック検定を用い

る．また，データの測定水準（第3章「測定の水準」参照）が順序尺度の場合にも，パラメトリック検定よりも，ノンパラメトリック検定が用いられる．

ここでは，それぞれの検定法について，2つの標本を比較する場合を例に，パラメトリック検定の例として，Z検定とt検定を，ノンパラメトリック検定の例として，符号検定を取り上げ，検定の基本的考え方を見ていくことにしよう．この他の検定法については，読書ガイドで取り上げた森・吉田（1990）や，Kirk (1982), Siegel & Castellan, Jr (1988) などを適宜参照してほしい．

✿ Z検定

統計的検定の手続きを具体的事例で見ていこう．最初に，連続変量に適用するZ得点を用いた検定法を紹介する．**Z統計量**とは，以下のような式で与えられるものである．その標本分布は，基準正規分布に従っていると見なされる．

$$Z = \frac{\bar{x} - \mu_0}{\frac{\sigma}{\sqrt{n}}}$$

ただし，$\bar{x}$は標本平均，μ_0は母平均，σは母標準偏差，nは標本数をそれぞれ表す．

具体例として，「**喫煙者は衝動性得点が非喫煙者に比べて高い**」という科学的命題を検証するための統計的検定を行うものとしよう．**この命題に対応する統計的仮説は，$\mu > \mu_0$である**．ただし，μは喫煙者という母集団の平均値，μ_0は非喫煙者の母平均である．μ_0は121，標準偏差σは20であるとする．

最初に，以下のように帰無仮説と対立仮説を決める．

$H_0 : \mu \leq 121$

$H_1 : \mu > 121$

続いて，検定統計量を決める．ここではZ統計量を用いる．標本数を100

とし，有意水準を5％とする．100個のデータを用いてZの値を求める．

　決定規則は，もしZが上側5％内にあれば，帰無仮説を棄却し，そうでなければ，帰無仮説を棄却できないというものである．この決定規則は，**常識的判断**でもある．つまり，Zのこのような値をとる確率が小さければ，偶然の結果とはいえないと考えることは，自然であろう．

　有意水準5％であるときのZの値を，付表Bから読み取ると，$z=1.645$である．これを衝動性尺度得点に換算する（$\mu_0 + z\sigma/\sqrt{n} = 121 + 1.645 \times 20/\sqrt{100} = 124.29$）と，124.29となる．図8-16に示したように，図の右端の陰を付けた部分が，確率5％に相当する面積であり，この部分を**棄却域**（critical region）とよぶ．図の横軸の目盛りとして，上側に実際の尺度得点を，下側にそれらをZ変換した（基準正規分布に変換した）ものを示してある．

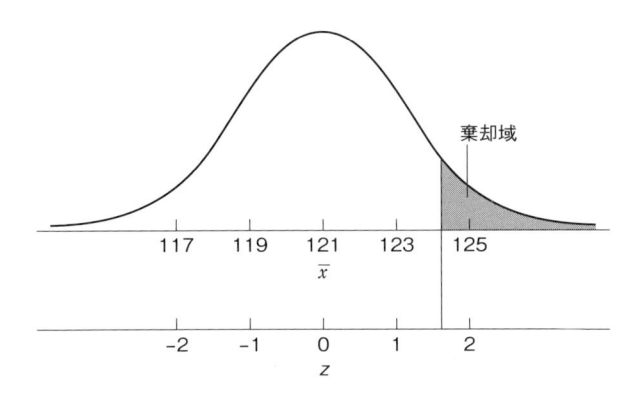

図 8-16　帰無仮説が真であるときの標本分布と有意水準 5% の z の値．横軸上側の目盛りは衝動性尺度得点，下側は基準化したzの値である．

　いま，喫煙者100人の衝動性得点の平均値（$\bar{x}$）が124としよう．このデータを基準正規分布に変換して，Zの値を求めてみると，Zの値は1.5となる．すなわち，

$$Z = \frac{\bar{x} - \mu_0}{\frac{\sigma}{\sqrt{n}}} = \frac{124 - 121}{\frac{20}{\sqrt{100}}} = 1.5$$

である．

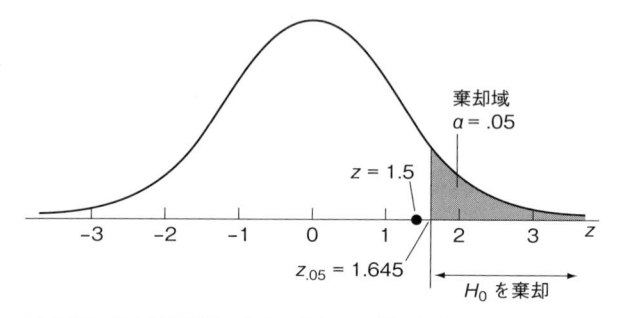

図 8-17　帰無仮説が真であるときのZの標本分布．Z = 1.5 なので，帰無仮説を棄却しない．

　図8-17から明らかなように，Z =1.5は棄却域に入らないので，帰無仮説を棄却できない．このことを**有意性**（significance）という用語で言い換えると，統計的な**有意差**がない，あるいは**統計的には有意ではない**ことになる．これとは逆に，もしZの値が棄却域に入れば，統計的に**有意である**という．

❇片側検定と両側検定

　棄却域を標本分布のどちらか一方の端に設定する場合を，**片側検定**（one-tailed test）といい，標本分布の両端に設定する場合を，**両側検定**（two-tailed test）という．棄却域の設定は，設問の内容と密接な関係がある．たとえば，「喫煙者の衝動性得点は非喫煙者のそれよりも高いか」という設問の場合は，あらかじめ方向が決まっているので，片側検定を行うことになる．一方，「喫煙者と衝動性得点の間には違いがあるか」という設問の場合は，あらかじめ方向がわからないので，両側検定を行うことになる．

　この場合，帰無仮説は，

$$H_0 : \mu = \mu_0$$
$$H_1 : \mu \neq \mu_0$$

となる．

　図8-18に示されているように，両側検定の場合には，標本分布の両端の合計が $\alpha = 0.05$ となるZの値は，各端の面積が0.025となる場合であるか

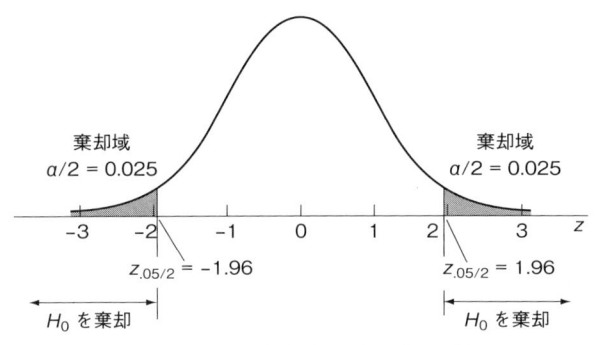

図 8-18 両側検定の場合の棄却域は標本分布の両端である．この両端の面積の合計が 0.05 となる．したがって，各端の面積は 0.025 である．

ら，-1.96 と 1.96 である．したがって，絶対値 $|Z|>1.96$ である．

図 8-18 から明らかなように，$Z=1.5$ は棄却域に入らないので，帰無仮説を棄却できないことになる．

❋第1種の過誤と第2種の過誤

帰無仮説を検定するにあたって，研究者の判断が正しい場合と誤っている場合が考えられる．これらをもう少し詳しく見てみよう．正しい判断にも，以下のような2つの場合が区別できる．たとえば，帰無仮説が正しい場合に，この帰無仮説を採択することと，帰無仮説が誤っている場合に，この帰無仮説を採択しないことは，正しい判断である．一方，誤った判断にも，次のような2つの場合が区別できる．帰無仮説が正しいにもかかわらず，この帰無仮説を棄却するという誤りを犯す場合と，また，帰無仮説が誤っているにもかかわらず，この帰無仮説を採択するという誤りを犯す場合である．前者

		帰無仮説の正誤	
		帰無仮説 H_0 が真	帰無仮説 H_0 が偽
研究者の決定	帰無仮説を採択	正しい採択 $1-\alpha$	第2種の過誤 β
	帰無仮説を棄却	第1種の過誤 α	正しい棄却 $1-\beta$

図 8-19 研究者の決定と帰無仮説の正誤により決まる仮説検定の結果．

の誤りを**第1種の過誤**（type 1 error），後者の誤りを**第2種の過誤**（type 2 error）という．

図8-19に示したように，第1種の過誤を犯す確率を**危険率（有意水準）**といい，αで表す．一方，第2種の過誤を犯す確率をβで表す．したがって，真である帰無仮説を正しく採択する確率は$1-\alpha$，誤った帰無仮説を正しく棄却する確率は$1-\beta$となる．

先の具体例（喫煙者と非喫煙者の衝動性尺度得点）で第1種と第2種の過誤の意味を考えてみよう．説明を分かりやすくするために，平均値（$\bar{x}$）が124ではなく124.30としよう．この場合のZの値は以下のようになる．

$$Z = \frac{\bar{x} - \mu_0}{\frac{\sigma}{\sqrt{n}}} = \frac{124.30 - 121}{\frac{20}{\sqrt{100}}} = 1.65$$

また，母平均値（μ_0）が125であるとしよう．この場合のZの値は以下のようになる．

$$Z = \frac{\bar{x} - \mu_0}{\frac{\sigma}{\sqrt{n}}} = \frac{124.30 - 125}{\frac{20}{\sqrt{100}}} = -0.35$$

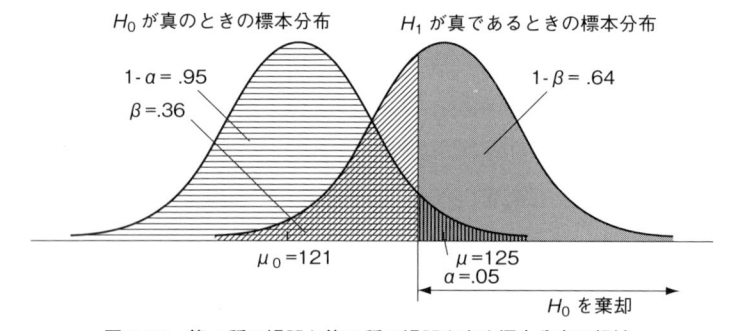

図8-20　第1種の過誤と第2種の過誤を表す標本分布の領域．

図8-20に示されているように，第1種の過誤を犯す確率は0.05である．第2種の過誤を犯す確率は $Z = -0.35$ 以下の領域の面積で表される．この面積は0.36である．したがって，正しく棄却する確率は，0.64（$1-\beta=1-0.36=0.64$）となる．また，正しく仮説を採択する確率は0.95（$1-\alpha=1-0.05=0.95$）となる．

　第1種の過誤 $\alpha=0.05$ をより小さくしようとすると，第2種の過誤が大きくなることに注意が必要である．心理学の研究では，第1種の過誤を $\alpha=0.05$ としておけばよいが，たとえば，ある食品に発ガン性があるかないかを問題にする場合には，第1種の過誤よりも第2種の過誤を小さくすることが重要である．これは，発ガン性のある食品を発ガン性なしと判定する誤り（第2種の過誤）より，発ガン性のない食品を発ガン性有りと判定する誤り（第1種の過誤）の方が，安全性という観点からは好ましいからである．

❋ t 検定

　データ数の少ない2つの標本を比較する場合は，以下の t 統計量が自由度 n_1+n_2-2 の t 分布に従うことを利用すればよい．ただし，2つの変量 X_1, X_2 は独立で，同じ標準偏差の正規分布に従うという仮定を満たしている必要がある．

$$t = \frac{\bar{x}_1 - \bar{x}_2 - (\mu_1 - \mu_2)}{\sqrt{(n_1-1)\sigma_1^2 + (n_2-1)\sigma_2^2}} \sqrt{\frac{n_1 n_2 (n_1+n_2-2)}{n_1+n_2}}$$

ただし，σ_1^2, σ_2^2 は不偏推定値，すなわち分散を求めるときに，$n-1$ で割った標本分散である．

　例題8-7：生育環境の違いが活動量の違いに影響を及ぼすか
　ネズミを被験体として，1群（10個体）を輪回しやトンネルなどの遊具がある環境（豊かな飼育環境）で育て，もう1群（7個体）をそのような遊具のない環境（貧しい飼育環境）で育てる．その後，この2群の活動量を輪

回し行動（1分あたりの回転数）として測定したところ，以下のようになった．

豊かな飼育環境群：25回転（分散11）

貧しい飼育環境群：13回転（分散8）

解答：帰無仮説：$\mu_1 = \mu_2$，対立仮説：$\mu_1 \neq \mu_2$とする．以下のt統計量を求める．

$$t = \frac{25 - 13}{\sqrt{9 \times 11^2 + 6 \times 8^2}} \sqrt{\frac{10 \times 7 \times 15}{17}} = 2.457$$

自由度15の場合，危険率5％（両側検定）のtの値は2.131であるから，帰無仮説を棄却することになる．すなわち，生育環境の違いは，統計的には有意であり，生育環境は活動量に影響する（活動的にする）といえる．

❃符号検定

符号検定（sign test）は，順序尺度の水準にある2つの関連データ（対応のあるデータ）の検定に用いられる．関連のあるデータあるいは対応のあるデータとは，たとえば，双生児の被験者（遺伝的側面に共通性）を用いた場合や，同じ被験者が2条件を経験する個体内比較法を用いた場合のデータのことである．

このような対応のある2つのデータの組について，どちらの値が大きいかにもとづいて＋や－の符号を付ける．ここから符号検定という名前がつけられたのである．このように符号検定は，符号の違いだけ（大小関係のみ）に注目する検定法である．符号の違いだけではなく，違いの程度の情報も利用できる場合は，**ウイルコクソン符号化順位検定**を用いる（Siegel & Castellan, Jr., 1988）．符号検定における帰無仮説は，**符号の方向（つまり，＋，－）の起こり方はランダムである**（確率0.5）となる．

もし，帰無仮説が真であれば，符号の方向は＋，－が混在することになる．一方，帰無仮説が偽であるとすると，符号の方向は，＋あるいは－に偏ると

考えられる．このような事象の標本分布は，**2項分布**となるので，n個のデータ対において，ある個数になる + あるいは − の確率を計算することができる．この場合，2項分布のパラメータを，$p = 0.5 (1-p = q = 0.5)$とおいて確率計算を行えばよい（第2章コラム「超能力の科学的評価」参照）．あるパターンの + と − の起こる確率を求めて，これが危険率5％よりも小さければ，まれなことが起きたので，帰無仮説を棄却し，対立仮説を採択することになる．

いま，表8-2にあるように，5つのデータ対で，条件1と条件2の尺度得点の差をとると，符号がすべて + になったとしよう．この場合の確率を計算すると，以下のようになる．

表 8-2　2つの条件について得られた尺度得点と得点間の差を表す符号（+ または -）（仮想データ）

被験者	条件1	条件2	符号
A	126	111	+
B	176	146	+
C	154	110	+
D	177	134	+
E	142	129	+

$$Pr\{X = 5\} = {}_5C_5 p^5 q^0 = \frac{5!}{5!(5-5)!}(0.5)^5(0.5)^0 = 0.0313$$

この場合の確率は0.05以下になるので，帰無仮説を棄却する．

❂適合度検定

名義尺度の水準にある2変量データの関連性を調べるためには，まずデータを**分割表**の形にまとめる．いま，変量Xと変量Yはそれぞれkとlに分割できるものとすると，分割表は，$k \times l$のセル（マス目）からなる以下のような表になる．

この分割表の**周辺度数**（n_k, n_l）を固定して考え，2つの変量が独立であるとすると，n_iとn_jが各セルに散らばると期待される**理論度数**（m_{ij}）は，

表 8-3 　$k \times l$ 分割表

Y\X	1	2	⋯	j	⋯	k	
1	n_{11}	n_{12}				n_{1l}	$n_{1.}$
2	n_{21}	n_{22}					$n_{2.}$
⋮							
i				n_{ij}			
⋮							
l	n_{l1}					n_{kl}	$n_{l.}$
	$n_{.1}$	$n_{.2}$				$n_{.k}$	n

以下の式より求められる.

$$m_{ij} = np_{ij} = n\left(\frac{n_{i.}}{n} \times \frac{n_{.j}}{n}\right) = \frac{n_{i.}\,n_{.j}}{n}$$

ただし，p_{ij} は各セルに入る確率，n はデータの総数である.

したがって，2つの変量間の関連性は，各セルの理論度数（m_{ij}）と実測度数（n_{ij}）が適合しているかどうかを検定することにより明らかになる．これには，以下のような統計量を用いる．

$$\chi^2 = \sum_{i=1}^{k}\sum_{j=1}^{l} \frac{(n_{ij} - m_{ij})^2}{m_{ij}}$$

この統計量が自由度 $(k-1)(l-1)$ の χ^2 分布に従うことを利用して，2つの変量が独立か否かを判定すればよい．このような手続きを**適合度**（goodness of fit）**検定**という．検定の結果，2つの変量は独立であるという判定の場合は，これで検定を終了するが，独立ではないという判定の場合には，どの部分が独立でないかを明らかにするために，**分割表をさらに小さく**

して適合度検定を行えばよい.

✿φ係数

　最も小さい2×2の分割表の場合，相関の有無だけではなく，その程度を表すためには，以下の統計量を用いる．これをφ（ファイ）係数という．

$$\phi = \sqrt{\frac{\chi^2}{n}} = \frac{n_{11}n_{22} - n_{12}n_{21}}{\sqrt{n_{1.}n_{2.}n_{.1}n_{.2}}}$$

ただし，$n_{12} = 0, n_{21} = 0$のとき，$\phi = 1$，$n_{11} = 0, n_{22} = 0$のとき，$\phi = -1$，$n_{ij} = m_{ij}$のときは，$\phi = 0$となる．

　n_{ij}のなかに10以下のデータがあるときは，n_{ij}がm_{ij}からはずれていくすべての場合を数え上げ，それらの場合が起こる確率の和を直接求めることができる．これを**フィッシャーの直接確率計算法**という．

●分散分析

　分散分析（analysis of variance: ANOVA）とは，文字通り，データのばらつき（分散）を分析することである．データには，実験で操作した独立変数の効果の他に，男性・女性や視力がよい・わるいなどの被験者に固有の変動性や，第5章で述べた剰余変数の効果，あるいは偶然の変動性などが含まれると考えられる．このため，これらすべての変動の中から独立変数の効果を取り出す必要がある．つまり，データのばらつきを分析するとは，すべての変動を，独立変数に由来する変動と，その他の要因（誤差）に由来する変動に分ける（分割する）ことなのである．

　分散分析は，ある要因の2つ以上の条件（独立変数の水準）間や，2つ以上の要因間に差があるか否かを判定するための方法である．要因の効果が認められるとき，これを**主効果**（main effects）という．また，2つ以上の要因が配置された場合には，要因間の影響を調べることもできる．これを**交互作用**という．

❂分散の分割

データのばらつき（分散）を分割するという具体的手順を，第 7 章で述べた「回帰分析」の事例で見てみよう．

第 7 章「回帰分析」では，2 変量データの解析のひとつとして，データに直線を当てはめることを行った．このとき，回帰（理論）直線 $\hat{y}$ に対する実際のデータとのズレ（$y_i - \hat{y}_i$）を問題にしたが，理論値（$\hat{y}$）とデータの平均値とのズレ（$\hat{y}_i - \bar{y}$）も問題なのである．後者を予測値の変動あるいは**回帰による変動**（sum of squared regression; SS_R），前者を**誤差による変動**（sum of squared error; SS_E）という．通常，これらのズレは，第 7 章コラム「最小 2 乗法」で述べたように，2 乗和の形で表現する．すなわち，

$$SS_R = \sum_{i=1}^{n} (\hat{y}_i - \bar{y})^2$$

$$SS_E = \sum_{i=1}^{n} (y_i - \hat{y}_i)^2$$

また，これらの変動の合計は，実測値の変動（SS_{yy}）になる．これを**全変動**（total sum of squared error and regression）という．すなわち，

$$SS_{yy} = \sum_{i=1}^{n} (y_i - \bar{y})^2$$

である．

全変動は回帰による変動と誤差による変動を合わせたもの，すなわち $SS_{yy} = SS_R + SS_E$ となる．

この誤差が全体の散らばりに占める割合は以下の式で表される．これは全変動のなかに占める誤差による変動の寄与率である．

$$\frac{SS_E}{SS_{yy}}$$

また，全変動のなかに占める回帰による変動の寄与率は以下のようになる．

$$\frac{SS_R}{SS_{yy}}$$

図8-21にこれらの関係を表しているが，この全変動のなかに占める回帰による変動の寄与率は，**分散説明率**（percentage of variance accounted

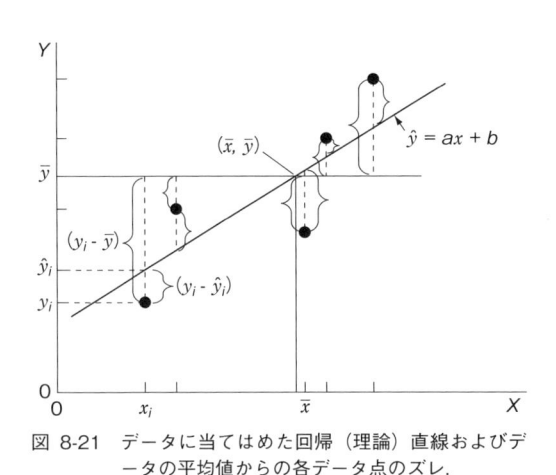

図 8-21 データに当てはめた回帰（理論）直線およびデータの平均値からの各データ点のズレ．

for）とよばれるように，全体のばらつきに占める回帰による変動（回帰直線がデータのばらつきを説明できる割合）の割合を表すのである．これは，第7章「ばらつきの定量化」で述べた**決定係数**である．これは，また誤差による変動の寄与率の補数（$1-SS_E/SS_{yy}$）でもある．

ここで「回帰分析」から，一般のデータ解析にもどって分散分析を考えてみよう．以下のような実験データについて分散の分割がどのようになるかを見てみよう．1要因の独立変数の水準数をm，各水準のデータ数をnとした実験結果を表に示してみると，以下のようになる．要因はaで示されているが，各水準についてn人の被験者が配置されるものとしている．表8-4の各列の下に列平均（$\bar{x}_{.j}$）を，また，表の右下に総平均（$\bar{x}_{..}$）を示している．

表8-4　処理水準が m 個の場合のデータ

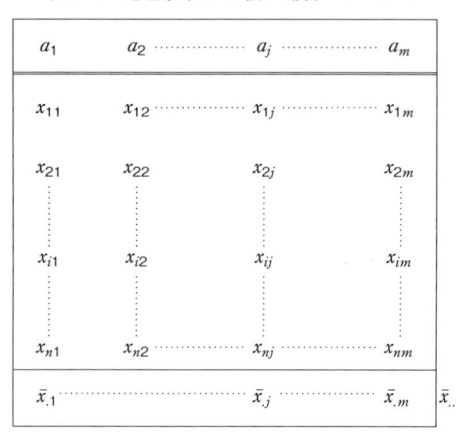

a_1	a_2	⋯⋯	a_j	⋯⋯	a_m
x_{11}	x_{12}		x_{1j}		x_{1m}
x_{21}	x_{22}		x_{2j}		x_{2m}
x_{i1}	x_{i2}		x_{ij}		x_{im}
x_{n1}	x_{n2}		x_{nj}		x_{nm}
$\bar{x}_{.1}$			$\bar{x}_{.j}$		$\bar{x}_{.m}$	$\bar{x}_{..}$

次に，先に述べた偏差の平方の総和（全変動; SS_{TO}）が群間の平方和（列間変動; SS_{BG}）と群内の平方和（列内変動; SS_{WG}）の合計，すなわち $SS_{TO} = SS_{BG} + SS_{WG}$ となることを見てみよう．

出発点は以下の偏差の式になる．

$$x_{ij} - \bar{x}_{..} = (\bar{x}_{.j} - \bar{x}_{..}) + (x_{ij} - \bar{x}_{.j})$$

この式の両辺を2乗して，あるひとつのデータについて偏差の平方を求める．

$$(x_{ij} - \bar{x}_{..})^2 = \{(\bar{x}_{.j} - \bar{x}_{..}) + (x_{ij} - \bar{x}_{.j})\}^2$$

この式からすべてのデータについて計算すると以下のようになる．

$$\sum_{j=1}^{m}\sum_{i=1}^{n}(x_{ij}-\bar{x}_{..})^2 = \sum_{j=1}^{m}\sum_{i=1}^{n}\{(\bar{x}_{.j}-\bar{x}_{..})+(x_{ij}-\bar{x}_{.j})\}^2$$
$$= \sum_{j=1}^{m}\sum_{i=1}^{n}\{(\bar{x}_{.j}-\bar{x}_{..})^2 + 2(\bar{x}_{.j}-\bar{x}_{..})(x_{ij}-\bar{x}_{.j}) + (x_{ij}-\bar{x}_{.j})^2\}$$

これを整理すると以下の式になり，全変動が列間変動と列内変動からなることがわかる．

$$\sum_{j=1}^{m}\sum_{i=1}^{n}(x_{ij}-\bar{x}_{..})^2 = n\sum_{j=1}^{m}(\bar{x}_{.j}-\bar{x}_{..})^2 + \sum_{j=1}^{m}\sum_{i=1}^{n}(x_{ij}-\bar{x}_{.j})^2$$

SS_{TO}（全変動）= SS_{BG}（列間変動）+ SS_{WG}（列内変動）

✪実験計画法

　分散分析を行うに当たっては，データをどのように収集すべきかが問題になる．このようなデータ収集の方法を**実験計画法**（design of experiments）という．これは推測統計学におけるデータ収集の方法という意味で，狭義の実験の計画である．ここでは，分散分析法とともに，1対のものとして考案された実験計画法のうち，完全無作為化法と乱塊法を取り上げ，基本的な前提と考え方を見てみよう．その他の方法については，読書ガイドで挙げた森・吉田（1990）やKirk（1982）を参照してほしい．

✪固定効果モデルと無作為効果モデル

　実験により得られるデータは，そのデータが所属する母集団平均値と，独立変数の効果および誤差からなるものと考えられる．このような考え方を**実験計画モデル**という．分散分析の前提のひとつとして，2つの実験計画モデルを区別しておく必要がある．第1のモデルは，**固定効果モデル**（fixed-effects model）とよばれるもので，このモデルはm個の処理水準を持つ実験が繰り返し行われたと仮定したときのモデルであり，**その結論は，その実験のm個の処理水準に限られる**．第2のモデルは，**無作為効果モデル**（random-effects model）とよばれるもので，この実験のm個の処理水準が，m個の処理水準のより大きな母集団からの無作為標本であると仮定した場合のモデルであり，**その結論は，その実験だけではなく一般化することができる**．たとえば，実験者が視覚探索課題において刺激の呈示時間を300ミリ秒と600ミリ秒の2水準設定したとしたら，これらの水準間の比較には固定効果モデルが適用される．この場合の結論は，この刺激呈示時間300ミリ秒と600ミリ秒について行われなければならないことになる．一方，実験者が刺激の呈示時間を無作為抽出したとしたら，これらの水準間の比較には無作為効果モデルが適用され，その結論は，刺激呈示時間一般に適用できることになる．心理学の実験では，後者よりも前者の場合が多いので，**検定結果の一般化には，十分な注意が必要である**（Kirk, 1982）．

✦完全無作為化法

独立変数の値を複数設け，独立変数の各水準に同じ数の被験者を無作為に割り当てる方法を**完全無作為化法**（completely randomized design）という．先に示した表8-4は完全無作為化法の例である．この方法では，各データ（x_{ij}）には独立変数の効果（α_j）とそのデータが帰属している母集団の平均値（μ）および誤差（$\varepsilon_{i(j)}$）が含まれていると考える．すなわち，

$$x_{ij} = \mu + \alpha_j + \varepsilon_{i(j)} \quad (i=1, \ldots, n; j=1, \ldots, m)$$

となる．

この方法を具体的なデータとともに模式図で示せば，以下のようになる．たとえば，弁別学習を行うときに，試行と試行の間の間隔（試行間間隔）を，長い，中程度，短いという3条件（3つの処理水準）設けたとしよう．このような試行間間隔の長さが弁別学習に影響を与えるか否かを調べるものとする．独立変数の値の水準が3，各水準に10名の被験者を無作為に割り付けた場合を表している．データは，1セッション当たりの平均誤反応数である．

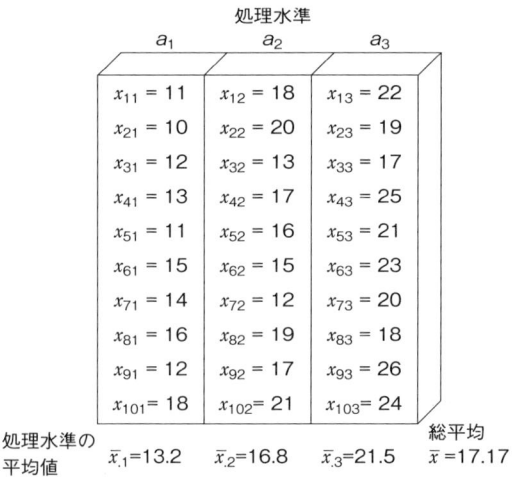

処理水準

	a_1	a_2	a_3
	$x_{11}=11$	$x_{12}=18$	$x_{13}=22$
	$x_{21}=10$	$x_{22}=20$	$x_{23}=19$
	$x_{31}=12$	$x_{32}=13$	$x_{33}=17$
	$x_{41}=13$	$x_{42}=17$	$x_{43}=25$
	$x_{51}=11$	$x_{52}=16$	$x_{53}=21$
	$x_{61}=15$	$x_{62}=15$	$x_{63}=23$
	$x_{71}=14$	$x_{72}=12$	$x_{73}=20$
	$x_{81}=16$	$x_{82}=19$	$x_{83}=18$
	$x_{91}=12$	$x_{92}=17$	$x_{93}=26$
	$x_{101}=18$	$x_{102}=21$	$x_{103}=24$

処理水準の平均値　　$\bar{x}_{.1}=13.4$　　$\bar{x}_{.2}=16.8$　　$\bar{x}_{.3}=21.5$　　総平均 $\bar{x}=17.17$

図 8-22　完全無作為化法にもとづいて3つの処理水準に対応する群を設けた実験により得られたデータ（仮想データ）．

分散分析の最初の第1歩は,図8-23に示したようにデータを図に表現することである．図を描くことで，データの中にある規則性を視覚的にわかりやすく取り出すことができる．このような図に示されているデータの傾向について，確率論にもとづいて条件間で差があるか否かを判定するのである．

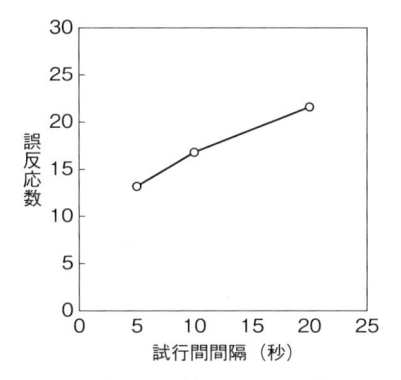

図 8-23　継時弁別手続きにおける試行間間隔の関数としての誤反応数（仮想データ）．

　次のステップは，帰無仮説を設定することである．帰無仮説は以下のようになる．

$$H_0: \mu_1 = \mu_2 = \mu_3$$

　続いて，母集団の分散 σ^2 の推定値を，各列の標本分散の平均値から求める．ただし，標本分散を求めるときには，$n-1$ を用いる．これは，列内変動（SS_{WG}）を表している．

$$SS_{WG} = \frac{\sigma_1^2 + \sigma_2^2 + \sigma_3^2}{3} = \frac{6.40 + 8.40 + 9.17}{3} = 7.99$$

　次に，もうひとつ別の分散 σ^2 の推定値を，3つの列平均から求める．これは，列間変動（SS_{BG}）を表している．

$$\sigma_{\bar{x}}^2 = \sum_{i=1}^{m} \frac{(\bar{x}_{.j} - \bar{x}_{..})^2}{m-1}$$

ただし，$\bar{x}_{.j}$ は列平均，$\bar{x}_{..}$ は列平均の平均を表す．

ここで，**中心極限定理**により，

$$\sigma_{\bar{x}}^2 = \frac{\sigma^2}{n} \quad \therefore n\sigma_{\bar{x}}^2 = \sigma^2$$

であるから，3つの列平均から求めた分散の推定値（SS_{BG}）は，以下のようになる．

$$SS_{BG} = 10 \times \frac{\sum_{j=1}^{3}(\bar{x}_j - \bar{x}_{..})^2}{2} = 10 \times \frac{(13.2-17.17)^2 + (16.8-17.17)^2 + (21.5-17.17)^2}{2}$$
$$= 173.23$$

H_0 が真であれば，SS_{BG}, SS_{WG} は，ともに σ^2 の**不偏推定値**である．これらの不偏推定値の比（F）をとると，およそ1.0になると考えられる．

$$F = \frac{SS_{BG}}{SS_{WG}} \fallingdotseq 1.0$$

一方，H_1 が真であれば，列平均が異なるはずである．SS_{BG} はその影響を受け，大きな値になると考えられる．SS_{WG} は各列の分散を個別に求めているので，その影響を受けないと考えられる．したがって，これらの比（F）は1.0より大きくなるであろう．

$$F = \frac{SS_{BG}}{SS_{WG}} > 1.0$$

この F 統計量は，自由度対 $v_1 = (m-1) = 2$, $v_2 = m(n-1) = 27$ の F 分布にしたがうので，F 値が，H_0 が真のときに期待される F 値と比べて，大きいかどうか判定すればよい．F 値を求めると，以下のようになる．

$$F = \frac{SS_{BG}}{SS_{WG}} = \frac{173.23}{7.99} = 21.68$$

表8-5 完全無作為化法による1要因分散分析表

変動因	平方和	自由度	平均平方	F
列間変動（試行間間隔）	SS_{BG} = 346.47	$m-1=2$	$SS_{BG}/(m-1)=173.24$	21.68
誤差（水準内）	SS_{WG} = 215.70	$m(n-1)=27$	$SS_{WG}/m(n-1)=7.99$	
合計	SS_{TO} = 562.17	$nm-1=29$		

付表Eを見ると，危険率5％のF値は3.35なので，帰無仮説を棄却することになる．分散分析の結果は，以下のような分散分析表としてまとめることができる．

列間変動と列内変動（誤差）の平方和と全体の平方和は，先の分散分割の式から計算することができる．ここで，もう一度示しておこう．また，これから同じような計算をすることになるので，計算過程を分かりやすくするために，Kirk（1982）にならって，各項を略号で示しておこう．

$$SS_{BG} = \{A\} - \{Y\} = \frac{1}{n}\sum_{j=1}^{m}\left(\sum_{i=1}^{n}x_{ij}\right)^2 - \frac{1}{nm}\left(\sum_{j=1}^{m}\sum_{i=1}^{n}x_{ij}\right)^2$$

$$SS_{WG} = \{AS\} - \{A\} = \sum_{j=1}^{m}\sum_{i=1}^{n}x_{ij}^2 - \frac{1}{n}\sum_{j=1}^{m}\left(\sum_{i=1}^{n}x_{ij}\right)^2$$

$$SS_{TO} = \{AS\} - \{Y\} = \sum_{j=1}^{m}\sum_{i=1}^{n}x_{ij}^2 - \frac{1}{nm}\left(\sum_{j=1}^{m}\sum_{i=1}^{n}x_{ij}\right)^2$$

✱乱塊法

第5章で述べたように，実験を行うにあたって，剰余変数を統制することが必要になる．剰余変数として最もよく知られたものは，年齢や性差などの個人差である．このための方法として，実験条件ごとに，たとえば，剰余変数が年齢であれば，同じ年齢の被験者を，ひと固まりとして配置するのである．この方法を**乱塊法**（randomized block design）という．また，乱塊法は，各被験者が3つの実験条件を経験するという場合にも用いられる．これを**被験者内要因実験**または**繰り返し型実験計画**（第6章「繰り返し型実験計画」参照）という．

乱塊法では，被験者要因が第2の要因となるので，各データには，以下のような，試行間間隔（α_j）と個人（β_i）という2要因の効果と誤差の効果が含まれていると考えられる．したがって，乱塊法のモデルは，

$$x_{ij} = \mu + \alpha_j + \beta_i + \varepsilon_{ij} \quad (i=1,\ldots,n; j=1,\ldots,m)$$

となる．

このモデルにもとづいて，分散の分割を行ってみよう．先に述べた分散分割の手順にしたがって式を展開すると，以下のようになる．

$$(x_{ij} - \bar{x}_{..})^2 = \{(\bar{x}_{.j} - \bar{x}_{..}) + (\bar{x}_{i.} - \bar{x}_{..}) + (x_{ij} - \bar{x}_{.j} - \bar{x}_{i.} - \bar{x}_{..})\}^2$$

から，

$$\sum_{j=1}^{m}\sum_{i=1}^{n}(x_{ij}-\bar{x}_{..})^2 = n\sum_{j=1}^{m}(\bar{x}_{.j}-\bar{x}_{..})^2 + m\sum_{i=1}^{n}(\bar{x}_{i.}-\bar{x}_{..})^2 + \sum_{j=1}^{m}\sum_{i=1}^{n}(x_{ij}-\bar{x}_{.j}-\bar{x}_{i.}+\bar{x}_{..})^2$$

$$SS_{TO} = SS_A + SS_B + SS_{RES}$$

となる．ここで，SS_A は独立変数（試行間間隔）の平方和，SS_B はブロック（被験者）の平方和，さらに SS_{RES} は残差である．

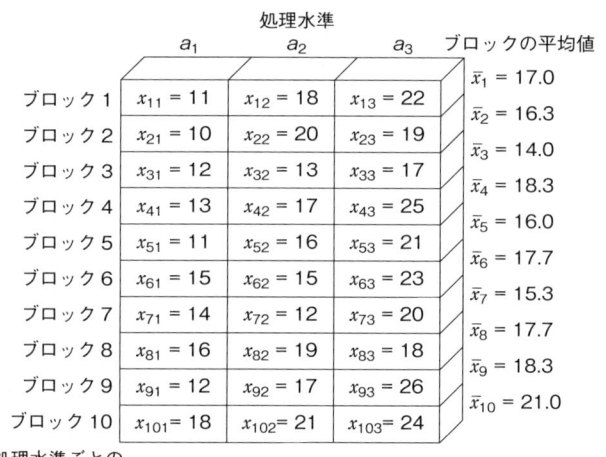

	処理水準 a_1	a_2	a_3	ブロックの平均値
ブロック1	$x_{11}=11$	$x_{12}=18$	$x_{13}=22$	$\bar{x}_1=17.0$
ブロック2	$x_{21}=10$	$x_{22}=20$	$x_{23}=19$	$\bar{x}_2=16.3$
ブロック3	$x_{31}=12$	$x_{32}=13$	$x_{33}=17$	$\bar{x}_3=14.0$
ブロック4	$x_{41}=13$	$x_{42}=17$	$x_{43}=25$	$\bar{x}_4=18.3$
ブロック5	$x_{51}=11$	$x_{52}=16$	$x_{53}=21$	$\bar{x}_5=16.0$
ブロック6	$x_{61}=15$	$x_{62}=15$	$x_{63}=23$	$\bar{x}_6=17.7$
ブロック7	$x_{71}=14$	$x_{72}=12$	$x_{73}=20$	$\bar{x}_7=15.3$
ブロック8	$x_{81}=16$	$x_{82}=19$	$x_{83}=18$	$\bar{x}_8=17.7$
ブロック9	$x_{91}=12$	$x_{92}=17$	$x_{93}=26$	$\bar{x}_9=18.3$
ブロック10	$x_{101}=18$	$x_{102}=21$	$x_{103}=24$	$\bar{x}_{10}=21.0$

処理水準ごとの平均値　$\bar{x}_{.1}=13.2$　$\bar{x}_{.2}=16.8$　$\bar{x}_{.3}=21.5$　総平均値 $\bar{x}=17.17$

図8-24　乱塊法にもとづく剰余変数のブロック化．

図8-24に示したデータは図8-22と同じであるが，分散分析表は，以下のような2要因のものになる．したがって，乱塊法の帰無仮説も2つになる．

$$H_0 : \mu_{.1} = \mu_{.2} = \mu_{.3}$$
$$H_0 : \mu_{1.} = \mu_{2.} = \mu_{3.} = \cdots\cdots = \mu_{10.}$$

上段の帰無仮説は，独立変数の処理水準（a）に関するものであり，下段の帰無仮説は，ブロック（被験者）に関するものである．

表8-6は乱塊法による分散分析表である．ブロック（被験者）要因の平方和と，誤差の平方和の計算には，以下の計算式を用いればよい．その他は，完全無作為化法の場合の計算式と同じである．各要因に対するF値を求めると，それぞれ$F_A = 26.98$，$F_B = 1.73$となる．付表から，自由度対（2, 18）に対する危険率5%の臨界値は3.55であるので，帰無仮説を棄却することができる．一方，要因Bについては，自由度対（9, 18）に対する危険率5%の臨界値は2.46であるので，帰無仮説を棄却できない．したがって，要因Aについては，有意差があるが，要因Bについては，有意差がないという結論になる．

表8-6 乱塊法による分散分析表

変動因	平方和	自由度	平均平方	F
要因A（試行間間隔）	$SS_A = 346.47$	$m - 1 = 2$	$SS_A/(m-1) = 173.24$	26.98
要因B（被験者）	$SS_B = 100.17$	$n - 1 = 9$	$SS_B/(n-1) = 11.13$	1.73
残差	$SS_{RES} = 115.5$	$(n-1)(m-1) = 18$	$SS_{RES}/(n-1)(m-1) = 6.42$	
合計	$SS_{TO} = 562.17$	$nm - 1 = 29$		

$$SS_A = \{A\} - \{Y\} = \sum_{j=1}^{m} \frac{x_{.j}^2}{n} - \frac{x_{..}^2}{nm} = \left(\frac{132^2}{10} + \frac{168^2}{10} + \frac{215^2}{10}\right) - \frac{515^2}{10 \times 3} = 346.47$$

$$SS_B = \{S\} - \{Y\} = \sum_{i=1}^{n} \frac{x_{i.}^2}{m} - \frac{x_{..}^2}{nm} = \left(\frac{51^2}{3} + \cdots\cdots + \frac{63^2}{3}\right) - \frac{515^2}{10 \times 3} = 100.17$$

$$SS_{RES} = \{AS\} - \{A\} - \{S\} + \{Y\} = \sum_{j=1}^{m}\sum_{i=1}^{n} x_{ij}^2 - \sum_{j=1}^{m}\frac{x_{.j}^2}{n} - \sum_{i=1}^{n}\frac{x_{i.}^2}{m} + \frac{x_{..}^2}{nm}$$
$$= (11^2 + 18^2 + \cdots\cdots + 24^2) - 9187.3 - 8941 + 8840.83 = 115.53$$

以上の乱塊法は，2要因を扱っているとはいっても，要因間の交互作用を明示的には扱えない．乱塊法における交互作用の効果は誤差（SS_{RES}）の中に含まれているのである．交互作用を明示的に扱える方法は，完全無作為化要因配置法であるが，ここでは扱わないので，森・吉田（1990）やKirk（1982）を参照してほしい．

●読書ガイド

Feller, W. 1968 *Introduction to probability theory and its applications* (Vol. I, II). 3rd Ed. New York: Wiley.（国沢清典（監訳）『確率論とその応用』紀伊国屋書店 1969）
　＊確率論の古典的名著である．確率論の応用について，豊富な事例が紹介されている．

Gonick, L., & Smith, W. 1993 *The cartoon guide to statistics*. Harper Collins.（中村和幸（訳）『マンガ：確率・統計が驚異的によくわかる』白揚社 1995）
　＊本書の後半は推測統計学の基本概念を扱っている．マンガを用いて簡潔に説明しているので，大変わかりやすい．

Hoel, P. G. 1976 *Elementary statistics* (4th Ed.). New York: Wiley.（浅井 晃・村上正康（訳）『初等統計学』培風館 1981）
　＊初学者向けのテキストとして推薦できる．

Kirk R. E. 1982 *Experimental design: Procedures for the behavioral sciences* (2nd Ed.). Monterey: Brooks/Cole.
　＊本書は英語で書かれてはいるが，確認的データ解析法について詳細な説明があり，内容は平易である．心理学の研究における確認的データ解析のバイブルのひとつである．

北川敏男・稲葉三男『統計学通論　第2版』共立出版 1979
　＊統計学の日本における第1人者である北川博士の教科書．各定理に証明が与えられているので参照するのに便利である．

森 敏昭・吉田寿夫（編）『心理学のためのデータ解析テクニカルブック』北大路書房 1990
　＊本書は確認的データ解析の手法について，それらの考え方と計算例が挙げられているのでわかりやすい．各自のデータに合わせて解析法を選ぶという料理本的使い方もできる．

Siegel, S. & Castellan, N. J. Jr. 1988 *Nonparametric statistics for behavioral sciences*. New York: McGraw-Hill.
　＊1956年刊行のノンパラメトリック検定についての定評のあるテキストをCastellanが改訂し，第2版としたもの．うまくまとめられているので初学者にもわかりやすい．

渡辺利夫『フレッシュマンから大学院生までのデータ解析・R言語』ナカニシヤ出版 2005
　＊本書は，フリーソフトであるR言語をデータ解析に用いるための解説書である．第7章と第8章の内容については，このテキストを参考にすれば，R言語による解析ができる．さらに細

かい問題についてわからないことは，インターネット上の情報を参考にするとよい．

課題8-1：確認的データ解析について述べなさい．
課題8-2：検定の考え方について具体例を挙げて述べなさい．

第9章 各研究分野の典型的研究

サーチン（ルカ［巡礼］の口調をまねて）「みんな，よりよきもののために生きているんだよ！ だからこそ，どんな人間でも，尊敬しなけりゃならんのさ，だって，それがどういう人間で，なんのために生まれて来て，何をしでかすことができるか，それは，わしらにはわかっていないんだからね.」　　　M. ゴーリキイ『どん底』第四幕より

ここでは，心理学の各領域における典型的な研究事例を取り上げて，主として研究法の観点から各領域の研究の特徴を明らかにしていこう．取り上げる領域は，感覚・知覚，学習，記憶，社会，発達，臨床の各領域である．

●感覚・知覚

　感覚や知覚の研究は，ヒトや動物が外界をどのように感じ，どのように見るのかという問題を扱っている．このような問題を扱う分野は，**心理物理学**（psychophysics）とよばれ，物理的世界と心理的世界の間の関係を明らかにすることを目的としている．感覚と知覚過程の性質は，**閾値**（刺激閾・弁別閾）や**主観的等価点**などの，刺激と反応の間の局所的な対応を示す定数として，あるいは**尺度構成**（scaling）のように刺激次元（物理量）と反応次元（心理量）の全体的な対応を示す関数（**心理物理関数**）として表現される．このような心理物理関数の一例は，以下のような**フェヒナーの対数法則**である．

$$R = \log S \qquad (9\text{-}1)$$

ただし，Rは反応（心理量），Sは刺激（物理量）をそれぞれ表す．フェヒナーの対数法則では，反応（心理量）が刺激（物理量）の対数として表現されることを表している．この法則は，経済学において貨幣の主観的価値の変化を表すものとして用いられている．この現象を**限界効用の逓減**という．

　この分野は，近代的心理学の成立前後（19世紀中葉）の時代に，上に述べたフェヒナー，ウエーバー，ヘルムホルツなどの物理学者や生理学者によって確立した．

　般例実験9-1：ミュラー・リヤーの錯視

　視覚における**見えの世界**（心理的世界）と**物理的世界**のズレを端的に示す知覚の現象のひとつに，**錯視現象**がある．ここでは，錯視現象の観察と錯視現象をどのような方法により定量的にとらえるかを見てみよう．矢羽根の長

さの知覚に見られる錯視をミュラー・リヤーの錯視という．これは，以下のような矢羽根図形を用いて，物理的には同じ長さであるが，両端の矢羽根が内側に閉じた形の直線部分の長さを見ると，矢羽根が外側に開いた場合の直線の長さに比べて，短く見える現象である．

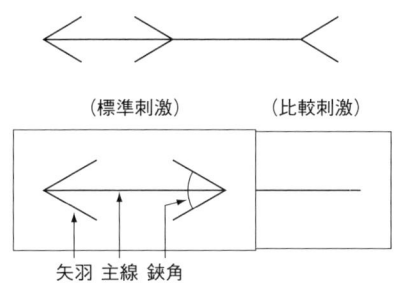

図 9-1 ミュラー・リヤーの錯視図と測定器具の例（木下，2001）．

　方法：直線の長さを測定するための方法として，被験者自らが測定器具（図9-1の左側直線の長さを固定，右側直線の長さを可動式にしたもの）を調節して，標準刺激の直線の長さと等しい長さに見える，比較刺激の直線の長さ（**主観的等価点**）を求める**被験者調整法**を用いる．錯視の程度（錯視量）は，主観的等価点と標準刺激の客観的長さの差である．比較刺激の直線が，明らかに短く見える点から調整を始める**上昇系列**と，逆に，明らかに長く見える点から調整を始める**下降系列**を行い，それぞれの主観的等価点を平均することで，上昇系列と下降系列という手続きのもつゆがみを相殺することができる．錯視量に影響する要因のひとつは，**矢羽根の角度**である．様々な矢羽根の角度条件のもとで主観的等価点を測定することにより，矢羽根の角度の変化と錯視量の変化の法則性（**関数関係**）を明らかにすることができる．ミュラー・リヤーの錯視は誰にでも観察できる**頑健な現象**である．

般例実験9-2：刺激閾の測定

　刺激が，たとえば，視覚刺激の場合，見えたかどうかの境界のことを**刺激閾**（threshold）という．厳密に定義すると，**刺激閾とは，視覚刺激を被験**

者に呈示して,「見えた」・「見えない」という言語反応を求める場合,「見えた」反応と「見えない」反応が半分ずつ起こるとき（確率0.5）の刺激の物理的強さ（強度）である．一方，**弁別閾**とは，ある物理的強度の刺激に対して，その刺激と区別できる最小の刺激強度の増分である．このような閾値は，個体ごとに求められるものなので，基本的に少数の被験者を用いて測定されることが多い．また，測定には1回限りの刺激呈示ではなく，同じ刺激強度を繰り返し呈示する手続きが用いられる（刺激呈示の仕方としては，ランダムな呈示法である**恒常法**が用いられる）．

　方法：明るさの刺激閾を測定するために，複数の明るさ（刺激強度）の異なる視覚刺激を用いる．これらの視覚刺激を短い時間（たとえば，100ミリ秒）ランダムな順番（恒常法）で被験者に呈示し,「見えた」,「見えない」という言語反応で答えてもらう．各刺激の呈示回数は，たとえば，10回として，刺激が5種類あるとすると，実験は被験者ごとに50試行（刺激呈示）行うことになる．

　結果：横軸に刺激の物理的強度をとり，縦軸に「見えた」反応の割合をとって，データを描き，各データ点を結ぶと，S字型の変化を示す心理物理関数となる．このとき，縦軸の「見えた」反応の割合が0.5となるときの横軸の値（点線の矢印），すなわち刺激の物理的強度が刺激閾の値となる．

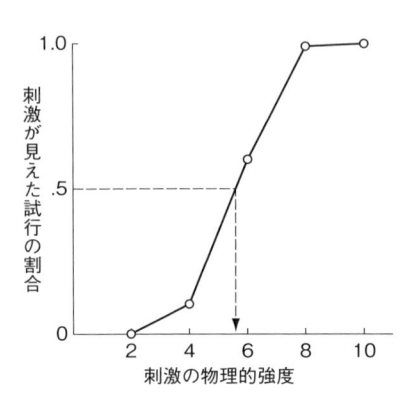

図9-2　横軸に刺激の物理的強度，縦軸に反応の割合をとってデータを描いた心理物理関数の例．

般例実験9-3：マグニチュード推定法による音の大きさの尺度構成

　尺度構成あるいは**尺度化**とは,対象のある状態に対し一定の規則に従って数値を付与することである（印東，1969b）．このための方法には，**間接法**と**直接法**の2つが区別できるが，間接法は何らかの尺度化の理論にもとづいて

データの処理が行われるので，用いられる反応測度も単純であることが多い．一方，直接法では，尺度化の理論にもとづかないかわり，反応に多くの内容を求めることになり，反応測度も複雑になる．尺度化により，刺激次元と反応次元の全体的な対応が，ひとつの関数関係として表現される．ここでは，直接法の例として，スチーブンス（Stevens, S. S.）により考案された**マグニチュード推定法**を取り上げる（Stevens, 1979）．

　スチーブンスは，刺激次元と反応次元の全体的な対応を表す心理物理関数として，以下のような**ベキ関数**を提案した．

$$R = kS^n \qquad (9\text{-}2)$$

$$\log R = n \log S + \log k \qquad (9\text{-}3)$$

ただし，R は反応（感覚量），S は刺激（物理量）を表す．k は比例定数，n はベキ関数の指数であり，ある刺激連続体に固有の値をとる．通常，k と n はデータから推定する．このため，（9-2）の両辺を対数変換して，（9-3）式の1次関数の形にしておくと，n は直線の傾き，$\log k$ が切片の値となるので，これらの推定に便利である．

　被験者：正常な聴力を持つ成人11名（女性4名，男性7名）
　実験手続き：被験者自身が，標準刺激として，ある音の強さ S_0 を呈示し，その反応 R_0 を答える．次に，複数の刺激（S_x）を自ら調整・呈示（操作）し，被験者がそれらの感覚量（R_x）の，R_0 に対する比（R_x/R_0）を数値で回答する．**R_x の R_0 に対する比を求める方法をマグニチュード推定法という**．この方法により得られる数値（尺度値）は，**比例尺度**になる．通常，被験者は，R_0 に対して適当な数値を割り当てるが，このとき，実験者が R_0 に特定の数値を指定する場合（たとえば，R_0 を100とする）があり，これを**モジュラス（基準値）指定法**という．

般例実験9-3
　　Stevens, S. S., & Guirao, M. 1964 Individual loudness functions. *Journal of the Acoustical Society of America*, 36, 2210-2213.

結果：被験者ごとに，(9-3) 式を，得られたデータに当てはめると，各被験者のデータ点を貫く直線（1次関数）が得られる．この1次関数の傾きが被験者ごとの n の値である．図9-3から明らかなように，いずれの被験者のデータも直線になっていることがわかる．各被験者は，アルファベット2文字で表現されている．また，直線の傾きは，0.40から1.10の範囲であり，この図のように，**傾きの大きさの順序に従って並べるとわかりやすい**．

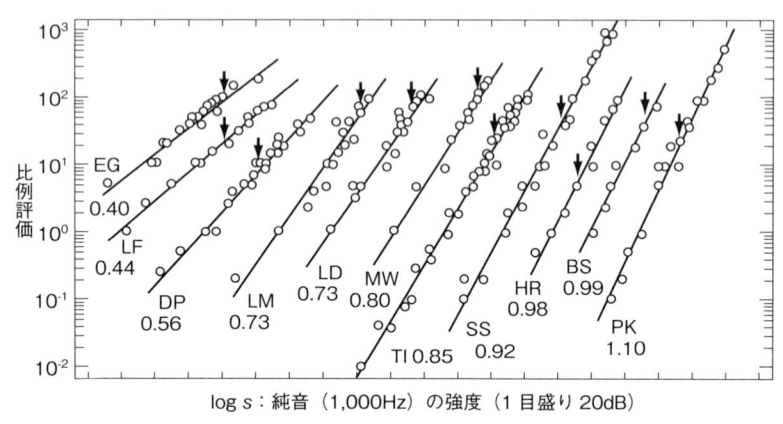

図9-3 マグニチュード推定法による音の大きさの尺度構成．矢印は標準刺激を表す．

●学習

学習には，「反射の原理」と「行為の原理」にもとづく2つの過程が区別される（伊藤, 2005; Mazur, 1994）．学習の実験手続きを，一般に，**条件づけ**（conditioning）という．前者の「反射の原理」にもとづく学習の過程は，**条件反射形成**または**レスポンデント条件づけ**とよばれる．一方，後者の「行為の原理」にもとづく学習の過程は，**オペラント条件づけ**とよばれる．

❋レスポンデント条件づけ

レスポンデント条件づけは，この条件づけを発見した生理学者パブロフの名前からパブロフ型条件づけともよばれる（Pavlov, 1928）．この条件づ

けは，明るいところでは，瞳孔が収縮したり，食物が口中に入ると唾液分泌が生じるなどの，生まれつきの反射の仕組み（生得的反射機構）にもとづいている．このように，各反射にはこのような反射を誘発する，少なくともひとつの刺激が存在している．生まれつきの反射を，**無条件反射**（unconditioned reflex; UR），無条件反射を誘発する働きを持つ刺激を，**無条件刺激**（unconditioned stimulus; US）という．このような生まれつきの反射の仕組みを基礎に，本来，反射を誘発する働きを持たない刺激，たとえば，メトロノームの音を，食物と一緒に呈示することを繰り返すと，メトロノームの音に対しても唾液分泌が生じることである．このとき，メトロノームの音を**条件刺激**（conditioned stimulus; CS），メトロノームの音により誘発される唾液分泌を**条件反射**（conditioned reflex; CR）という．図9-4はレスポンデント条件づけの手続きの模式図である．この条件づけでは，CSがUSに時間的に先行して呈示されること（CSとUSの随伴関係）が重要であり，この時間的関係が逆になると条件づけは困難である．

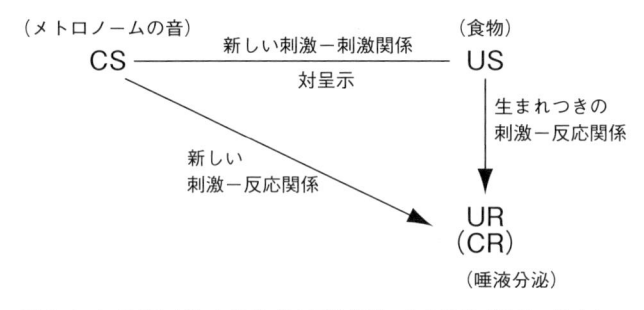

図 9-4 レスポンデント条件づけの模式図．この条件づけは，生まれつきの刺激－反応関係を基礎に，新しい刺激－刺激関係の確立を通して，新しい刺激－反応関係が成立することである．

般例実験9-4：味覚嫌悪学習におけるCSとUSの連合選択性

条件づけの成立には，CSがUSに時間的に先行することだけではなく，CSとUSとの時間的関係，さらに，CSとUSの性質も重要である．ガルシア（Garcia, J.）とケーリング（Koelling, R. A.）は，条件づけがある特定のCSとUS

の間で生じやすいことを見いだした．このような現象を**連合選択性**という．

被験体：シロネズミ

実験手続き：ネズミをサッカリン水溶液（CS1）を飲む群と，水を飲むごとにクリック音とフラッシュ光を呈示（CS2）する群にわける．次に各群のネズミをさらに2群に分け，1群には，X線を照射（US1）し，身体的な不快状態（UR）を生じさせた．もう1群には，電気ショックを呈示（US2）した（**群間比較法**）．その後，この4群について，サッカリン水溶液とクリック音とフラッシュ光が伴う水の摂水を測定した．

結果：X線を照射（US1）された群では，サッカリン水溶液の摂水が抑制されたが，電気ショックを与えられた群では，逆に，クリック音とフラッシュ光を伴う水の摂水が抑制された．すなわち，前者の群では，CS1とUS1が結びついたのに対し，後者の群では，CS2とUS2が結びついたのである．このように，特定のUSが特定のCSと結びつきやすいことは，あらかじめ決められているという意味で，**生物学的制約**（biological constraint）といえる．

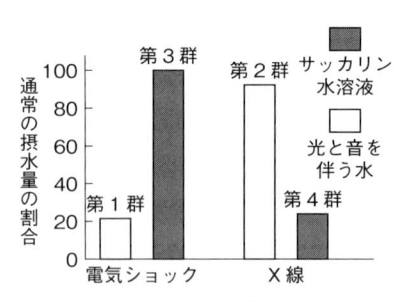

図9-5 電気ショックとX線をUSとした場合の，CSとしてのサッカリン水溶液と音と光が伴う水の条件づけられやすさ．電気ショックの場合には，音と光が伴う水との間に条件づけが成立するが，X線の場合には，サッカリン水溶液との間に条件づけが成立する．Garicia & Koelling（1966）を改変．

般例実験9-5：ヒトの味覚嫌悪学習

ヒトの食物の嗜好（好き・嫌い）も，**味覚嫌悪条件づけ**の過程にもとづいて獲得されたものといえる．たとえば，飢えや渇きを満たす摂食行動や摂水

般例実験9-4

Garcia, J., & Koelling, R. A. 1966 Relation of cue to consequence in avoidance learning. *Psychonomic Science*, 4, 123-124.

行動は，オペラント条件づけにもとづいて，食物や水により強化される．しかし，ある食物を食べた後，吐き気や嘔吐（身体的不調）が起きれば，その食物を避けるようになるであろう．これは，その食物と身体的不調がレスポンデント条件づけにもとづいて，結びつくからである．

　被験者：ガン治療中の子ども（2歳から16歳）41名．

　実験手続き：抗ガン剤の投与は，吐き気や嘔吐を伴う身体的不快感を起こさせる．この実験では，被験者を次の3群に無作為に割り当てた(群間比較法)．**実験群**は，最初に，特別な味付けのアイスクリーム食べた後，15分から60分後に抗ガン剤投与治療を受けた．統制群として，**抗ガン剤投与だけの群と，アイスクリームを食べただけの群**を設けた．この後，2週間から4週間後に，すべての群の子どもに，このアイスクリームとゲーム（4ヶ月半後の再テストでは，別の風味のアイスクリーム）のいずれかを選択させた．

　結果：このアイスクリームとゲームを選択させた結果，抗ガン剤投与だけの統制群や，アイスクリームを食べただけの統制群と比べて，明らかに，この特別な風味のアイスクリームを避けたのである（図9-6）．抗ガン剤が身体的不快感の原因である（アイスクリームが原因ではない）ことを子ども達が理解しているにも関わらず，このアイスクリームを避けたという事実は，条件づけがいかに強力であるかを物語っている．

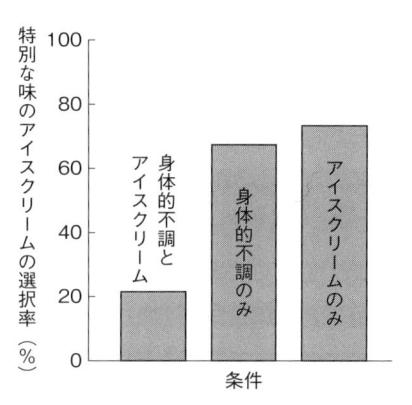

図9-6　味覚嫌悪条件づけの効果．特別な味のアイスクリームを食べた子供たちは，抗ガン剤投与治療を受けた後，この味のアイスクリームを選ばなくなる（ゲームとの比較）．Bernstein (1978) の表から作図．

般例実験9-5
　　Bernstein, I. L. 1978　Learned taste aversions in children receiving chemotherapy. *Science*, 200, 1302-1303.

> **コラム：パブロフ研究所の現在**
>
> パブロフ生理学研究所は，サンクト・ペテルブルグ大学（旧レニングラード大学）の付属研究所のひとつである．建物は同大学の心理学部に隣接して建てられている．写真の右側が心理学部の建物になり，左側の路上にパブロフの胸像が置かれている．この胸像は，彼のノーベル賞受賞（1904年）100年を記念して盛大な式典が挙行された2004年に設置されたものである．
>
> 図 9-7　パブロフ生理学研究所とパブロフのノーベル賞受賞 100 年を記念して 2004 年に建てられた銅像（サンクト・ペテルブルグ大学心理学部 J. Granskaya 博士提供）

✺オペラント条件づけ

　オペラント条件づけは，ソーンダイク（Thorndike, E. L.）の先駆的な研究に始まり，スキナー（Skinner, B. F.）により体系化されたものである（伊藤，2005; Mazur, 1994）．この条件づけは，条件反射とは異なる，生活体（個体）の総体的な行動（行為）の変容を扱うものであり，総体的行動は，生活体により自発され，環境へ働きかける能動的な特徴を持っている．オペラント条件づけとは，行動の結果として生じる環境の出来事によりその後の行動の起こり方が変化すること（行動変容）である．もし，行動が増加するとし

たら，そのときの環境の出来事は，行動を強める働きを持つものといえ，これを**正の強化子**（positive reinforcer）という．また，逆に，行動が減少するとしたら，そのときの環境の出来事は，行動を弱める働きを持つといえ，これを**負の強化子**（negative reinforcer）という．このように，行動を強めたり，弱めたりすることを**強化**（reinforcement）または**弱化**（weakening）といい，強化（弱化）は，オペラント条件づけの基本原理である（伊藤，2005）．

オペラント条件づけの研究は，スキナー箱とよばれる実験箱（Ferster & Skinner, 1957）を用いて行われるが，この装置は，様々な要因の実験操作を可能にする自動化された実験空間である（第3章「習得的行動」参照）．また，この装置は，ソーンダイクの問題箱や迷路という装置とは異なり，行動を，ハトの場合はキイつつき反応，ラットの場合はレバー押し反応のように，時間軸上で起きる出来事としてとらえる点に特徴がある．

般例実験9-6：強化量の選択行動の数理分析

強化量と遅延時間という2つの要因からなる選択肢間の選択は，以下の数式にもとづいて行われると考えられる．この数式は，選択反応比と強化量比または遅延時間比が一致すること（対応関係），言い換えると，選択反応が，選択肢を構成する強化量と遅延時間により決まることを表している（伊藤，1983, 2005; Rachlin & Green, 1972; 高橋，1997）．この関係を**対応法則**(the matching law)という．

$$\frac{R_1}{R_2} = \frac{A_1}{A_2} \cdot \frac{D_2}{D_1} = \frac{A_1}{A_2} \cdot \frac{I_1}{I_2} \quad (9-4)$$

ただし，Rは選択反応，Aは強化量，Dは遅延時間を表す．添え字1と2は，2つの選択肢を表す．遅延時間は，すぐに得られることが強化事象なので，

般例実験9-6
  Ito, M., & Asaki, K. 1982 Choice behavior of rats in a concurrent-chains schedule: Amount and delay of reinforcement. *Journal of the Experimental Analysis of Behavior*, 37, 383-392.

即時性（$I = 1/D$）で表現できる．

Ito & Asaki（1982）は，(9-4)式は2つの遅延時間が異なる場合に，選択データをうまく記述できるが，2つの遅延時間が等しく（$D_1 = D_2$），等しい遅延時間が増加する場合には，選択データをうまく扱えないことを見いだした．

被験体：シロネズミ14個体

実験手続き：並立連鎖スケジュールによる同時選択手続きを用いて，5秒から20秒の範囲の等しい遅延時間を4条件設け，ネズミに強化量（餌ペレット1個と3個）の選択を行わせた．**繰り返し型の実験手続き**（A-B-A実験計画）により，個体内で同じ遅延時間の再現性を確認する方法を用いた．各個体ごとに用いられた遅延時間は異なるので，すべての個体で，5秒から20秒の範囲を行ったわけではない．このため，この範囲の変化を見るためには，すべての個体データをまとめた図が必要である．

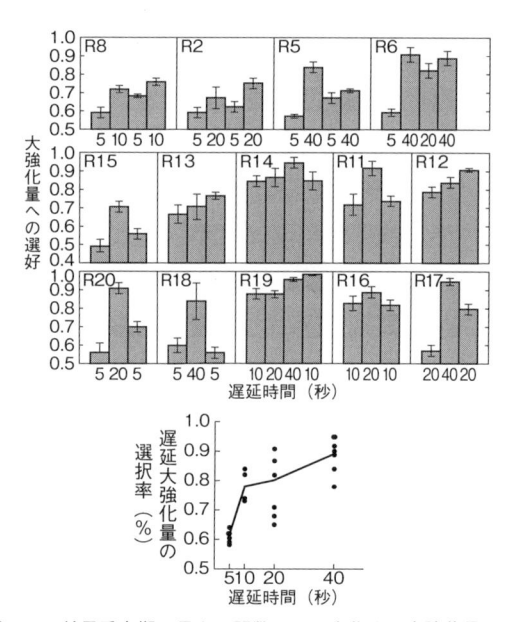

図 9-8 結果受容期の長さの関数として変化する大強化量へのネズミの選好．上の図は個体ごとの選好の変化を，下の図は全体の選好の変化を表している．Ito & Asaki（1982）を改変．

結果：ネズミの餌ペレット3個への選好が，等しい遅延時間の増加とともに大きくなることが見いだされた（図9-8）．各個体データで遅延時間の効果が再現性をもって認められた．これらの個体データの平均値を求めてみると，等しい遅延時間が5秒のときは，選択率は0.6前後であったが，等しい遅延時間が20秒のときは，選択率はさらに大きく，0.9前後まで増加した．この事実は，遅延時間が2つの選択肢で等しい場合には，選好が一定（餌ペレットの違いだけ）になることを予測する（9-4）式の限界を示している．

図9-8の上の図は個体内で再現性を見たものであり，個体内比較法におけるデータ表示の典型例を示している．

般例実験9-7：ハトによる記号を用いた内的状態の報告

動物においても記号を用いた個体間の情報伝達が，適切な条件づけ手続きを適用することで，可能となる．ここでは，自己の生理学的変化を，記号により表現できることを明らかにした，ルビンスキー（Lubinski, D.）とトンプソン（Thompson, T.）のハトを用いた実験を紹介する．これは，個体ごとに適切な強化随伴性を設定するので，**1事例の実験計画**といえる．

被験体：ハト2個体

装置：図9-9は，2個体のハトが自己の内的状態を報告するのと類似したコミュニケーションを行うための装置を示している．

実験手続き：各ハトに，3種類の薬物投与の状態を区別させるために，**条件性弁別**（伊藤，2005）を行う．すなわち，興奮薬，抑制薬または生理食塩水に対応する記号（N, D, Σ）を選ぶように訓練する．続いて，これらの記号と各薬物の英文の頭文字（S, C, P）とを，対応させる象徴見本合わせ手続きを用いて訓練する．

結果：このような訓練を行った後で，パネルの右側の個体に薬物（興奮

般例実験9-7
　Lubinski, D., & Thompson, T. 1987 An animal model of the interpersonal communication of interoceptive (private) states. *Journal of the Experimental Analysis of Behavior*, 48, 1-15.

薬, 抑制薬または生理食塩水) が投与される. 最初は, 左側の個体が「どう感じる?」というキイをつつく. すると, 薬物を投与された個体が, 3つの状態のどれかを表すキイをつつく. 続いて, 左側の個体は, その報告を,「ありがとう」キイをつつくことで強化 (条件性強化) する. 最後に, 左側の個体が, 報告された内的状態を表す記号 (N, D, Σ) を見本刺激として, これらに対応する別の3つの記号 (S, C, P) の内のひとつをつつく (「それは○○ですね」に相当する). これが正しければ, 左側の個体は, 餌で, 右側の個体は水で強化されるのである. この一連の行動から, ハトは自己の内的状態 (私的出来事) を公共的な対応物 (記号) によって表すことができることを示している.

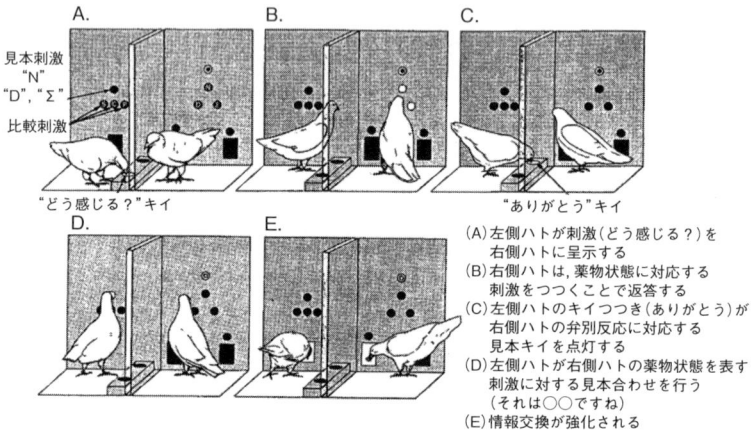

図 9-9 ハトによる内的状態 (内受容刺激) の記号による報告. Lubinski & Thompson (1987) を改変.

●記憶

　記憶 (memory) とは, あるものや, 出来事を**憶える**という活動である. なぜ, あるものを憶えるのは簡単なのに, 他のものを憶えるのは難しいのだろうか. あるいは, あるものは憶えているのに, 他のものは忘れてしまうのは, どうしてだろうか. こうした疑問に答えようとするのが記憶研究であ

る.

　具体的な問題で考えてみよう．たとえば，簡単な記憶実験として，以下の数字やアルファベット文字を憶えてみよう（図9-10）．まず，15秒間眺めてから，刺激を隠した後，どれくらい正確に，順番通りに思い出せるかを調べてみる．おそらく，数字の場合は，6個または7個くらいしか思い出せないであろう．

　この活動は，憶える過程（**記銘**），憶えたものを蓄える過程（**保持**），蓄えたものを表出する過程（**想起**）からなる．想起には，**再生**と**再認**が区別される．憶えたものからある項目を探しだす過程を**検索**という．記憶には，電話帳で調べた番号を，電話をかけるまで憶えているような**短期記憶**（short-term memory）の過程と，自宅の電話番号や知識のように，すでによく憶えている**長期記憶**（long-term memory）の過程に分けられる．現代の記憶研究は，記憶のメカニズムを，コンピュータのハードウエアの仕組みになぞ

```
3 9 2 0 7 8 6 3 6 2 3 7
0 0 0 0 0 1 0 1 0 0 1 1
        GAB
        QEF
        LIP
        CAH
```

図9-10　12桁の数字とアルファベット3文字からなる刺激語．

らえて理解しようとする**コンピュータ・アナロジー**（第1章「現代心理学の新しい方法」参照）にもとづいている（Lindsay & Norman, 1977; Norman, 1969）．このため，記憶のメカニズムを情報処理の過程として理解しようとしている（Miller, 1956）．このような考え方のひとつは，**情報処理の過程**を，皮膚の内側にそれぞれの処理を受けもつ主体（悪魔）を想定することによって説明しようとするものである（図9-11）．これを情報処理の**パンディモニュアム（伏魔殿）モデル**という（Lindsay & Norman, 1977）．

　記憶研究の方法は，記憶の先駆的研究を最初に行ったエビングハウスの考案した方法と基本的には変わらない．この方法は，**無意味つづり**（nonsense

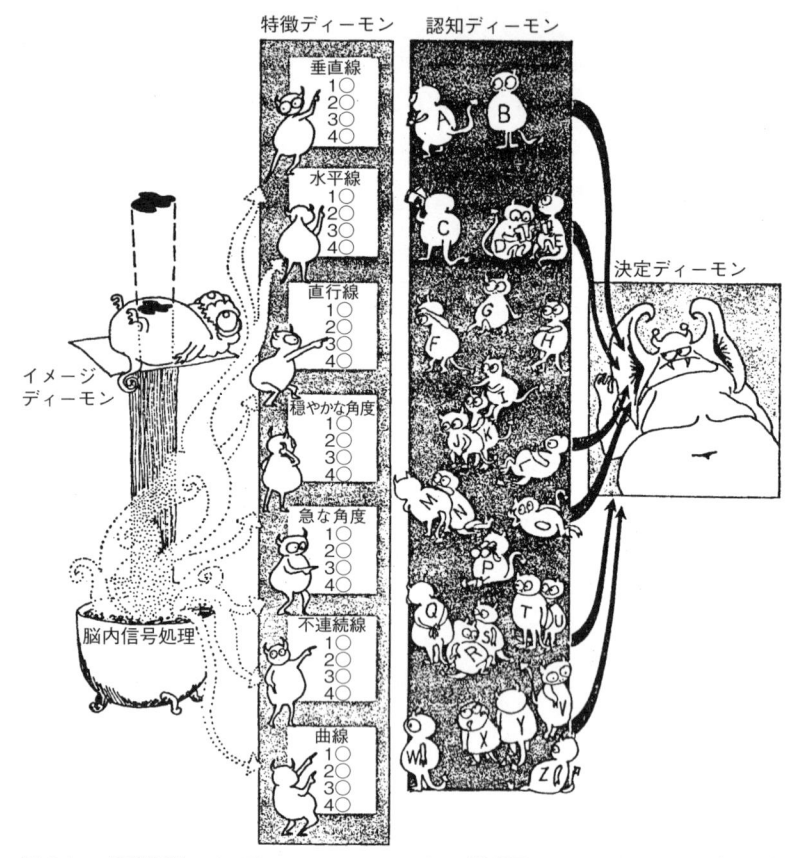

図 9-11　情報処理のパンディモニュアム・モデルの模式図．Lindsay & Norman（1977）を改変．

syllable）を刺激材料とし，それらの刺激をひとつずつ呈示し，被験者が憶えた後に，再びすべての刺激を憶えるのにどの程度の試行が必要であるかを調べる**節約法**を用いるものである．

　被験者がどの程度憶えているかを測定するには，この他に，刺激材料をどの程度正しく思い出したかを調べる**再生法**や，憶えた刺激材料を含む刺激リストを被験者に呈示して，憶えている刺激材料に印をつけて調べる**再認法**という手続きも用いられる．

　無意味つづりとは，たとえば，アルファベット3文字語の場合，BAQ, CEX,

DALなどのように，意味のないつづりのことである．これが，たとえば，IBM, DEC, NECとなると何らかの意味をもったものになる．このような無意味つづりを刺激として用いる理由は，刺激間の憶えやすさや，被験者ごとの知識の違い（たとえば，IBMという略号を会社の名前として知っている人と，知らない人がいる可能性がある）をなくすためである．

エビングハウスは，このように，記憶研究における方法論を確立した先駆者である．

般例実験9-8：エビングハウスの記憶研究

被験者：エビングハウス自身

実験手続き：上に述べたような無意味つづり13個のリストを刺激材料として，ひとつずつ一定の時間間隔で呈示して学習した．十分に憶えた（原学習）後，一定の時間後に再び憶えるまで学習を行う．学習できるまでの試行数と原学習に要した試行数の比率を測度（節約率）として，忘却量を表現した．

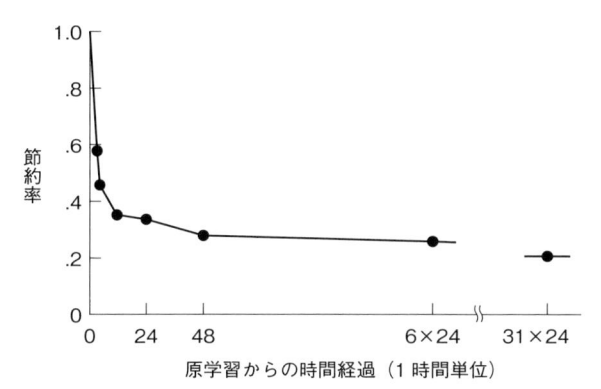

図9-12 エビングハウスの見いだした忘却曲線．20分後には節約率が0.6以下になったが，1ヶ月後でも節約率0.2程度は保持されている．Ebbinghaus（1885）を改変．

般例実験9-8
　Ebbinghaus, H. 1885 *Über das Gedachtnis*. Leipzig: Dunker & Humbolt.

結果：縦軸に節約率をとり，横軸に再生時の時間間隔をとってデータを描くと，いわゆる**忘却曲線**（forgetting curve）が得られる．最初のデータ点は，20分後であるが，この時点で，すでにかなりの忘却が生じていることがわかる．しかし，この忘却は，ある時点以後ではほとんど変わらなくなり，ある程度保持されていることが明らかにされた．

般例実験9-9：不思議な数7，プラス・マイナス2

記憶に関する実験の結果は，**情報理論**にもとづく**情報量**という新しい概念を適用することにより分析することができる．ミラー（Miller, G. A.）は，情報理論の枠組みから，ヒトを一種の通信システムとしてとらえ，情報量という定量的単位を用いて，入力情報がどのように正確に伝達されるのか，言い換えれば，ヒトのもつ情報処理の容量を定量的に明らかにした．この論文のなかでミラーが取り上げた実験は，刺激の様々な側面の大きさを直接判断する「**絶対判断**」の実験とよばれる．これらの実験結果をまとめると，絶対判断できる単一次元の刺激変数の大きさには，はっきりとした限界があることが明らかになった．これは絶対判断の範囲とよばれ，7付近になる．たとえば，項目のリストを記憶する実験では，約7項目を憶えることができる．

また，この限界を超えて情報処理の容量を増やすには，刺激項目を適当な対にまとめ，それに対応する1個のコード（符号や数字）を憶えればよい．これを**チャンク**（または**再コード化**）という．たとえば，図9-10の0と1の数字を例にとってみよう．これを以下のような3つずつの4群に分け，これらに別の数字を対応させるのである．

図9-13の例は，2進数を3つずつの4群に分けることで，8進数として

まとめられた対：	000	001	010	011
チャンク：	0	1	2	3

図9-13 分割された刺激項目と対応させたコード．

般例実験9-9
　　Miller, G. A. 1956 The magical number seven, plus or minus two: Some limits on our capacity for processing information. *Psychological Review*, 63, 81-97.

表現したことに相当する．情報量とは，等しい確率の選択肢間で判断をくだすために必要な情報の単位（ビット）である．たとえば，1ビットとは，2つの等しい確率の選択肢間で判断するための情報である．2ビットの情報量があれば，4つの等しい選択肢の間の判断を下すことができる．3ビットの情報は等しい確率の8個の選択肢，4ビットの情報は等しい確率の16個の選択肢について判断を下すことができるのである．

方法：被験者に区別しなければならない刺激の選択肢（刺激項目）を呈示して，憶えてもらう．憶えるのに必要な時間は，被験者に自由に与える．刺激選択肢の数を増やすことで，どの程度の選択肢数のときに刺激間の混同（誤り）が生じるかを調べる．

結果：このような手続きで憶えた項目を思い出すことができる項目数は，7前後である．しかし，上に述べたように，再コード化（チャンク）することにより，項目数を見かけ上，さらに増やすことができる．**情報量**という観点から見ると，ヒトの情報処理容量は，**3ビット以下**ということになる．

●社会的行動

社会的行動とは，個体間の相互作用である．個体間の相互作用の分析は，ある時点における，ある個体と別の個体との関係という空間的な関係の分析である．一方，個体の行動分析とは，ある空間におけるある時点と別の時点間の関係という時間的な関係を分析することである（図9-14）．このように考えると，個体の行動の研究法と個体間の相互作用の研究法は，基本的には異なるところはないといえる．たとえば，ある個体にとって他個体は，一種の環境であると考えられるので，社会的場面とは，実験箱の中の個体が置

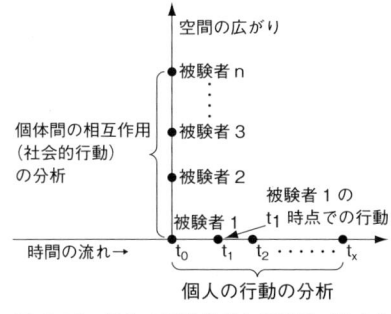

図9-14 個体の行動分析と個体間（社会的行動）の行動分析の関係を表す概念図．

かれている状況と，基本的には同じものといえるのである．したがって，社会的行動の分析も，結局は個体の行動の分析に還元されることになる．他個体が環境であるということは，他個体の行動も刺激として何らかの働きを持つことになる．このような社会的相互作用の考え方は，ミード（Mead, G. H.）の「社会行動主義者からみた精神・自我・社会」（1934）の中で述べられている．この実証的データとして，他個体の行動が手がかり刺激（弁別刺激）として働くことが，ネズミやニホンザルで確かめられている（伊藤，2005）．

般例実験9-10：他者の存在の影響（同調行動）の研究

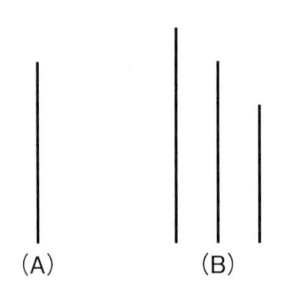

図 9-15a 判断の対象となった線分の長さ．標準刺激（A）と比較刺激（B）．Asch（1955）より．

社会的場面とは，他者が存在する場面である．他者の存在は何らかの影響を与えると考えられる．そのような他者からの影響のひとつが同調行動である．**同調行動とは，一般に，集団や他者の影響の結果として，ある個人の意見や行動が変化することである**（Aronson, 1972）．アッシュ（Asch, S. E.）は，小集団の中で線分の長さの判断が他者の意見の影響により変わるという同調行動の起こることを初めて実験で明らかにした．

被験者：7名．ただし，1名の被験者以外はサクラであった．

実験手続き：7名からなる小集団を設定し，図9-15aに示したように，標準刺激である線分の長さ（A）と同じ長さの線分は，3つの比較刺激のうちどれであるかを判断させる課題を用いた．サクラたちが正しい刺激ではないものを同じ長さの線分であると主張することで，被験者の意見が変化するか否かを調べた．

般例実験9-10
　Asch, S. E. 1955 Opinions and social pressure. *Scientific American*, November, 32-35.

結果：標準刺激と同じ長さの線分は，比較刺激の真ん中の線分であるが，サクラの意見を聞いた後では，被験者の意見は，サクラたちの間違った意見の影響を受けることが示された．図9-15bは，実際の実験状況と被験者のあまり納得していない様子が見てとれる．この実験の統制条件として，被験者に，他者のいない場面で線分の長さを判断させることが必要である．

図 9-15b　同調行動の実験場面．左から時計回りに6番目の人物が被験者であり，他はサクラである．Asch（1955）より．

般例実験9-11：ゲーム理論による社会的相互作用の分析

ゲーム理論とは，数学者のフォン・ノイマン（von Neumann, J.）と，経済学者のモルゲンシュテルン（Morgenstern, O.）が定式化した社会的行動の分析のための枠組みのことである（von Neumann & Morgenstern, 1944）．ゲームとは，一般に，賭けやトランプゲームのように勝ち負けのあ

般例実験9-11
　　Green, L., Price, P. C., & Hamburger, M. E. 1995 Prisoner's dilemma and the pigeon: Control by immediate consequence. *Journal of the Experimental Analysis of Behavior*, 64, 1-17.

る遊びのことであるが，彼らは，利害の対立する場面における自己と他者の選択を，「協力」と「裏切り」という最も単純な二者択一の選択肢からなるものとし，選択結果が自己の選択だけではなく，他者の選択に依存して決まる一定の利得構造（選択結果）を仮定した．つまり，ゲーム理論とは，利得表にもとづく相互依存的選択行動の分析枠組みといえる（Poundstone, 1992）．

グリーン（Green, L.）らは，ゲーム理論における「**囚人のジレンマ**」ゲームと「**チキン**」ゲームの利得構造をもつ場面で，ハトの相互依存的選択行動を分析した．彼らが用いた2人ゲームの利得表を説明すると，図9-16に示したように，自分も相手も「協力」を選べば，3単位の報酬（この実験では1個45mgの餌ペレット）が得られた．一方，自分は「裏切り」を選び，相手が「協力」を選ぶと，自分にとって報酬が最も大きくなった（自分は5単位，相手は0単位）．2つの利得表の違いは，自分も相手もともに「裏切り」を選んだ場合である．囚人のジレンマゲームの場合には，自分も相手も1単位の報酬になるが，チキンゲームでは，自分も相手も報酬が得られない（0単位）という最悪の結果になる．

ここでは，相手（コンピュータ）の選択の仕方（方略）により，ハトの「協力」選択がどのような影響を受けるかを検討した．この手続きにおけるコンピュータとの対戦は，「方略」の要因の効果を調べるための**独立変数の操作**である．

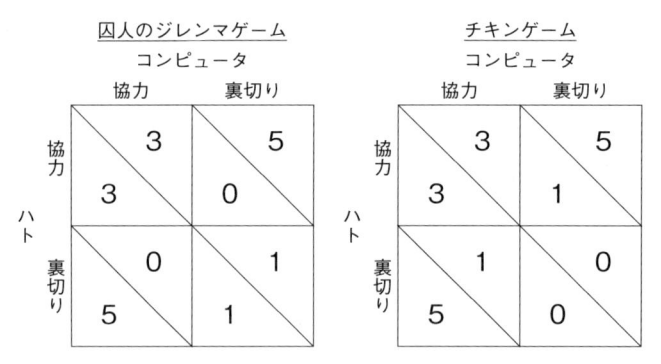

図9-16 囚人のジレンマゲームとチキンゲームの利得表．Green et al.（1995）を改変．

被験体：ハト4個体.

実験手続き：この目的のため，実験者が方略を操作するコンピュータと対戦する手続きを用いた．このような手続きは，相手の方略を操作する統制条件の手続きとしてよく用いられている．コンピュータの方略として，**ランダム方略**と，先の試行における相手の手を，次の試行でまねる**しっぺ返し**（tit for tat; TFT）**方略**の効果を調べた．ランダム方略は，TFT方略の統制条件という意味をもっている．

結果：ハトの協力行動は，ランダム方略はもちろんのこと，しっぺ返し方略を用いても増加しないことが認められた．この理由は，この実験の手続き上，コンピュータの方略がしっぺ返し方略であるとすると，「裏切り」選択の次試行では，続けて「裏切り」を選んで，遅延時間なしに小さい利得（小強化量）を得るのか，「協力」を選んで，遅延時間後に大きい利得（大強化量）を得るのかという**自己制御**の選択状況になるので，このような状況に直面すると，多くの場合，衝動的選択（遅延時間なしに小さな利得を得る）になるからであると解釈された．

コラム：映画『戦場のピアニスト』と『暗い日曜日』：協力と裏切り

　ロマン・ポランスキー監督の『戦場のピアニスト』（2002年制作）は，ナチス・ドイツ占領下のワルシャワで強制収容所行きを免れたユダヤ系ポーランド人のピアニスト・シュピルマンが善意の人々にかくまわれ，極限の状況のなかで，最後にはドイツ軍将校ホーゼンフェルト大尉に音楽を通して命を助けられる物語である．この映画のクライマックスでは，シュピルマンが身を隠していた，廃墟となったワルシャワ市街の家でホーゼンフェルト大尉が弾くベートーベンのピアノソナタ「月光」と，見つかって尋問する大尉の前で，月明かりのもと，シュピルマンが弾くショパンの「バラードト短調」のメロディーが交差し，極めて印象的である．シュピルマンの奇跡的といえる生還は，敵と味方の多くの人々の協力によるものであったが，そこには，また裏切りもあったこと

を映画は淡々と描いている．シュピルマンを助けた人々の多くはドイツ軍に捕らえられ，また，ホーゼンフェルト大尉も，後にソ連軍に囚われの身となり，祖国に生きて帰ることはなかったのである．

　一方，ロルフ・シューベル監督の『暗い日曜日』（1999年制作）は，同じ第2次世界大戦前夜のブタペストのレストランを舞台に，若者を自殺へと誘うメロディーとして1930年代に流行したシャンソンの名曲「暗い日曜日」の誕生と，このレストランを切り盛りする美しい女性イロナを巡る，レストラン経営者ラズロ，専属ピアニストのアラディ，ドイツ人実業家ハンスの友情と愛の行方を描いたものである．ここでも，「戦場のピアニスト」と同じように，協力と裏切りの織りなす人生の綾が描かれている．イロナに失恋して投身自殺を図ったハンスは，ラズロに助けられる．またアラディも，自分の作曲した「暗い日曜日」をレコード会社へ売り込むのをラズロに助けてもらう．こうして親交を深めた3人の男の運命は，ハンスが後に，ドイツ軍将校となって再びブタペストに現れたことから急変するのである．アラディは，変わってしまったハンスへの抗議から自殺してしまう．ラズロが強制収容所送りとなったとき，イロナは，ハンスに自分の体と引き替えに彼の助命を哀願する．しかし，皮肉なことに，彼は金品と引き替えに，自分の事業に役立ちそうな人間しか助けなかったのである．ラズロが強制収容所行きの列車に乗り込もうとするとき，そこに現れた，親友のはずのハンスが，別の男を助けるのを呆然と見つめるラズロの目は，死の予感とともに，人

アウシュビッツ 第二収容所「ビルケナウ」
ポーランドのオフィエンチムで．提供 朝日新聞社

生の不条理を映しているようであった.
　戦後,ユダヤ人を救った人として賞賛され,実業家として成功を収めた彼は,80歳の誕生祝いに,妻や家族を伴って再びこのレストランを訪れる.そこで懐かしい料理と例のシャンソンをリクエストする彼に,恋人の命を奪われたイロナが毒をもって復讐するのであった.「今日はなんと暗い日曜日になったことでしょう」という放送記者の声が流れて映画は終わる.

般例実験9-12:社会割引からみた利己性の日米韓異文化比較研究

被験者に,今すぐもらえる1万円と半年後にもらえる1万円のいずれかを選ばせると,前者が選ばれる.確実にもらえる1万円と不確実にもらえる1万円の場合には,やはり前者が選ばれる.こうした事実を,**報酬の価値割引**(discounting)という.最初の設問の割引現象を,**遅延割引**(delay discounting),2番目の設問の割引現象を,**確率割引**(probability discounting)という.価値割引の現象は,このような設問を行うことで確認できるが,報酬の価値が,どのように割り引かれるかを知るためには,少し工夫が必要である.このためには,たとえば,遅延割引の場合,さまざまな遅延される報酬額に対して主観的に等価と感じられる即時報酬額(主観的等価点)を求めることである.この主観的等価点を縦軸に,遅延時間を横軸にとってデータを描くと,報酬が割り引かれる様子が示される.このデータには**双曲線関数**(hyperbolic function)モデルが,よく当てはまることが明らかになっている(Rachlin, Raineri, & Cross, 1991).このような割引過程は,社会的文脈においても考えられる.たとえば,自分1人で独占できる1万円と,他者と共有する1万円のいずれかを選ぶかを問えば,前者を選ぶ

般例実験9-12
　伊藤正人・佐伯大輔　2002　日本の大学生はこんなに利己的:他者との共有による報酬の価値割引から見た日米韓異文化比較研究　日本心理学会第66回大会発表論文集164

であろう．これを**社会割引**（social discounting）という．この社会割引の過程は，以下の式により記述することができる．

$$v = \frac{A}{1 + sN} \qquad (9\text{-}5)$$

ただし，vは割り引かれた報酬金額，Aは報酬金額，Nは共有する他者の人数，sは**利己性**の程度を表すと考えられる割引率である（Ito & Saeki, 2000）．完全に利己的でない（つまり，利他的である）とする（$s = 0$）と，報酬の価値はAそのものになる（$v = A$）．逆に，完全に利己的であるとする（$s \geq 1.0$）と，報酬の価値は（9-5）式に示されているような割り引かれたものになる．

このような主観的等価点を求める手続きには，仮想の報酬金額と質問紙を用いる方法と，実際の金銭報酬や得点が得られる選択手続を用いる方法が区別できる（伊藤，2000）．ここでは，質問紙による社会割引率を，利己性の測度とした異文化比較研究を紹介する．

被験者：日米韓の大学生各約500名，合計約1,500名

実験手続き：日本語版の質問紙とその英語版と朝鮮語版を作成した．作成に当たっては，英語版や朝鮮語版から日本語版への**逆翻訳**（back translation）を行って同じ意味になることを確かめた（岩脇，1994）．2つの集団条件（家族・親類と面識のない他者）と共有人数条件5条件（1人，2人，8人，14人，24人）ごとに，共有する13万円（1,300ドルまたは130万ウオン）と独占する金額（円，ドルまたはウオン）を30段階に変化させ，共有する金額と主観的に等価となる独占金額（等価点）を求めた．等価点は，選択が変化した前後の独占金額の平均値とした．

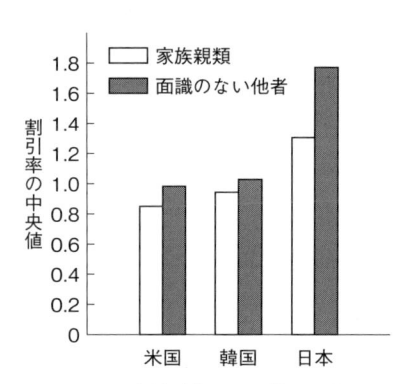

図 9-17 社会割引率の日米韓異文化比較．伊藤・佐伯（2002）より．

結果：個人ごとに，(9-5) 式を当てはめて得られた社会割引率の中央値を比較すると，図9-17に示されているように，各国とも面識のない他者集団では割引率が高いこと，いずれの集団条件でも日本の割引率は米国と韓国と比べてかなり高いことが明らかになった．このことは，**日本の大学生がかなり利己的である**ことを示唆している．この結果は，ベネディクト（Benedict, R.）の『菊と刀』（Benedict, 1946）以来の日本人の「集団主義」と欧米の「個人主義」という通説を覆すものといえる（高野・逢坂，1997）．

●発達

発達とは，人が誕生してから死ぬまでの間に，加齢とともに，知・情・意という心理的な働き（心的機能）が変化することであり，発達研究とは，このような変化の過程を明らかにしようとするものである．このような見方の研究は，**縦断的研究**とよばれるが，一方，ある時点において，異なる年齢群の比較を行う場合を**横断的研究**という．

発達研究にとって重要な課題は，心的機能がどのように変化するのかを明らかにするだけではなく，どのような要因がこのような変化を生じさせるのか，あるいは生じさせないのかを明らかにすることである（Bower, 1978）．現在，このような変化には，人が生まれつき持っている性質（**遺伝的あるいは生得的要因**）と，人が生まれてから経験を通して獲得した性質（**経験的あるいは習得的要因**）があると考えられている．心理学において生得説と経験説はこれまで論争の的であったが，とりわけ発達の分野では，この問題は厳しい論争を生んできた．

また，このような変化が**連続的**なものであるとする考え方と，**非連続的**なものであるとする考え方の間にも論争がある．後者の考え方を代表するのは，発達心理学の分野で大きな足跡を残したスイスの心理学者ピアジェ（Piaget, J.）である．彼は，人の知的な働き（知的機能）が4つの段階からなるものと考えた．最初の段階は，まだ言語を獲得する以前の乳幼児期であり，誕生からおよそ18ヶ月から24ヶ月齢まで続く**感覚運動期**とよばれる．

次の段階は，2歳から6歳頃までの**前操作期**である．続いて，7歳から10歳頃まで続く**具体的操作期**に移行する．11歳以降の最後の段階は，**形式的操作期**とよばれる（Piaget, 1964）．

発達研究は，主に2つの側面に注意を向けている．ひとつは，人は物理的世界に対して適切に対処していかなければならないことである．これを**認知の発達**という．もうひとつは，親を含む対人的な世界にも対処しなければならないことである．これを**社会性の発達**という．ここでは，前者の例として，液量保存の実験を取り上げる．また，後者の例として，社会化のひとつの側面と考えられている自己制御の研究と，この分野の最近の話題となっている「心の理論」の実験を取り上げてみよう．

般例実験9-13：液量保存の実験

人が外界に対処するためには，外界に対する認識や，概念などを獲得していく必要がある．たとえば，物の名前や，物と物との空間的な関係，物の大きさや体積などを知ることは，外界に適切に対処するための前提になる．このような認識が，加齢とともに，どのように変化して行くのかを明らかにすることは，発達研究の重要な課題のひとつである．ここでは，液量保存の実験を見てみよう．液量保存とは，ある容器に入れられた水が別の形状の異なる容器に移し替えられたとき，見かけ上は異なって見えるが，子どもにとって，液量全体としては同じであるという理解が得られるかという問題である．

被験者：就学期前後の子ども．

実験手続き：子どもの目の前で，図9-18に示したように，コップ（A）に入った水を細長いコップ（B）に移し替えたときに，このコップの中の水は同じ量であるかどうかをたずねてみる．

結果：このような問題を4歳から5歳の子どもにたずねると，Bのコップ

般例実験9-13
　Piaget, J. 1952 *The child's conception of number*. London: Routledge & Kegan Paul.

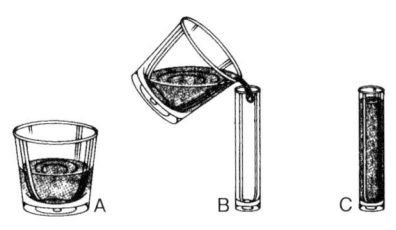

図9-18 液量保存の実験手続き．Bower（1979）より．

は背が高いので水の量も多いと答えた．ところが，6歳から7歳の子どもは，何も付け加えられていないし，何も取りのぞかれていないから，コップの水の量は同じだと答えた．このように，年齢により理解が異なるのは，子どもの認知能力が，前操作期から具体的操作期へ移行するからであると説明される．

般例実験9-14：自己制御と衝動性の発達的研究

発達心理学における**自己制御**（セルフコントロール）の研究は，子どもから大人への**社会化**の過程を扱っている．子どもから大人になる過程は，目先の小さな利益を我慢して，将来の大きな利益を得ることができるようになること，つまり自己制御を獲得する過程である．自己制御がいつ，どのようにして獲得されるのかを明らかにすることは，発達心理学の重要な課題のひとつである．

自己制御の問題を選択行動として見ると，**衝動性とは即時に得られる小さな利益を選ぶことであり，自己制御とは待たなければならない大きな利益を選ぶことである**．自己制御の研究は，ミッシェル（Mischel, W.）らの具体的場面における選択を用いた認知的研究（Mischel, Shoda, & Rodriguez, 1989）と，ローグ（Logue, A. W.）らの動物実験の手続きに類似した同時選択手続きを用いた行動的研究に分けられる（Logue, 1988）．ここでは，後

般例実験9-14
　Sonuga-Barke, E. J. S., Lea, S. E. G., & Webley, P. 1989 The development of adaptive choice in a self-control paradigm. *Journal of the Experimental Analysis of Behavior*, 51, 77-85.

者の立場から行われた実験的研究を紹介しよう（伊藤, 1999；空間・伊藤・佐伯, 2006）.

自己制御の選択場面では，各選択肢が**待ち時間**（遅延時間）と**強化量**の2つの要因から構成されている．待ち時間が2つの選択肢間で等しく，強化量だけが異なる場合には，強化量の多い選択肢が選ばれる．また，強化量が2つの選択肢間で等しく，待ち時間だけが異なる場合は，待ち時間の短い選択肢が選ばれる．このような待ち時間と強化量の2つの要因からなる選択肢，すなわち即時小強化量と遅延大強化量間の選択は，どのように行われるのであろうか．ソヌガ・バルケ（Sonuga-Barke, E. J. S.）らは，この問題を就学前から小学生までの子どもを被験者に用いて調べた．

被験者：4歳，6歳，9歳，12歳の各年齢段階の子ども各4名，計16名

実験手続き：2つの選択肢が同時に呈示される同時選択手続きを用いた（図9-19）．報酬量は，実験後にキャンデーやおもちゃを買うことができるトークン（代用貨幣）の数とした．短い遅延時間（10秒）後に，トークン1個の選択肢と，長い遅延時間（20秒，30秒，40秒，あるいは50秒）後に，トークン2個の選択肢の間で選択を行わせた．

結果：横軸に各条件をとり，縦軸に遅延大強化量選択肢の選択割合（選択率）をとって，データを描くと，加齢に伴う自己制御選択の変化が示さ

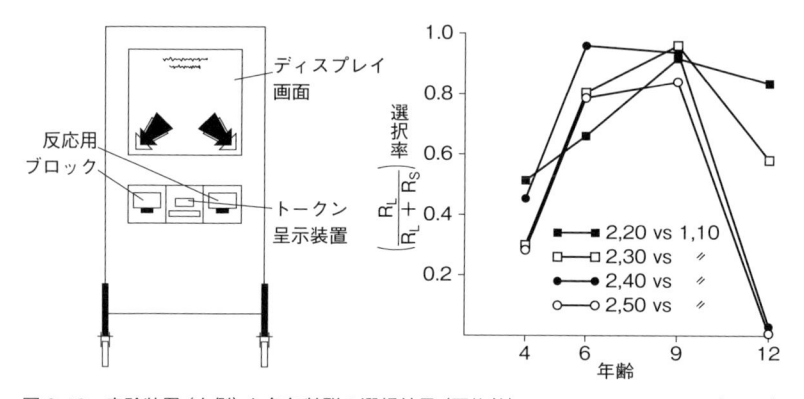

図9-19　実験装置（左側）と各年齢群の選択結果（平均値）．Sonuga-Barke et al. (1989) を改変.

れる．選択率が0.5より大きいことは，遅延大強化量選択肢への選好（自己制御）を表している．9歳児までは，どの遅延時間でも，遅延大強化量選択肢への選好が増加したが，12歳児では，むしろ低下することが認められた．この理由は，12歳児では，時間当たりの強化量（強化密度）を考慮できるようになっているためであると解釈された．ここから，自己制御の発達には，遅延強化子を待つことを学習するにつれて，まず強化量に大きな影響を受ける段階と，どんな場合に待つことが有利となるかを学習するにつれて，時間当たりの強化量（強化密度）を考慮する段階のあることが示唆される．これを**自己制御の発達の2段階説**という．

ただし，12歳児において，同じ強化密度（選択期の時間を含めて強化密度を考えると，2, 40条件 vs. 1, 10条件は強化密度が等しくなる）でも，選択が無差別（選択率が0.45から0.55の範囲）となっていないことには注意が必要である．この事実は，遅延時間の効果を表していると考えられる．

般例実験9-15：他者の理解と「心の理論」

自己や他者の行動を予測できることは，自己や他者を理解することと同じ意味である．このようなことができるためには，人が自己や他者の行動について何らかの，理解の枠組み，あるいは知識を持っていると考えられる．このような理解の枠組み，あるいは知識を「**心の理論**（theory of mind）」という．

プレマック（Premack, D.）とウッドルフ（Woodruff, G.）は，チンパンジーが他個体の行動を予測して行動できることを，「心の理論」という考え方から説明しようとした（Premack & Woodruff, 1978）．彼らは，「サラ」というチンパンジーに，人がある行為をするがうまくいかない場面のビデオを見せ，その後，その場面の正しい解決策を示す写真を含む2枚の写真から1枚を選ばせたところ，正しい解決策の写真を選ぶことができた．このこと

般例実験9-15
　Wimmer, H., & Perner, J. 1983 Beliefs about beliefs: Representation and constraining function of wrong beliefs in young children's understanding deception. *Cognition*, 13, 103-128.

は，サラがビデオに登場する人物の行為の目的（意図）を理解していることを示唆しているといえる．

ウイマー（Wimmer, H.）とパーナー（Perner, J.）は，子どもがこのような「心の理論」を持っているかどうかを実験により示す手続きを提案した．彼らが提案した手続きは，**誤信念課題**とよばれる，以下のような内容の課題である（Wimmer & Perner, 1983）．たとえば，ある男の子がチョコレートを食器棚Aに置いておいたのを，母親が食器棚Bへ移してしまうという物語を被験者である子どもに聞かせ，戻ってきた男の子がどこを探すのかを推測させるのである．この課題では，自分が持っている知識（母親がチョコレートを別の食器棚Bへ移したこと）と，男の子が持っている知識（チョコレートを食器棚Aに置いたこと）を区別して利用することができるかどうかが問題になる．

被験者：就学期前後の子ども（3歳から9歳）．

実験手続き：男の子が主人公の以下のような話を聞かせる．「マクシ（男の子の名前）はお母さんの買い物袋をあける手伝いをし，緑の戸棚にチョコレートを入れた後，遊び場に出かけた．マクシのいない間に，お母さんは戸棚からチョコレートを取り出し，ケーキを作るために少し使い，その後，それを緑ではなく青の戸棚にしまった．お母さんは卵を買うために出かけた．しばらくしてマクシは，お腹をすかせて遊び場から戻ってきた」．次に，子どもに，「マクシは，チョコレートがどこにあると思っているでしょうか」という質問を与える．

結果：この質問に対し，3歳児では，男の子の知識と自己の知識の区別ができなかったが，4歳児から5歳児では57%，6歳児から9歳児では86%が正しく男の子の知識を答えることが示された．このような区別は，他者との社会的相互作用の経験により大きな影響を受けると考えられる．

●臨床

　臨床的問題を扱うひとつの方法に**行動療法**（behavior therapy）がある．行動療法とは，問題行動が何らかの学習（条件づけ）により獲得されたものであるという前提のもとで，学習の原理にもとづいて治療しようとする試みである．この考え方には，(1) **問題行動は正常行動からの逸脱にすぎないので，病気そのものは存在しない**，(2) **その治療は，問題行動を形成・維持している，行動を強める仕組み（強化随伴性）を取りのぞくことである**，(3) **社会・文化的要因は，問題行動の形成・維持に重要な役割を果たしている**，という前提がある．これを**学習モデル**という．これは，従来からの病気の考え方である**疾病モデル**と根本的に異なるものである（Davison & Neale, 1974）．

　行動療法の先駆的研究は，1920年代に，カバー・ジョーンズ（Cover Jones, M.）により行われた．彼女の試みは，ウサギ恐怖症の3歳の子供を対象とするものであった．この子供の恐怖症は，実験室で条件づけされたような明確に学習されたものではなかったが，彼女が用いた方法は，恐怖症を取りのぞくために，子供の食事中にウサギを最初はかなり離れたところに置き，次第にその距離を近づけていくというものであった．この方法により，数週間後にはその子供はウサギに近づき，触ることができるようになったのである（Jones, 1924, 1974）．

　このような先駆的研究の後，行動療法は，1950年代には，レスポンデント条件づけやオペラント条件づけの原理にもとづく，新しい様々な方法を確立することになる（小川・杉本・佐藤・河嶋, 1989; 梅津, 1975）．特に，オペラント条件づけにもとづく行動療法は，**行動修正学**（behavior modification）とよばれ，**行動分析学**（behavior analysis）の応用分野，**応用行動分析学**のひとつになっている（Alberto, & Troutman, 1986）．

　行動修正学の最も基本的な考え方は，問題行動を形成・維持している強化子が何かを明らかにして，その強化子の働きを取りのぞくことや，別の望

ましい行動を強めることにより，問題行動を直接的あるいは間接的に操作しようとすることである．特に後者の方法を**他行動強化法**というが，この方法は，ヘルンシュタインの選択行動モデルに理論的根拠を置いている（Myerson & Hale, 1984; 山口・伊藤, 2001）．ヘルンシュタイン（1970）は，質的に異なる選択肢，たとえば，食事をするという選択肢と，映画を見るという選択肢間の選択を扱うモデルとして以下のような**双曲線関数モデル**を提案した（Herrnstein, 1970）．

$$R = \frac{kr}{r + r_e} \qquad (9\text{-}6)$$

ただし，Rは単一の反応，rはその反応に伴う強化事象，r_eはこの反応以外の反応により得られる強化事象，kは可能な最大反応数である．このモデルは，kとr_eの2つのフリーパラメータを持つモデルであり，これらのパラメータはデータから事後的に推定するのである．

この式から明らかなように，たとえば，食事と食事以外の行動という2つの選択肢で考えると，食事は，食事以外の行動から得られる強化が増えれば，減少するであろう．また，治療という文脈で考えれば，問題行動（R）は，その行動以外の（望ましい）行動の強化事象（r_e）が増加するにしたがって減少することがわかる．

このような他行動強化の方法は，他行動に対する強化子として，特定の性質を前提にしていない（つまり，どのようなものであってもかまわない）が，最近は，**行動経済学**の枠組みから，強化子の性質を表す**代替性**（substitutability）や，**補完性**（complementarity）という概念により，問題場面における有効な強化子を特定して用いる方法も提案されている（Bickel & Vuchinich, 2000; 伊藤, 2001; 山口・伊藤, 2001）．

般例実験9-16：トークン経済システムの導入による統合失調症患者の行動改善

　入院中の統合失調症患者の能動性を高めるにはどうしたらよいかという問題に対するひとつの試みとして，病院内の様々な作業を積極的に行うようなシステムを考えてみる．このシステムは，病院内で使えるトークン（代用貨幣）を用いて，作業遂行行動を強化するものであり，病院全体をひとつのシステムにする点に特徴がある．これを**トークン経済システム**（token economy system）という．最近，地域振興のための試みとして**地域通貨**を導入する事例が見られるが，この研究はその先駆的な試みといえる．

被験者：統合失調症の入院患者44名

場所：精神科病棟

実験手続き：**A-B-A型実験計画法**を用いて，トークン経済システムを有効にする条件（A）と，トークン経済システムを無効にする条件（B）をA→B→Aという順序で実施した．この研究は，患者一人一人の行動変化よりも，病院全体としての行動変化を見ているという点に特徴がある．

　強化の対象となる作業は，配膳の補助，購買部の補助，事務補助（トークンの記録など），病棟の清掃補助，管理補助，洗濯補助，身繕い補助，リクリエーション補助などである．

　強化量は，作業内容により，トークン1個から10個の範囲で決められている．トークンの利用は，(1) 個人的嗜好（部屋，食事グループなどの選択），(2) 病棟外への外出，(3) 社会的接触（病棟スタッフとの個人的面談

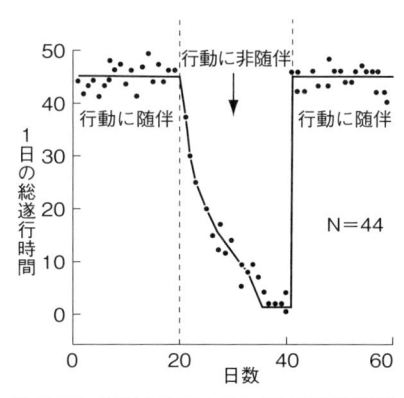

図 9-20　患者全体の1日あたりの作業従事時間（1時間単位）の変化．Ayllon & Azrin（1965）を改変．

般例実験9-16
　Ayllon, T., & Azrin, N. A. 1965 The measurement and reinforcement of behavior of psychotics. *Journal of the Experimental Analysis of Behavior*, 8, 357-383.

など），（4）宗教的サービス，（5）娯楽（病棟内の映画やコンサートなど），（6）日用品（個人で使用する衣類，筆記用具など）などに可能であった．

結果：図9-20から明らかなように，全体として作業従事時間は，トークン強化により増加し，トークン強化が行われなくなれば，減少した．このことは，統合失調症患者の行動を改善するトークン経済システムの有効性を実証したものといえる．ただし，残された問題として，各患者においても，作業従事時間の変化が同じように見られたのかどうかという点を分析する必要があろう．

般例実験9-17：他行動強化による薬物依存症の治療

薬物依存症は，ニコチン，アルコールという合法的薬物から，ヘロインやコカインなどの非合法薬物まで認められ，個人の心身をむしばむ問題だけではなく，失業や犯罪など社会的問題を引き起こす原因のひとつになっている．このため，薬物依存症の治療や予防は社会的に重要な課題のひとつである．ここでは，薬物依存症に治療のひとつの方法である他行動強化を用いたヒギンス（Higgins, S. T.）らの治療例を見てみよう．

被験者：コカイン依存症の外来患者40名

実験手続き：治療期間（12週間）と，事後観察期間（12週間）からなる実験期間を設けた．患者を実験群と統制群の2群に分ける**群間比較法**を用いた．治療期間中は，週2回のカウンセリング（1回1時間）と平行して，尿検査を行い，尿検査でコカインへの反応が陰性の場合には，実験群には，商品引換券（トークン）を与えた．一定量ためられた商品引換券は，カメラ機材，自転車用品，食事券などの商品と交換可能であった．統制群はカウンセリングのみであった．

結果：実験群では，約85％が12週間の治療を終え，さらに70％が治療後

般例実験9-17
  Higgins, S. T., Budney, A. J., Bickel, W. K., Foerg, F. E., Donham, R., & Badger, G. J. 1994 Incentives improve outcome in outpatient behavioral treatment of cocaine dependence. *Achives of General Psychiatory*, 51, 568-576.

6週間あるいはそれ以上コカインを絶つことができた．一方，統制群では，約45%が12週間の治療を終えたものの，治療後6週間またはそれ以上コカインを絶つことができたのは10%のみであった．このことは，他行動強化という方法がコカイン依存症の治療に有効であることを示している．

●読書ガイド

Alberto, P. A., & Troutman, A. C. *Applied behavior analysis for teachers* (2nd Ed.). Bell & Howell Company. 1986（佐久間徹・谷 晋二（訳）『はじめての応用行動分析』二瓶社 1992）
　＊本書は，応用行動分析学の基本的考え方と基礎となる行動分析の概念の解説があり，応用行動分析学を体系的に学ぶことができる．

Aronson, E. *The social animal* (9th Ed.). San Francisco: Freeman. 2003（岡 隆・亀田達也（訳）『ザ・ソーシャル・アニマル：人間行動の社会心理学的研究』サイエンス社　1995）
　＊社会的動物としてのヒトの社会的行動を解説している．原書は第9版を重ねているが、訳書は第6版を翻訳したものである．

Bower, T. G. R. *Human development*. San Francisco: Freeman. 1978（鯨岡 峻（訳）『ヒューマン・ディベロップメント：人間であること・人間になること』ミネルヴァ書房 1983）
　＊発達心理学の各領域を，簡潔な理論的枠組みから解説したテキストである．

伊藤正人『行動と学習の心理学：日常生活を理解する』昭和堂 2005
　＊学習分野の初級・中級テキストとして，古典的研究から最近の研究まで網羅している．また，日常場面のありふれた出来事が実験室から得られた知見により，どのように説明できるかを知ることができる．

木下富雄（編）『教材心理学：心の世界を実験する（第4版）』ナカニシヤ出版 2001
　＊心理学実験実習用の簡便な道具が付属しているので，各テーマに即して心理学研究法を具体的に学ぶことができる．

小谷津孝明（編）『現代基礎心理学4　記憶』東京大学出版会 1982
　＊1960年代から1970年代にかけて急速に進展した記憶研究の成果を知ることができる．

中島義明・箱田裕司（編）『新・心理学の基礎知識』有斐閣 2004
　＊心理学の各分野におけるさまざまな問題を，「設問」とその「解答」という形式でまとめている．各分野の重要な問題設定を知ることができる．

小川 隆（監修）杉本助男・佐藤方哉・河嶋 孝（編）『行動心理ハンドブック』培風館 1989
　＊オペラント条件づけの観点から，心理学の各分野を再構成したユニークなハンドブックである．

和田陽平・大山 正・今井省吾（編）『感覚知覚ハンドブック』誠信書房 1969
　＊1960年代までの感覚・知覚領域の研究成果を網羅している．新版も出版されているが，この旧版は資料的価値が高い．

課題9-1：感覚・知覚領域の研究における研究法の特徴を説明しなさい．
課題9-2：レスポンデント条件づけとオペラント条件づけにおける統制条件を説明しなさい．
課題9-3：記憶研究の方法の特徴について述べなさい．
課題9-4：アッシュの同調行動の実験における統制条件を挙げなさい．
課題9-5：発達研究における縦断的研究と横断的研究を説明しなさい．
課題9-6：行動療法の基礎にある考え方を説明しなさい．

第10章 論文のまとめ方

> 科学は事実の概括的な記述だけを宗とすべきである．次第に広まりつつあるこの見解は，経験によって制御できないありとあらゆる余計な仮定―とりわけカントの意味での形而上学的仮定―の排除へと論理必然的に帰向する．
> 　　　　　　　E. マッハ『感覚の分析』第4版への序文

ここでは，すでに研究テーマも決まり，データも収集済みであるという前提で，論文という形式にまとめるための約束事について述べる．そもそもどのような研究を行うべきか，研究テーマは何にしたらよいかという問題は，ここでは扱わない．このような問題で足踏みしているのであれば，指導教員に相談することが早道である．研究実績のある教員であれば，適切な助言が得られるはずである．また，指南書もいくつか出版されているので，そちらを参照してほしい（読書ガイド参照）．

　以下に，日本語論文と英語論文の場合に分けて説明するが，英語論文の場合は，学部学生よりも大学院学生を念頭において，欧米の学術雑誌に投稿するという前提でまとめてある．自分の研究成果を，英語論文という形にまとめることで，世界中の研究者に読んでもらえるようになるとしたら，それは大変すばらしいことである．是非，挑戦してほしい．

●論文をまとめること

　心理学では，実験実習のレポートから卒業論文，修士論文，博士論文などの学位論文，あるいは学術雑誌へ投稿する論文の作成まで，様々な段階で論文をまとめる必要が生じる．学位論文は，学部や大学院の課程修了の要件であるので，限られた期間内にまとめなければならない．このため，限られた期間内にまとめられるような研究テーマを考えることが重要である．一般には，**研究成果を論文にまとめることは，研究者（学部生と大学院生を含む）にとって義務のようなものである**．まったく私的な趣味として，自分のお金で行った研究活動を公刊するかどうかは個人の自由であるが，少なくとも大学の研究であれば，大学の教育・研究費を使っているはずであり，研究成果を何らかの形で公刊することが求められる．また，学術雑誌に論文という形で公刊することは，第3者（査読者）による評価を受けることでもあり，研究の水準が一定以上である（公刊するに値する）ことを保証する客観的評価にもなる．さらに，科学という営みは，その性質上，公共性と客観性を保証しなければならないが，そのための手続きのひとつが論文の公刊である．

心理学の実験レポートと，学位論文あるいは投稿論文では，論文の書き方には，若干の相違があるが，ここでは，実験レポートから投稿論文に共通する書き方について説明することにしよう．

●論文の構成

文章作法には，起承転結という文章の組み立て方がある．これは，本来，漢詩の作法であるが，文章の秩序ある組み立てを考えるときに，各部分が関連を持って展開されることを意味している．論文作成においても，**論文を構成する各部分の間には，論理的なつながりが必要である**という点では，似たところがある．論文では，大まかにいうと，最初に，研究する問題の提起を行い，次に，この問題提起を受けて，適切な方法を採用し，続いて，この方法により得られた結果を記述し，最後に，これまでの知見に照らして研究をまとめるという構成になる．このように，論文は，一般に，「目的」，「方法」，「結果」，「考察」という4つの構成要素と，最後につける「文献」から構成される．ここでは，構成要素ごとに説明を加えよう．

図10-1に公刊された論文の具体例を示す．第1ページには，論文題目，著者名，所属を始め，雑誌名，巻号，ページなどの書誌データが示されている．論文の英文要旨に続いて，本文が始まる．

✿目的

ここでは，取り上げた研究テーマに関する，これまでの研究の歴史を簡潔に記述する．すなわち，これまでの研究で，何が問題とされ，その問題を検討するためにどのような方法が用いられ，その結果，何が明らかになったのかということについて記述するのである．研究の歴史を簡潔にまとめるには，当然，このテーマに関する先行研究の論文を読む必要がある．また，このテーマの研究分野に関する基礎知識も勉強することはいうまでもない．各論文には，上に述べた研究の歴史についての記述があるので，参考にはなるが，自分なりのまとめ方が必要である．このためには，先行研究を批判的に

The Japanese Journal of Psychology
1991, Vol. 62, No. 4, 235-243

原著

ラットの観察反応に及ぼす刺激呈示時間，要素持続時間及び
刺激呈示法の効果

大阪市立大学　蜂　屋　　真[1]・伊　藤　正　人

The effects of stimulus duration, component duration, and schedule of stimulus presentation on the observing response in rats

Shin Hachiya and Masato Ito (*Department of Psychology, Faculty of Letters, Osaka City University, Sumiyoshi-ku, Osaka 558*)

Seven rats were exposed to a procedure where responses on an observing lever (observing responses) changed the schedule on a food lever from a mixed schedule to a schedule with a discriminative or uncorrelated stimulus for a fixed duration: Observing responses produced a stimulus associated with a variable-ratio 50 (S+) or a stimulus associated with extinction (S−) in the S+/S− condition, an S− in the S− only condition, and an S+ in the S+ only condition, while they produced two uncorrelated stimuli in the uncorrelated condition. Experiment 1 employed two stimulus durations (30 or 6 s) and two schedules of stimulus presentation (a variable-interval 30 s or a fixed ratio 1), and examined observing response rates in the S+/S−, S− only, S+ only, and uncorrelated conditions. Experiment 2 employed two component durations (80 or 300 s), and examined observing response rates in the S+/S− and S− only conditions. In both experiments, rates of observing responses were maintained in both S+/S− and S+ only conditions, but decreased in the S− only and uncorrelated conditions. These results indicate that an S− is not a conditioned reinforcer irrespective of manipulated variables.

Key words: observing response, conditioned reinforcement, information hypothesis, conditioned reinforcement hypothesis, negative discriminative stimulus, lever press, rats.

学習心理学では，ある刺激が条件性強化子として機能するための条件は何かという問題が，くりかえし論じられてきた．現在までに提出された条件性強化の諸説は，刺激を何らかの事象と対呈示することを，条件性強化子の成立条件と考えている（小川・杉本・佐藤・河嶋, 1989; 佐々木, 1982）．現在，どのような事象との対呈示が必要とされるかに関して，情報仮説（例えば, Bloomfield, 1972; Lieberman, 1972）と，強化仮説（例えば, Dinsmoor, 1983; Fantino, 1977）とが対立的に論じられている（本論文では，遅延低減仮説（Fantino, 1977）と強化密度仮説（Jwaideh & Mulvaney, 1976）を総称して強化仮説と呼ぶことにする）．
情報理論をその基礎とする情報仮説は，無条件性強化子に関する不確定性を低減させる事象と刺激を対呈示することによって，刺激は条件性強化子になると考えるが，一方，強化仮説は，刺激を条件性強化子にするためには，刺激を無条件性強化子の呈示頻度が相対的に高い事態と対呈示することが必要であると考えている．両仮

説は，観察反応 (observing response)，すなわち弁別刺激を生み出す反応 (Wyckoff, 1952) を用いた実験場面で，これまで検討されてきた．
観察反応を用いた実験では，通常，強化子呈示用の操作体（キーやレバー）の他に観察反応用の操作体を使用する．前者の操作体に対する反応は，強化頻度の高いスケジュールと低いスケジュールがランダムに交替する混合 (Mixed) スケジュールに従って強化される．混合スケジュールの下では各要素の弁別刺激は通常呈示されないが，後者の操作体に対する反応は，各要素の弁別刺激のみを観察反応のスケジュールに従って生み出す．
例えば，Dinsmoor, Browne, & Lawrence (1972) の実験では，強化子呈示用のキーに対するハトの反応は，乱間隔 (RI) スケジュールと消去スケジュールがランダムに交替する混合スケジュールに従って，餌の呈示をもたらした．一方，観察反応用のキーに対する反応は，変動間隔 (VI) スケジュールに従って，混合スケジュールの乱間隔スケジュールが実行中である場合正刺激を，消去スケジュールが実行中である場合には負刺激を30秒間もたらした．

[1] 現所属　流通科学大学商学部．

図10-1　日本語論文の例（日本心理学会刊行の「心理学研究」）

検討することが不可欠である．批判的検討には，まず批判的な論文の読み方をすることである．**批判的な論文の読み方とは，その論文の良い点，悪い点を見つけること（評価すること）である**．さらに，別の新しい実験計画まで考えることができるようになることである．批判的な論文の読み方ができるようになるには，多くの論文を読む必要がある．読んだ論文を，たとえば，手続きや得られた結果など様々な観点から整理する（各論文を一覧表にしてみると，いっそうわかりやすくなる）ことで，各論文の問題点が浮かび上がってくるであろう．このように，多くの論文を読むことで，その研究テーマに関する問題の整理ができるようになれば，その論文の評価もできるようになるであろう．

　研究テーマに関する先行研究の整理を行った後に，本論文の目的について，**研究の新しい視点や手続きなどの特徴・特色**（セールスポイント）を強調しながら述べる．これまでに明らかになっている知見に照らして，本論文の目的の論理的必然性（研究の必要性）がわかるように記述する必要がある．

✺方法

　方法の部分では，「被験者（被験体）」，「装置（刺激材料）」，「手続き」，「データ解析」という下位項目に分けて，わかりやすく記述する．

　「被験者」の項では，被験者の年齢，性別，人数などを正確に記述する．動物実験の場合には，被験体の種名（あまり一般的ではない動物の場合には，学名も記載する）と月齢（ラットの場合）の記載は不可欠である．また，雌雄が明らかな場合も記載する．最近は，人権上の配慮から，ヒトの「被験者（subjects）」という名称よりも，**参加者**（participants）という名称を使うように変わってきている．

　「装置」の項では，装置の名称，形状，寸法，動作などについて詳しく述べる．特に，刺激の呈示や反応の測定における精度（たとえば，1分間の最大反応検出回数や反応時間における検出できる最小時間など）についても記述する．装置の精度が刺激呈示や反応測定の精度を決めるからである．装置

を使わない場合には省略する．

「手続き」の項では，実験の手順をわかりやすく述べる．**この論文を読んで，同じ実験ができるように手順を過不足なく述べることが必要である**．また，実験における独立変数や従属変数が何であるかをわかりやすく述べる．手続きの名称が決まっている場合には，たとえば，「調整法」，「一対比較法」という名称を用いるとともに，さらに詳しくその手続きを述べる．「……法を用いた」という文章だけでは不十分である．

実験で調べたい独立変数（要因）は，実験条件としてその効果を測定するための従属変数とともに，まとめて記述する．実験論文では，この部分が最も重要である．独立変数が2つ以上ある場合には，各独立変数を被験者間の比較とする（**被験者間要因配置**）のか，被験者内の比較とする（**被験者内要因配置**）のかが，わかるように記述する．

最後に，どのようなデータ解析を行うのかを記述する．解析法が研究にとって重要な意味をもっているのであれば，ここで，その意義と解析法の説明を行っておく．ごく一般的な解析法（たとえば，t 検定法や分散分析法など）であれば，次の「結果」の項で結果とともに説明する程度でよい．

✿結果

実験結果をまとめるには，まず表を作ることである．この表には，実験条件もあわせて表記しておくと，実験条件と結果の照合が行いやすくなる．表の中の数値がどのようにして求められたのかを説明しておく．**表には，表の通し番号とタイトルを表の上部に書く**．この表から何がいえるかを簡単に記述してから，図の説明に移行する．

結果をわかりやすく表現するには，図示がよい．図は2次元平面上に描くのが一般的であるが，3次元上（立体的）に描く場合もある．**図示は，データの中にある規則性を視覚的に最もわかりやすく表現する方法である**．図示の際には，図の通し番号とタイトル，さらに，図の簡単な説明をつける．これらは，**図の下部に書く**．図の縦軸と横軸の名称と単位（たとえば，時間ならば，秒や分）を記入する．また，縦軸と横軸の比率にも注意が必要であ

る．通常は，**正方形が基準**になるが，訓練セッション数などのように，セッション数が多い場合には，横長の図になる．第7章コラム「作図の魔術」で述べたように，縦軸の目盛りをどのようにとるかは，データの変化を大きく見せるか，小さく見せるかにより変わる．ただし，図ごとに目盛りの幅を変えると，図と図を比較する場合には，見かけの違いが，データの実際の違いではないことに注意する．

　図を描くことは，データのなかにある規則性を表すことなので，そこから読み取れる規則性を記述する．特に，初学者では，表や図を描いただけで，次の「考察」へ進んでしまうことがしばしばある．図に示されている関係を素直に読み取り，正確に記述することが必要である．

　統計的仮説検定を用いた場合には，用いた検定法の名称だけではなく，統計量と危険率を明記する．また，実験条件のどこと，どこに有意な差があるかを文章で記述する．「条件Aと条件Bの間に有意な差があった」という文章よりも，「**条件Aの反応時間は条件Bの反応時間よりも有意に短かった**」という文章の方が，より具体的で，結果の内容が明確にわかる．

❋考察

　最初に，結果を簡潔にまとめてから，考察を始める．考察の対象となるのは，先にまとめた結果である．この実験の結果が先行研究の結果と一致したのか，しなかったのかを，まず考える．**この実験と先行研究の間で結果が一致していれば，この実験結果の一般性が高まることになる．逆に，一致していなかった場合は，その原因を探すことになる**．その原因は様々であるが，まず先行研究の手続きと，この研究の手続きを詳しく比較してみる．すると，同じように見えた手続きの一部に違いがあることが見つかるかもしれない．この場合，結果が異なった原因は，この手続きの一部の違いに帰属させることができるであろう．もし，実験手続き以外の要因に原因を求めようとすると，次の実験につながらない恐れが出ることに注意が必要である．

　ひとつの実験からすべての問題を明らかにすることはできないので，残されている問題があるであろう．どのような問題が残されているのか，これ

らの問題は，どのようにして検討することができるかについて述べる．最後に，この研究の結論をまとめて，論文を締めくくる．

✿文献

論文中に引用した文献を，すべてここに列挙しておく．文献名の並べ方は，著者名のアルファベット順とする．最初に，著者名，刊行年，論文題目，掲載された雑誌名，巻号，ページの順番である．著書についても，学術雑誌の場合と同様である．同じ年に複数の論文がある場合には，刊行の年月日の早いものから，たとえば，2004a，2004bのように小文字のアルファベット文字を年号に付けて区別する．同じ人物の論文は，公刊年代の古いものから順番に単著論文（単著書）を先に，共著論文は後に記載する．共著論文の並べ方は，第2著者のアルファベット順とする．雑誌の巻号は斜体（イタリック）とする．英語（外国語）論文の場合には，雑誌名あるいは単行本の書名は，イタリック体を用いる．以下に，実際の文献例をあげておくので参考にしてほしい．

伊藤正人 (2001a). ハトの人工集団を用いた採餌行動の実験室シミュレーション　大阪市立大学文学部紀要「人文研究」, *53*, 547-562.
伊藤正人 (2001b). 行動経済学は行動研究にどのような貢献をなしたのか：行動経済学特集にあたって　行動分析学研究, *16*, 86-91.
伊藤正人 (2004). 弁別と般化　中島義明・繁桝算男・箱田祐司（編）『新・心理学の基礎知識』有斐閣
伊藤正人 (2005). 『行動と学習の心理学：日常生活を理解する』昭和堂
Ito, M., & Asaki, K. (1982). Choice behavior of rats in a concurrent-chains schedule: amount and delay of reinforcement. *Journal of the Experimental Analysis of Behavior*, *37*, 383-392.
Ito, M., & Asano, T. (1977). Temporal discrimination in Japanese monkeys. *Japanease Psychological Research*, *19*, 39-47.
Ito, M., & Fantino, E. (1986). Choice, foraging, and reinforcer duration. *Journal of the Experimental Analysis of Behavior*, *46*, 93-103.

図10-2　引用文献リストの一例

日本語の論文の場合は，日本心理学会の投稿規定（2005年改訂）に準じた書き方をしておけばよいが，学術雑誌により細部が異なることもあるので，論文投稿の際に確認する必要がある．英語論文の場合には，アメリカ心理学

会（American Psychological Association; APA）の投稿マニュアル（2001年第5版）に準拠した書き方をする．この場合にも，学術雑誌により細部が異なることもある．どこが異なるのかは，実際に刊行されたものを見ればよい．

　謝辞（指導を受けた教員や研究に協力してくれた関係者に感謝の意を表すこと）や**注**（本文中に書けないことや用語の解説などの補足的記述）は，文献の前にまとめておく．複数ある場合には，本文中に現れた順番に従って番号を付けておく．ただし，学位論文では，謝辞だけ文献の後に記載することが多い．

コラム：同じ論文は同じ査読者にまわる

　私が3年間（1990年から1993年まで）*Journal of the Experimental Analysis of Behavior*の編集委員を務めた経験からいえることは，同じ著者の論文は，一度「不採択」という判定になった後，再投稿でも同じ査読者にまわることが多いということである．別の査読者であれば「採択」という判定が得られるかもしれないと考えがちであるが，これは誤りである．同じ査読者にまわるので同じ指摘を受け，再び同じ判定となる．査読者を変えてほしいという要望を出す（出したいと思うことは理解できるが）人もいるが，これは見当違いである．査読者は投稿論文のテーマについての専門家であり，全く的はずれなコメントや判定になることは，ほとんどないといってよいからである．私の経験でも，審査に関わったおおよそ20件の論文のうち査読者同士で判断が分かれたのはたった1例しかなかった．このようなことにならないためには，指摘されたことは修正し，論文全体として結論が妥当で明快であるように書き直すことである．結果の解釈は必ずしも1通りだけではないこと（自分の解釈以外に，別の解釈も考えられること）を理解しておく必要がある．実験自体に問題があるとの指摘がある場合には，実験のやり直しや，データの追加を行って改めて投稿することが，結局，論文公刊への早道なのである．研究には**柔軟なものの考え方**が不可欠である．

●英語論文をまとめるコツ

　英語論文といっても，書き方は日本語論文と基本的に変わるところはない．最初に，良い論文を公刊する作業は，実験を考えるときからすでに始まっていることを指摘しておこう．これは，英語論文だけではなく，論文一般にあてはまることであるが，実験は，論文をまとめることを考えながら行うことである．どのような実験計画を用いるか，どのような統制群を設けるかは，どのように論文をまとめるかということと，密接に関係しているからである．また，実験は同時進行で複数行うと効率がよい．論文は，実験の実施順に，まとめる必要はないからである．重要なことは，実験実施の時間的順序ではなく，論理の展開にしたがって実験を並べることである．

　英語論文を作成するとき，最初に日本語で書き，次にその原稿を英訳するというやり方もあるが，あまりおすすめしない．この理由は，日本語を英訳しようとすると，英語特有の表現法に変換しなければならないことがしばしば起こる．それならば，最初から英語の文章を考えた方が，時間と労力の節約になるからである．

　図10-3は公刊された英語論文の具体例であるが，日本語論文と同様に，第1ページには，書誌データと要旨・キーワードが置かれている．これらに続いて本文が始まる．

✿準備編

　最初に，よい辞書を1つ用意する．**よい辞書とは，語法の解説や文例の豊富なもの**である．特に，このような条件を満たすものとしておすすめは，**ジーニアス英和辞典**（大修館書店）である．語法の解説の部分を見ると，どのような表現は可とか不可とかが，わかりやすく説明されているので，読むだけでも大変役に立つ．また，論文作成中に不確かな文章表現を確かめるときにも役に立つ．また，読書ガイドに挙げておいたような，日本人向けに書かれた英語論文の書き方の指南書を，どれかひとつは読んでおき，日本人の

CHOICE BEHAVIOR OF RATS IN A CONCURRENT-CHAINS SCHEDULE: AMOUNT AND DELAY OF REINFORCEMENT

Masato Ito and Kazue Asaki

OSAKA CITY UNIVERSITY

Rats were exposed to concurrent-chains schedules in which the terminal links were equal fixed-interval schedules terminating in one or three food pellets. Choice proportions for large reward increased with increases in delay intervals programmed on fixed-interval schedules and supported the predictions derived from a general choice model originally formulated by Fantino and later developed by Navarick and Fantino. In addition, a functional equivalence of two alternatives was established by increasing delay intervals with large reward, whereas delay intervals for small reward were held constant. Functionally equivalent delay intervals with large reward, for each delay interval with small reward, can be described by a power function with exponent smaller than 1.0. A better prediction of choice proportions resulted when this function was used to derive predicted choice proportions.

Key words: choice, amount and delay of reinforcement, functional equivalence, concurrent-chains schedule, FI schedules, lever press, rats

---

The choice between alternatives differing in amount and delay of reinforcement has been studied within the framework of "self-control" (Rachlin, 1974; Rachlin & Green, 1972). Preference for the delayed large reward has been called "self-control" (e.g., Rachlin, 1974), whereas preference for the immediate small reward has been called "impulsiveness" (e.g., Ainslie, 1974). Most studies have been concerned with a general choice model describing these different choices and focused on a concurrent-chains schedule as a conventional choice procedure (Baum & Rachlin, 1969; Fantino, 1969; Navarick & Fantino, 1976).

Baum and Rachlin (1969) proposed that the value of two alternatives is proportional to the amount of reinforcement and inversely proportional to the delay of reinforcement:

$$\frac{V_1}{V_2} = \frac{A_1}{A_2} \cdot \frac{D_2}{D_1} = \frac{R_1}{R_2} \quad (1)$$

where V is the value of an alternative, A is the amount of reinforcement, D is the delay of reinforcement, and R is the number of responses to that alternative. Equation 1 predicts that subjects will chose Alternative 1 whenever $A_1 \cdot D_2 > A_2 \cdot D_1$ and Alternative 2 whenever $A_1 \cdot D_2 < A_2 \cdot D_1$. The predictions derived from Equation 1 are consistent with previous studies of commitment (Ainslie, 1974; Rachlin & Green, 1972) and with the results of a simple concurrent-chains schedule (Navarick & Fantino, 1976).

On the other hand, Navarick and Fantino (1976) presented an alternative choice model originally formulated by Fantino (1969), who proposed that choice for an alternative depended on the reduction in overall time to reward correlated with choice for the alternative:

$$\frac{R_1}{R_1 + R_2} = \frac{T - t_1}{(T - t_1) + (T - t_2)} \quad (2)$$
$$\text{(when } t_1 < T, t_2 < T\text{)}$$
$$= 1 \quad \text{(when } t_1 < T, t_2 > T\text{)}$$
$$= 0 \quad \text{(when } t_1 > T, t_2 < T\text{)}$$

where R is the number of responses, t is the delay interval, and T is the average time to reward from the onset of the initial links. Equation 2, however, lacks a parameter for amount of reinforcement. Navarick and Fantino (1976) assumed that rate and amount of reinforcement (defined by the duration of access to the reinforcer) are functionally equivalent

---

Part of this study was presented at the 39th annual meeting of the Society for Animal Psychology, 1979, and supported by a Grant in Aid for Scientific Researches (No. 401054), Ministry of Education of Japan, to Masato Ito. Reprints may be obtained from Masato Ito, Department of Psychology, Osaka City University, Sugimoto, Sumiyoshiku, Osaka 558, Japan.

陥りやすい誤った文章表現を避ける工夫をしておくことも準備のひとつとして役に立つ．

次に，これまで読んだことのある論文の中から，**読みやすい論文を少なくとも1つは座右に置いておく**（複数あれば，もっとよい）．読みやすさとは，論旨が明快であること，平易な文章で書かれていることである．このような論文の文章を参考にして，文章を作る．同じような研究内容であれば，文章表現も同じようなものになるであろう．「手続き」や「結果」の書き方は，ほぼ定型的な表現になることが多いので，他人の論文と似たような表現になっても決しておかしくはない．良い文章をまねることは，英語論文作成の第一歩である．ただし，あちこちから文章を持ってくるときに，注意しなければならないことは，**文体の統一**である．自分の文章の文体にあわせて，少し修正を施すことが必要である．

いきなり文章を書き始めるのは止めた方がよい．まず**最初に，論文の大まかな構成を考える**ことが重要である．つまり，論文の骨子（論旨）を決める必要がある．この論旨に従って，引用する先行研究の論文を決める．この場合，多すぎて査読者からクレームがつくことはないが，少なすぎると文献が不十分である旨の指摘を受けることがある．また，論文の分量に制限が設けられている場合には，文献も厳選する．論旨と引用文献からなるメモを作っておくと便利である．

文章を書き始める前に，**どの雑誌に投稿するかを決めておくことも重要**である．雑誌により若干書き方や方法論について評価が異なるからである．たとえば，米国の実験的行動分析学会の機関誌である*Journal of the Experimental Analysis of Behavior*では，個体内比較法を用いた研究法が基本となっており，個体データが重要視される．一方，アメリカ心理学会の機関誌のひとつである*Journal of Experimental Psychology : Animal Behavior Processes*では，群間比較法による群データの比較が基本となっており，統計的検定は必須の要件と考えられている．したがって，どちらの雑誌に投稿するかにより，個体データを中心とする議論にするか，群データを中心とする議論にするかを決めなければならない．このように，学術雑誌により，方

法論を始め，データ解析の方法，論文の書き方も異なることを知っておいた方がよい．

✿執筆編

　英語論文のコツは，最初から英語の文章を書くことである．先に述べたように，日本語を英語に翻訳するには，日本語の論文の作成と，その翻訳という２回分の仕事量になってしまうこと，日本語の翻訳という，かなり高度な知的作業をしなければならないことなど，かなりの労力を必要とするからである．そのかわり，最初から英語で論文を執筆する場合は，１回分の仕事量で済むこと，翻訳という難しい仕事をしないで済むこと，などの利点がある．

　まず第１に，**論文要旨から書き始める**ことを勧めたい．この理由は，短い文章で研究内容をまとめるには，この研究のウリ（方法論の特徴や結果の新奇性など）を把握していなければ書けないからである．逆に，要旨をうまく書けるということは，的確に研究内容のウリを把握できていることにもなる．要旨をまとめるための努力は，自分の研究のウリが何かを考えるよい機会である．いずれにしても，要旨をまとめることは，研究の位置付けを明確にする作業なのである．要旨がうまく書ければ，大げさにいえば，論文の半分はできたも同然といえる．

　次に，「方法」と「結果」の項を書く．「方法」は，かなり定型的な表現を使うことになるので，「導入部」や「考察」に比べると書きやすい．「方法」の部分は，同じようなテーマを扱った先行研究の「方法」の部分を参考にして書けばよい．また，「方法」の項で大事なのは，科学論文として重要な，実験の再現性を保証する**手続きの明確化**である．同じ実験が行えるように，そして手続きが同じであれば，同じ実験結果が再現できるように，手続きを詳しく記述する必要がある．

　結果も，定型的な書き方なので，同じようなテーマを扱った先行研究の「結果」の部分を参考にして書けばよい．その際，研究の最も重要な結果から枝葉末節的な結果まで，自分なりに順位付けをしておく．大事なことは，

重要な結果を強調することであり，そのためには，枝葉末節的な結果には言及しなくてもよい．重要な結果が，研究の最大のウリであるはずなので，このことを強調する必要がある．

最後に，導入部と考察を書く．**導入部と考察（論文の最初と最後の部分）を同時に書く**というのは，一見，書き方の順序を間違えているのではないかと思うかもしれないが，実は，この方法こそが，まとまりのある論文にするコツなのである．導入部では，先の「論文をまとめること」で述べたように，この論文で何を問題として取り上げるのか（問題の所在あるいは問題の位置付け）を明らかにしてあるはずなので，この問題についての考察を照合できるように書くのである．また，すでに結果がわかっているので，この結果から，どのような論理展開ができるのかを考えて，改めて問題の所在を書き換えればよい．

導入部では，先行研究の成果と問題点についてまとめておく．この際には，先行研究により，何がどこまで明らかになっているかについてまとめ，続いて，**先行研究と自分の研究とが，どのように関連するかを明らかにしておく．**たとえば，「この現象に影響する要因として先行研究により見いだされたA要因の他に，B要因とC要因の効果を調べる」，「先行研究では，この問題について結果が明らかではないので再検討する」，「この問題を先行研究とは異なる方法を用いて検討する」などのような形で，自分の研究の位置付け（研究目的）を具体的に書く．**考察では，この研究の結果と先行研究の結果との照合を行う．**結果が一致した場合には，その現象の再現性や一般性が見られることになる．結果が一致しない場合には，その原因を，手続き上の何らかの違いに帰属できるように考える必要がある．また，今後に残された問題についてまとめておく．

✹事後編

原稿ができたら，**1週間はそのまま寝かせておく**とよい．1週間後に改めて読み返してみると，新たな問題や誤字・脱字などに気づくことが多い．寝かせておくと，これまで見えなかったものが見えてくるのである．よい論文

とするには，いわば「1に推敲，2に推敲，3，4が無くて，5に推敲」というほどに，何度も読み返すことである．そのたびに，誤りや，段落や文章そのものの論理的つながりを，より明確にすることができるであろう．手直しをした後は，また，1週間程度寝かせておく．これを4〜5回繰り返せば，かなりよくなるであろう．

✿投稿編

　論文投稿に当たっては，各学術雑誌に掲載されている投稿規定をよく読んで，投稿の要件を確認しておく．**編集長宛に投稿したい旨の手紙を添えて，航空便で送り出せばよい**（手紙の書き方は，読書ガイドに挙げた指南書を参照）．最近は，**電子メールによる投稿が一般的になりつつある**ので，大変便利になっている．航空便の場合は，1〜2週間後には，編集長から投稿論文を受け取った旨の返事が届くであろう．その際に，受付番号や，担当編集委員（副編集長）の名前を知らせてくれるはずである（論文のテーマにより，編集長が担当する場合もある）．一般に，投稿論文は，この担当編集委員と，他に名前が伏せられた査読者2名からなる合計3名の判断により受理―非受理が決まるのである．査読者の判断が分かれた場合には，第3の査読者が加わる場合もある．これ以降は，この担当編集委員とやりとりをすることになる．学術雑誌により異なるが，一般に，約2〜3ヶ月後には，2名（あるいは3名）の査読者のコメントと，担当編集委員のコメント（判定）が返送されてくる．

✿書き直し編

　判定は，軽微な修正（掲載可）から，書き直し（修正後掲載可），新しい発見がない（掲載不可），手続きに問題があり実験のやり直し（掲載不可）までかなりの幅がある．投稿した原稿のまま掲載可という判定になることはまずない．若干の内容の修正や，誤字・脱字あるいは文章表現について訂正が必要になることが多い．書き直しを要求されたらコメントをよく読んで，できるだけ要求に沿うように論文内容を修正する．複数の査読者からのコメ

ントは，かなりの情報量があり，大いに勉強になる．コメントを読むと，自分の考え方だけではなく，たとえば，結果の解釈は，何通りも考えられるということがわかるであろう．このとき，自説にこだわりすぎると，結局，公刊されないまま終わってしまう可能性もある．考え方を柔軟にしておくことが，なによりも必要である．論文内容を修正する場合には，査読者のコメントを大いに利用し，査読者の要求（担当編集委員の要求）に応えるように改稿する．**改稿原稿には，どこを，どのように改稿したのかを説明する手紙を担当編集者宛に同封する．**

掲載不可という判定の場合でも，コメントをよく読み，結果の解釈に問題があるのであれば，結果の解釈をより妥当なものに変えて再投稿する．また，実験内容に問題があるのであれば，実験をやり直して再投稿すればよい．さらに，学術雑誌により，採択の基準が高いものから低いものまであるので，改稿した上で，**採択基準の低い学術雑誌に投稿先を変更することも考えられる．**この場合には，その論文の評価は，1段低いものとなるのは致し方ない．それでも公刊しないよりは，公刊した方が，明らかによい．公刊できるまで決してあきらめてはいけない．

● 読書ガイド

木下是雄『理科系の作文技術』中公新書 1976
　＊科学論文を書くときの指南書として推薦できる．「理科系」というタイトルがついているが心理学の論文をまとめる場合も違和感はない．

Fry, R. 1991 Write papers, Ron Fry's How To Study program.（酒井一夫（訳）『アメリカ式論文の書き方』東京図書 1994）

Fry, R. 1992 Take notes (2nd Ed.), Ron Fry's How To Study program.（金 利光（訳）『アメリカ式ノートのとり方』東京図書 1996）
　＊上記の2つの本は，初学者（特に，大学の新入生）向けに大変わかりやすく簡潔にまとめられたガイドブックである．前者は論文の書き方，後者は大学の講義ノートのとり方について具体的なアドバイスを与えてくれる．よい論文を書くことと，わかりやすいノートをとることには，密接な関係があることを教えてくれる．

松原A. エリザベス『ライフ・サイエンスにおける英語論文の書き方』共立出版 1982
　＊長年，日本人研究者の英語論文の校閲を行ってきた著者ならではの助言が大変参考になる．

日本心理学会『執筆・投稿の手びき（2005年改訂版）』

＊日本心理学会刊行の学術雑誌「心理学研究」と「Japanese Psychological Research」への投稿論文を作成するためのガイドブックであるが，卒業論文，その他の論文執筆の際にも参考になる．

逢坂 昭・坂口玄二『科学者のための英文手紙文例集』講談社 1981

坂口玄二・逢坂 昭『科学者のための英文手紙文例集 part 2』講談社 1985
　＊研究活動に必要な手紙の文例が豊富に収録されている．論文投稿だけではなく，国際学会への参加や，海外の研究者への問い合わせなどの文例も大変参考になる．

シュワーブ，D.・シュワーブ，B.・高橋雅治『初めての心理学英語論文：日米の著者からのアドバイス』北大路書房 1998
　＊日米3人の心理学者が英語論文を作成するときに初心者がいだくであろう様々な疑問に答えてくれるので，特に初心者に勧められる．

山内志朗『ぎりぎり合格への論文マニュアル』平凡社新書 2001
　＊論文の書き方だけではなく，テーマの選び方についても解説があるので参考になる．ただし，「テーマが見つからないときは，けんかしてみろ」などという過激な提言もあるが，これは，もちろんレトリックとして理解すべきである．

第11章 研究における倫理的問題

メフィスト「引き受けた！ 手間はかからない．賭けはいただきだ．まんまとしとめたら，心から凱歌をあげさせていただきますぜ．あやつにちり芥を食わしてみせよう．身内の蛇はまんまとリンゴを食わせたが，あの手でやっつける」

J. W. ゲーテ『ファウスト（第1部）』より

心理学の研究を行う場合は，被験者や被験動物を対象として，様々な心理学研究法を適用することにより，データを収集する．先に述べたように，心理学の研究における基本データは，個人や個体の行動データである（第3章参照）．個人の行動データは，個人情報を含んだものであり，その取り扱いには，人権上の配慮が求められる．また，一般に，研究活動は，社会的な影響を持っていること，研究活動に従事する者には，社会的責任が伴うことに留意する必要がある．ここでは，心理学の研究を行うにあたって，研究者（学部生と大学院生を含む）として留意すべきいくつかの問題についてまとめておこう．

●倫理基準

　研究活動を行う際に留意しなければならない，ヒトを被験者とした場合の人権上の配慮や，動物を被験体とした場合の動物愛護・福祉・保護などの配慮を明文化したものが**倫理基準**（ethical standard）である．この倫理基準には，主に，**（1）人権と動物愛護，（2）説明と同意，（3）情報の管理，（4）研究成果の公表**，という4つの側面がある．以下に具体的に説明しよう．

❀人権・福祉・動物愛護

　ヒトを被験者とした研究では，個人の行動データを扱うので，**個人のプライバシーと個人情報の保護**に留意しなければならない．個人情報の保護については，たとえば，個人名がわかるようなデータの表示を行わない，データから個人を特定できないようにする，などの配慮が必要である．通常，個人データを図示するときには，符号や番号を用いて識別する．個人のプライバシーの保護については，たとえば，実験から得られたデータから，被験者の日常的な生活や社会的行動に言及したり，**介入**することがないようにしなければならない．また，実験の実施にあたって，被験者に精神的・肉体的な苦痛を与えるような実験操作を行わないようにしなければならない．

　動物実験の場合には，**動物の愛護・福祉の観点から飼育環境を整える必要**

がある．このための世界的な基準となっているのが，米国国立衛生研究所（NIH）の「実験動物の使用と管理に関する指針」である（NIH, 1985)．この指針は，動物種ごとに，適正な飼育スペース（個別ケージの大きさ）から，動物種の生態に適した飼育方法，さらに飼育施設の設備や運営方法まで幅広い提言がなされている．たとえば，飼育方法について見ると，単独生活をしている動物には，集団ケージは不適切であり，個別ケージを用意すること，また逆に，集団生活をしている動物には，実験実施にあたって，体重統制や個体識別のために個別ケージに収容するが，実験終了後には，集団生活に戻すための集団ケージを用意すること，などが示されている．最近は，さらに，**動物の心理学的幸福**という考え方から，実験動物を扱う必要性が提言されている．心理学的幸福とは，飼育環境の豊かさを整えることである．環境の豊かさは，たとえば，動物の選択可能性と操作可能性を飼育環境の中に実現することである．しかし，このような心理学的幸福の内容が研究者ごとに異なっていると，実験動物の条件統制という観点からは問題があるので，動物種ごとの心理学的幸福の基準を設定する必要がある．

❂説明と同意

　実験や，観察，調査を行うときに，被験者に実験や調査の内容について説明を行い，実験や調査に参加することへの同意を得なければならない．実験や調査の前に説明できない場合（社会心理学の研究ではこうした例は，しばしばある）には，実験終了後に説明を行う．同意は，文書で得るのが望ましいが，口頭でもよい．また，重要なことは，被験者の意志で，実験・調査の途中で中断や放棄できる旨の説明を行い，実際に，途中での中断や放棄を認めることである．

❂情報の管理

　実験や調査を行うと，当たり前のことであるが，個人データが集まることになる．データの集計作業を行う過程で，個人名は符号や記号化されるので，問題はないが，集計作業の元になる質問紙や実験データの集計用紙

には，個人名を記入しておくことが多いので，これらが何らかの形で流出することのないように管理しなければならない．これらの集計の元になる個人データは，**生のデータ**（raw data）というが，集計作業が終了した後には不要になるので廃棄することが多い．廃棄の際には，個人名の部分をシュレッダーにかけるなどの処理を行う．また，これらの個人データが，心理学の研究以外の目的に使用されることのないように，管理を行う必要がある．

❋研究成果の公表

　研究活動が社会的な影響を持っていることは，研究成果の公表という点に現れている．公表とは，世間一般に知らしめることであるが，通常は学会の研究集会や年次大会（各学会では，年1回，大学や研究機関が世話役となって研究発表や，特別なテーマに関するシンポジュウムあるいは特別講演などを行うのが通例である）で口頭発表するか，あるいは学会が発刊している学術雑誌に論文として発表することである．もちろん，これ以外にも，一般雑誌（一般向けの月刊誌や週刊誌）や，テレビ・ラジオなどのメディアを通して発表することも含まれる．このような形で公表することにより，研究成果は共有化されることになる．共有化により，研究活動の社会的責任の一部を果たしたことになる．

　研究成果の公表に当たっては，第10章「文献」で述べたように，引用する先行研究の出典名を明記する．論文中の引用文も出典を明記していなければ，著者の見解と理解されるので，注意が必要である．参考文献という形の出典名では，著者の文章と参考文献の文章とが区別できないので，使わない方がよい．

　研究を行う際に，共同研究という形を取ることがある．このような場合に，研究を行う前に，**誰が研究のどの部分の責任を負うのか**を，話し合って決めておく必要がある．論文でも口頭発表でも，第1著者がその論文の最も大きな責任を持っている．以下，第2著者，第3著者という順序で責任は軽くなると考えてよい．論文に，何人を連名にするかは，その研究にどれだけ貢献したかにより決めるべきであろう．しかし，共同研究者として，どこま

での貢献を考えるのかという問題があるので，たとえば，研究方法のアイデア，実験・調査の実施，データ解析，論文執筆などの部分のうち，少なくともひとつに参加することという基準を作っておくべきであろう．こうした基準により，**各研究者の持つ研究上の権利を守る**ことになり，その後の研究者間のトラブルを未然に防ぐことができる．日本ではまれであるが，欧米では研究者間のトラブルが裁判沙汰になることも多い．

研究成果の公表に当たっては，データにもとづき，虚偽や誇張のないようにしなければならない．データ解析の際に，代表値を用いて結果を述べたり，考察したりする場合には，その代表値が元のデータを正しく表しているか否かを確認しておく必要がある．

●学会等の倫理綱領

上に述べたような倫理基準は，学会ごとに決められている．たとえば，日本心理学会（社団法人）の倫理綱領は，比較的簡潔であるが，ここで述べた4つの側面をすべて含んでいる．最近は，人権・動物愛護の問題が認識されるようになったことにより，より詳細な倫理基準を制定するようになってきている．たとえば，臨床的な問題に対処するために，日本行動分析学会では，かなり詳細な規定を定めている．日本行動分析学会の倫理綱領については，日本行動分析学会のホームページ（http://www.j-aba.jp）を参照してほしい．

●倫理的問題の新しい見方

これまで，倫理的な問題は，各研究者（学部生と大学院生を含む）個人の良識に任されていたといえる．しかし，個人の良識に任せておくだけでは，十分ではなく，様々な倫理的問題が生じていることも事実である．こうした倫理的問題は，もはや個人の良識に訴えるだけでは解決しない深刻な問題をはらむようになっている（特に，極端な例としては，セクハラのような問題

も発生していることは，周知の事実である）．また，現在，人権や動物愛護に対する考え方も進んできており，倫理的問題への取り組みも，個人の所属する組織（大学や研究機関）として行う必要が認識されるようになっている．

たとえば，動物実験については，2005年6月に**動物愛護管理法**の改定が行われ，動物実験の国際的理念である，**(1) 苦痛の軽減，(2) 代替法の活用，(3) 使用数の減少**が初めて盛り込まれたのである．こうした国の基本方針を受けて，文部科学省は，動物実験を行う大学や研究機関に，実験の計画や研究の進め方などについての規定の制定や，第三者を含む評価委員会の設置を義務づける基本指針案をまとめた．こうした倫理的問題は，動物実験だけではなく，ヒトを対象とした心理学実験についても，今後，同じような評価委員会の審査を経て，行わなければならないようになるものと思われる．こうした研究における倫理的問題に対する取り組みの変化は，**個人の良識から集団の監視へ**という見方を反映したものといえるであろう（浅野, 1993）．

◉読書ガイド

American Psychological Association 1992 Ethical principles of psychologist and code of conduct. *American Psychologist*, 47, 1597-1611.（富田正利・深澤道子（訳），小嶋祥三・大塚英明（校閲）『サイコロジストのための倫理綱領および行動規範』日本心理学会 1996）

　＊本書はアメリカ心理学会の倫理綱領の翻訳であるが，心理学を研究する上での倫理的基準については日米間で大きな違いはない．

安藤寿康・安藤典明（編）『事例に学ぶ心理学者のための研究倫理』ナカニシヤ出版 2005

　＊具体的事例に則して倫理的問題を考えられるように，構成されているので，大変分かりやすい．

中島定彦（編）『特集号：行動分析と倫理』行動分析学研究, 2004, 19, (1)

　＊現在の心理学研究における倫理的問題を行動分析学の視点から，心理学の研究対象となるヒトから動物について，また，基礎から臨床分野にわたって幅広く論じたものである．海外の研究者の論文も収録されているので資料としても役に立つ．

課題11-1：倫理的基準について述べなさい．
課題11-2：倫理的問題の新しい見方について述べなさい．

付　表

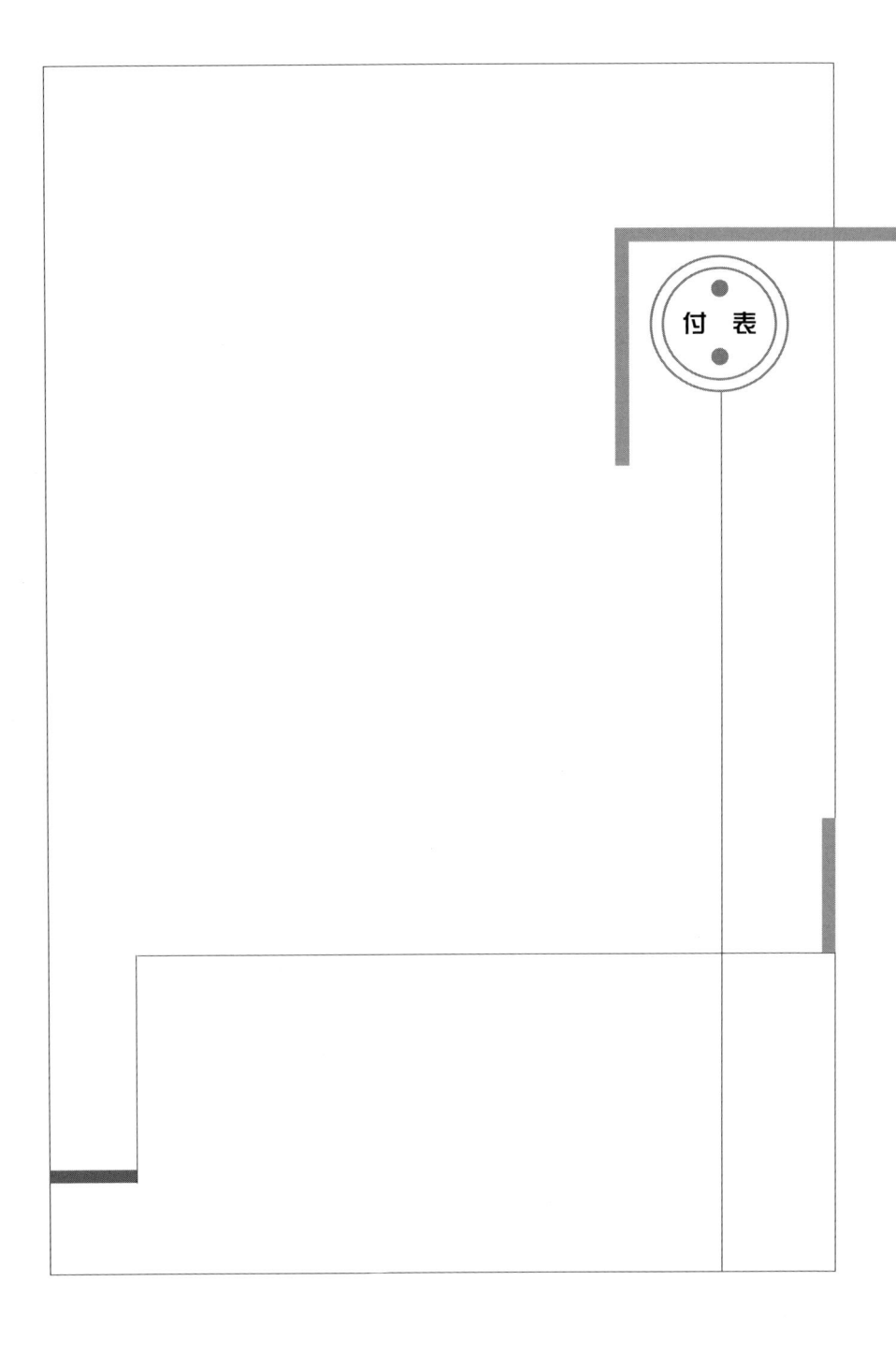

付表A　乱数表

	1	2	3	4	5	6	7	8	9	10	11	12	13	14	15	16	17	18	19	20	21	22	23	24	25
1	10	27	53	96	23	71	50	54	36	23	54	31	04	82	98	04	14	12	15	09	26	78	25	47	47
2	28	41	50	61	88	64	85	27	20	18	83	36	36	05	56	39	71	65	09	62	94	76	62	11	89
3	34	21	42	57	02	59	19	18	97	48	80	30	03	30	98	05	24	67	70	07	84	97	50	87	46
4	61	81	77	23	23	82	82	11	54	08	53	28	70	58	96	44	07	39	55	43	42	34	43	39	28
5	61	15	18	13	54	16	86	20	26	88	90	74	80	55	09	14	53	90	51	17	52	01	63	01	59
6	91	76	21	64	64	44	91	13	32	97	75	31	62	66	54	84	80	32	75	77	56	08	25	70	29
7	00	97	79	08	06	37	30	28	59	85	53	56	68	53	40	01	74	39	59	73	30	19	99	85	48
8	36	46	18	34	94	75	20	80	27	77	78	91	69	16	00	08	43	18	73	68	67	69	61	34	25
9	88	98	99	60	50	65	95	79	42	94	93	62	40	89	96	43	56	47	71	66	46	76	29	67	02
10	04	37	59	87	21	05	02	03	24	17	47	97	81	56	51	92	34	86	01	82	55	51	33	12	91
11	63	62	06	34	41	94	21	78	55	09	72	76	45	16	94	29	95	81	83	83	79	88	01	97	30
12	78	47	23	53	90	34	41	92	45	71	09	23	70	70	07	12	38	92	79	43	14	85	11	47	23
13	87	68	62	15	43	53	14	36	59	25	54	47	33	70	15	59	24	48	40	35	50	03	42	99	36
14	47	60	92	10	77	88	59	53	11	52	66	25	69	07	04	48	68	64	71	06	61	65	70	22	12
15	56	88	87	59	41	65	28	04	67	53	95	79	88	37	31	50	41	06	94	76	81	83	17	16	33
16	02	57	45	86	67	73	43	07	34	48	44	26	87	93	29	77	09	61	67	84	06	69	44	77	75
17	31	54	14	13	17	48	62	11	90	60	68	12	93	64	28	46	24	79	16	76	14	60	25	51	01
18	28	50	16	43	36	28	97	85	58	99	67	22	52	76	23	24	70	36	54	54	59	28	61	71	96
19	63	29	62	66	50	02	63	45	52	38	67	63	47	54	75	83	24	78	43	20	92	63	13	47	48
20	45	65	58	26	51	76	96	59	38	72	86	57	45	71	46	44	67	76	14	55	44	88	01	62	12
21	39	65	36	63	70	77	45	85	50	51	74	13	39	35	22	30	53	36	02	95	49	34	88	73	61
22	73	71	98	16	04	29	18	94	51	23	76	51	94	84	86	79	93	96	38	63	08	58	25	58	94
23	72	20	56	20	11	72	65	71	08	86	79	57	95	13	91	97	48	72	66	48	09	71	17	24	89
24	75	17	26	99	76	89	37	20	70	01	77	31	61	95	46	26	97	05	73	51	53	33	18	72	87
25	37	48	60	82	29	81	30	15	39	14	48	38	75	93	29	06	87	37	78	48	45	56	00	84	47
26	68	08	02	80	72	83	71	46	30	49	89	17	95	88	29	02	39	56	03	46	97	74	06	56	17
27	14	23	98	61	67	70	52	85	01	50	01	84	02	78	43	10	62	98	19	41	18	83	99	47	99
28	49	08	96	21	44	25	27	99	41	28	07	41	08	34	66	19	42	74	39	91	41	96	53	78	72
29	78	37	06	08	43	63	61	62	42	29	39	68	95	10	96	09	24	23	00	62	56	12	80	73	16
30	37	21	34	17	68	68	96	83	23	56	32	84	60	15	31	44	73	67	34	77	91	15	79	74	58
31	14	29	09	34	04	87	83	07	55	07	76	58	30	83	64	87	29	25	58	84	86	50	60	00	25
32	58	43	28	06	36	49	52	83	51	14	47	56	91	29	34	05	87	31	06	95	12	45	57	09	09
33	10	43	67	29	70	80	62	80	03	42	10	80	21	38	84	90	56	35	03	09	43	12	74	49	14
34	44	38	88	39	54	86	97	37	44	22	00	95	01	31	76	17	16	29	56	63	38	78	94	49	81
35	90	69	59	19	51	85	39	52	85	13	07	28	37	07	61	11	16	36	27	03	78	86	72	04	95
36	41	47	10	25	62	97	05	31	03	61	20	26	36	31	62	68	69	86	95	44	84	95	48	46	45
37	91	94	14	63	19	75	89	11	47	11	31	56	34	19	09	79	57	92	36	59	14	93	87	81	40
38	80	06	54	18	66	09	18	94	06	19	98	40	07	17	81	22	45	44	84	11	24	62	20	42	31
39	67	72	77	63	48	84	08	31	55	58	24	33	45	77	58	80	45	67	93	82	75	70	16	08	24
40	59	40	24	13	27	79	26	88	86	30	01	31	60	10	39	53	58	47	70	93	85	81	56	39	38
41	05	90	35	89	95	01	61	16	96	94	50	78	13	69	36	37	68	53	37	31	71	26	35	03	71
42	44	43	80	69	98	46	68	05	14	82	90	78	50	05	62	77	79	13	57	44	59	60	10	39	66
43	61	81	31	96	82	0	57	25	60	59	46	72	60	18	77	55	66	12	62	11	08	99	55	64	57
44	42	88	07	10	05	24	98	65	63	21	47	21	61	88	32	27	80	30	21	60	10	92	35	36	12
45	77	94	30	05	39	28	10	99	00	27	12	73	73	99	12	49	99	57	94	82	96	88	57	17	91
46	78	83	19	76	16	94	11	68	84	26	23	54	20	86	85	23	86	66	99	07	36	37	34	92	09
47	87	76	59	61	81	43	63	64	61	61	65	76	36	95	90	18	48	27	45	68	27	23	65	30	72
48	91	43	05	96	47	55	78	99	95	24	37	55	85	78	78	01	48	41	19	10	35	19	54	07	73
49	84	97	77	72	73	09	62	06	65	72	87	12	49	03	60	41	15	20	76	27	50	47	02	29	16
50	87	41	60	76	83	44	88	96	07	80	83	05	83	38	96	73	70	66	81	90	30	56	10	48	59

krik (1982) より

付表 B　基準正規分布表

$F(x) = Pr\{Z \leq x\}$

少数位	.000	.001	.002	.003	.004	.005	.006	.007	.008	.009	.010	
.00	∞	3.0902	2.8782	2.7478	2.6521	2.5758	2.5121	2.4573	2.4089	2.3656	2.3263	.99
.01	2.3263	2.2904	2.2571	2.2262	2.1973	2.1701	2.1444	2.1201	2.0969	2.0749	2.0531	.98
.02	2.0537	2.0335	2.0141	1.9954	1.9774	1.9600	1.9431	1.9268	1.9110	1.8957	1.8808	.97
.03	1.8808	1.8663	1.8522	1.8384	1.8250	1.8119	1.7991	1.7866	1.7744	1.7624	1.7507	.96
.04	1.7507	1.7392	1.7279	1.7169	1.7060	1.6954	1.6849	1.6747	1.6646	1.6546	1.6449	.95
.05	1.6449	1.6352	1.6258	1.6164	1.6072	1.5982	1.5893	1.5805	1.5718	1.5632	1.5545	.94
.06	1.5548	1.5464	1.5382	1.5301	1.5220	1.5141	1.5063	1.4985	1.4909	1.4833	1.4758	.93
.07	1.4758	1.4611	1.3917	1.4538	1.4466	1.4395	1.4325	1.4255	1.4187	1.4118	1.4051	.92
.08	1.4051	1.3984	1.3917	1.3852	1.3787	1.3722	1.3658	1.3595	1.3532	1.3469	1.3408	.91
.09	1.3408	1.3346	1.3285	1.3225	1.3165	1.3106	1.3047	1.2988	1.2930	1.2873	1.2816	.90
.10	1.2816	1.2759	1.2702	1.2646	1.2591	1.2536	1.2481	1.2426	1.2372	1.2319	1.2265	.89
.11	1.2265	1.2212	1.2160	1.2107	1.2055	1.2004	1.1952	1.1901	1.1850	1.1800	1.1750	.88
.12	1.1750	1.1700	1.1650	1.1601	1.1552	1.1503	1.1455	1.1407	1.1159	1.1311	1.1264	.87
.13	1.1264	1.1217	1.1170	1.1123	1.1071	1.1031	1.0985	1.0939	1.0893	1.0848	1.0803	.86
.14	1.0800	1.0758	1.0714	1.0669	1.0625	1.0581	1.0537	1.0494	1.0450	1.0407	1.0364	.85
.15	1.0364	1.0322	1.0279	1.0237	1.0194	1.0152	1.0110	1.0069	1.0027	0.9986	0.9945	.84
.16	0.9945	0.9904	0.9863	0.9822	0.9782	0.9741	0.9701	0.9661	0.9621	0.9581	0.9542	.83
.17	0.9542	0.9502	0.9463	0.9424	0.9385	0.9346	0.9307	0.9269	0.9230	0.9192	0.9154	.82
.18	0.9154	0.9116	0.9078	0.9040	0.9002	0.8965	0.8927	0.8890	0.8853	0.8816	0.8779	.81
.19	0.8779	0.8742	0.8705	0.8669	0.8633	0.8596	0.8560	0.8524	0.8488	0.8452	0.8416	.80
.20	0.8416	0.8381	0.8345	0.8310	0.8274	0.8239	0.8204	0.8169	0.8134	0.8099	0.8064	.79
.21	0.8064	0.8030	0.7995	0.7961	0.7926	0.7892	0.7858	0.7824	0.7290	0.7756	0.7722	.78
.22	0.7722	0.7688	0.7655	0.7621	0.7588	0.7554	0.7521	0.7488	0.7454	0.7482	0.7388	.77
.23	0.7388	0.7356	0.7323	0.7290	0.7257	0.7225	0.7192	0.7160	0.7128	0.7095	0.7063	.76
.24	0.7063	0.7031	0.6999	0.6967	0.6935	0.6903	0.6871	0.6840	0.6808	0.6776	0.6745	.75
.25	0.6745	0.6713	0.6682	0.6651	0.6620	0.6588	0.6557	0.6526	0.6495	0.6464	0.6433	.74
.26	0.6433	0.6403	0.6372	0.6341	0.6311	0.6280	0.6250	0.6219	0.6189	0.6158	0.6128	.73
.27	0.6128	0.6098	0.6068	0.6038	0.6008	0.5978	0.5948	0.5918	0.5888	0.5858	0.5828	.72
.28	0.5828	0.5799	0.5769	0.5740	0.5710	0.5681	0.5651	0.5622	0.5592	0.5563	0.5534	.71
.29	0.5534	0.5505	0.5476	0.5446	0.5417	0.5388	0.5359	0.5330	0.5302	0.5273	0.5244	.70
.30	0.5244	0.5215	0.5187	0.5158	0.5129	0.5101	0.5072	0.5044	0.5015	0.4987	0.4959	.69
.31	0.4959	0.4930	0.4902	0.4874	0.4845	0.4817	0.4789	0.4761	0.4733	0.4705	0.4677	.68
.32	0.4677	0.4649	0.4621	0.4593	0.4565	0.4538	0.4510	0.4482	0.4454	0.4427	0.4399	.67
.33	0.4399	0.4372	0.4344	0.4316	0.4289	0.4261	0.4234	0.4207	0.4179	0.4152	0.4125	.66
.34	0.4125	0.4097	0.4070	0.4043	0.4016	0.3989	0.3961	0.3934	0.3907	0.3880	0.3853	.65
.35	0.3853	0.3826	0.3799	0.3772	0.3745	0.3719	0.3692	0.3665	0.3638	0.3611	0.3585	.64
.36	0.3585	0.3558	0.3531	0.3505	0.3478	0.3451	0.3425	0.3398	0.3372	0.3345	0.3319	.63
.37	0.3319	0.3292	0.3266	0.3239	0.3213	0.3186	0.3160	0.3134	0.3107	0.3081	0.1055	.62
.38	0.3055	0.3029	0.3002	0.2976	0.2950	0.2924	0.2898	0.2871	0.2845	0.2819	0.2793	.61
.39	0.2793	0.2767	0.2741	0.2715	0.2689	0.2663	0.2637	0.2611	0.2585	0.2559	0.2533	.60
.40	0.2533	0.2508	0.2482	0.2456	0.2430	0.2404	0.2378	0.2353	0.2327	0.2301	0.2275	.59
.41	0.2275	0.2250	0.2224	0.2198	0.2173	0.2147	0.2121	0.2096	0.2070	0.2045	0.2019	.58
.42	0.2019	0.1993	0.1968	0.1942	0.1917	0.1891	0.1866	0.1840	0.1815	0.1789	0.1764	.57
.43	0.1764	0.1738	0.1713	0.1687	0.1662	0.1637	0.1611	0.1586	0.1560	0.1535	0.1510	.56
.44	0.1510	0.1484	0.1459	0.1434	0.1408	0.1383	0.1358	0.1332	0.1307	0.1282	0.1257	.55
.45	0.1257	0.1231	0.1206	0.1181	0.1156	0.1130	0.1105	0.1080	0.1055	0.1030	0.1004	.54
.46	0.1004	0.0979	0.0954	0.0929	0.0904	0.0878	0.0853	0.0828	0.0803	0.0778	0.0753	.53
.47	0.0753	0.0728	0.0702	0.0677	0.0652	0.0627	0.0602	0.0577	0.0552	0.0527	0.0508	.52
.48	0.0502	0.0476	0.0451	0.0426	0.0401	0.0376	0.0351	0.0326	0.0301	0.0276	0.0251	.51
.49	0.0251	0.0226	0.0201	0.0175	0.0150	0.0125	0.0100	0.0075	0.0050	0.0025	0.0000	.50
	.010	.009	.008	.007	.006	.005	.004	.003	.002	.001	.000	少数位

$F(x) = 0.5$ 以下に対応する x には負号をつけて読み取ること．北川・稲葉（1979）より．

付表C　t分布表
$Pr\{|t| \geq t_0\}$

n \ Pr	0.50	0.25	0.10	0.05	0.025	0.01	0.005
1	1.00000	2.4142	6.3138	12.706	25.452	63.657	127.32
2	0.81650	1.6036	2.9200	4.3027	6.2053	9.9248	14.089
3	0.76489	1.4226	2.3534	3.1825	4.1765	5.8409	7.4533
4	0.74070	1.3444	2.1318	2.7764	3.4954	4.6041	5.5976
5	0.72669	1.3009	2.0150	2.5706	3.1634	4.0321	4.7733
6	0.71756	1.2733	1.9432	2.4469	2.9687	3.7074	4.3168
7	0.71114	1.2543	1.8946	2.3646	2.8412	3.4995	4.0293
8	0.70639	1.2403	1.8595	2.3060	2.7515	3.3554	3.8325
9	0.70272	1.2297	1.8331	2.2622	2.6850	3.2498	3.6897
10	0.69981	1.2213	1.8125	2.2281	2.6338	3.1693	3.5814
11	0.69745	1.2145	1.7959	2.2010	2.5931	3.1058	3.4966
12	0.69548	1.2089	1.7823	2.1788	2.5600	3.0545	3.4284
13	0.69384	1.2041	1.7709	2.1604	2.5326	3.0123	3.3725
14	0.69242	1.2001	1.7613	2.1448	2.5096	2.9768	3.3257
15	0.69120	1.1967	1.7530	2.1315	2.4899	2.9467	3.2860
16	0.69013	1.1937	1.7459	2.1199	2.4729	2.9208	3.2520
17	0.68919	1.1910	1.7396	2.1098	2.4581	2.8982	3.2225
18	0.68837	1.1887	1.7341	2.1009	2.4450	2.8784	3.1966
19	0.68763	1.1866	1.7291	2.0930	2.4334	2.8609	3.1737
20	0.68696	1.1848	1.7247	2.0860	2.4231	2.8453	3.1534
21	0.68635	1.1831	1.7207	2.0796	2.4138	2.8314	3.1352
22	0.68580	1.1816	1.7171	2.0739	2.4055	2.8188	3.1188
23	0.68531	1.1802	1.7139	2.0687	2.3979	2.8073	3.1040
24	0.68485	1.1789	1.7109	2.0639	2.3910	2.7969	3.0905
25	0.68443	1.1777	1.7081	2.0595	2.3846	2.7874	3.0782
26	0.68405	1.1766	1.7056	2.0555	2.3788	2.7787	3.0669
27	0.68370	1.1757	1.7033	2.0518	2.3734	2.7707	3.0565
28	0.68335	1.1748	1.7011	2.0484	2.3685	2.7633	3.0469
29	0.68304	1.1739	1.6991	2.0452	2.3638	2.7564	3.0380
30	0.68276	1.1731	1.6973	2.0423	2.3596	2.7500	3.0298
40	0.68066	1.1673	1.6839	2.0211	2.3289	2.7045	2.9712
60	0.67862	1.1616	1.6707	2.0003	2.2991	2.6603	2.9146
120	0.67656	1.1559	1.6577	1.9799	2.2699	2.6174	2.8599
∞	0.67449	1.1503	1.6449	1.9600	2.2414	2.5758	2.8070

北川・稲葉（1979）より.

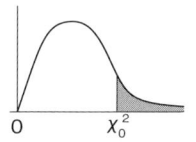

付表D　カイ二乗分布表
$Pr\{\chi^2 \geq \chi_0^2\}$

Pr	.99	.98	.95	.90	.80	.70	.50	.30	.20	.10	.05	.02	.01	.001
1	$.0^3 157$	$.0^3 628$	.00393	.0158	.0642	.148	.455	1.074	1.642	2.706	3.841	5.412	6.635	10.827
2	0.201	.0404	.103	.211	.446	.713	1.386	2.408	3.219	4.605	5.991	7.824	9.210	13.815
3	.115	.185	.352	.584	1.005	1.424	2.366	3.665	4.642	6.251	7.815	9.837	11.345	16.268
4	.297	.429	.711	1.064	1.649	2.195	3.357	4.878	5.989	7.779	9.488	11.668	13.277	18.465
5	.554	.752	1.145	1.610	2.343	3.000	4.351	6.064	7.289	9.236	11.070	13.388	15.086	20.517
6	.872	1.134	1.635	2.204	3.070	3.828	5.348	7.231	8.558	10.645	12.592	15.033	16.812	22.457
7	1.239	1.564	2.167	2.833	3.822	4.671	6.346	8.383	9.803	12.017	14.067	16.622	18.475	24.322
8	1.646	2.032	2.733	3.490	4.594	5.527	7.344	9.524	11.030	13.362	15.507	18.168	20.090	26.125
9	2.088	2.532	3.325	4.168	5.380	6.393	8.343	10.656	12.242	14.684	16.919	19.679	21.666	27.877
10	2.558	3.059	3.940	4.865	6.179	7.267	9.342	11.781	13.442	15.987	18.307	21.161	23.209	29.588
11	3.053	3.609	4.575	5.578	6.989	8.148	10.341	12.899	14.631	17.275	19.675	22.618	24.725	31.264
12	3.571	4.178	5.226	6.304	7.807	9.034	11.430	14.011	15.812	18.549	21.026	24.054	26.217	32.909
13	4.107	4.765	5.892	7.042	8.634	9.926	12.340	15.119	16.985	19.812	22.362	25.472	27.688	34.528
14	4.660	5.368	6.571	7.790	9.467	10.821	13.339	16.222	18.151	21.064	23.685	26.873	29.141	36.123
15	5.229	5.985	7.261	8.547	10.307	11.721	14.339	17.322	19.311	22.307	24.996	28.259	30.578	37.697
16	5.812	6.614	7.962	9.312	11.152	12.624	15.338	18.418	20.465	23.275	29.296	29.633	32.000	39.252
17	6.408	7.255	8.672	10.085	12.002	13.531	16.338	19.511	21.615	24.769	27.587	30.995	33.409	40.790
18	7.015	7.906	9.390	10.865	12.857	14.440	17.338	20.601	22.760	25.989	28.869	32.346	34.805	42.312
19	7.633	8.567	10.117	11.651	13.716	15.352	18.338	21.689	23.900	27.204	30.144	33.687	36.191	43.820
20	8.260	9.237	10.851	12.443	14.578	16.266	19.337	22.775	25.038	28.412	31.410	35.020	37.566	45.315
21	8.897	9.915	11.591	13.240	15.445	17.182	20.337	23.858	26.171	29.615	32.671	36.343	38.932	46.797
22	9.542	10.600	12.338	14.041	16.314	18.101	21.337	24.939	27.301	30.813	33.924	37.659	40.289	48.268
23	10.196	11.293	13.091	14.848	17.187	19.021	22.337	26.018	28.429	32.007	35.172	38.968	41.638	49.728
24	10.856	11.992	13.848	15.659	18.062	19.943	23.337	27.096	29.553	33.196	36.415	40.270	42.980	51.179
25	11.524	12.697	14.611	16.473	18.940	20.867	24.337	28.172	30.675	34.382	37.652	41.566	44.314	52.620
26	12.198	13.409	15.379	17.292	19.820	21.792	25.336	29.246	31.795	35.563	38.885	42.856	45.642	54.052
27	12.879	14.125	16.151	18.114	20.703	22.719	26.336	30.319	32.912	36.741	40.113	44.140	46.963	55.476
28	13.465	14.847	16.928	18.939	21.588	23.647	27.336	31.391	34.027	37.916	41.337	45.419	48.278	56.893
29	14.256	15.574	17.708	19.768	22.475	24.577	28.336	32.461	35.139	39.087	42.557	46.693	49.588	58.302
30	14.953	16.306	18.493	20.599	23.364	25.508	29.336	33.530	36.250	40.256	43.773	47.962	50.892	59.703

北川・稲葉（1979）より．

付表 E-1　F 分布表（1）

$n_1, n_2, Pr\{F \geq F_0\} = 0.05$

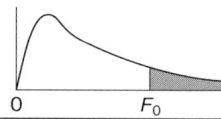

n_2 \ n_1	1	2	3	4	5	6	7	8	9	10	11	12
1	161	200	216	225	230	234	237	239	241	242	243	244
2	18.51	19.00	19.16	19.25	19.30	19.33	19.36	19.37	19.38	19.39	19.40	19.41
3	10.13	9.55	9.28	9.12	9.01	8.94	8.88	8.84	8.81	8.78	8.76	8.74
4	7.71	6.94	6.59	6.39	6.26	6.16	6.09	6.04	6.00	5.96	5.93	5.91
5	6.61	5.79	5.41	5.19	5.05	4.95	4.88	4.82	4.78	4.74	4.70	4.68
6	5.99	5.14	4.76	4.53	4.39	4.28	4.21	4.15	4.10	4.06	4.03	4.00
7	5.59	4.74	4.35	4.12	3.97	3.87	3.79	3.73	3.68	3.63	3.60	3.57
8	5.32	4.46	4.07	3.84	3.69	3.58	3.50	3.44	3.39	3.34	3.31	3.28
9	5.12	4.26	3.86	3.63	3.48	3.37	3.29	3.23	3.18	3.13	3.10	3.07
10	4.96	4.10	3.71	3.48	3.33	3.22	3.14	3.07	3.02	2.97	2.94	2.91
11	4.84	3.98	3.59	3.36	3.20	3.09	3.01	2.95	2.90	2.86	2.82	2.79
12	4.75	3.88	3.49	3.26	3.11	3.00	2.92	2.85	2.80	2.76	2.72	2.69
13	4.67	3.80	3.41	3.18	3.02	2.92	2.84	2.77	2.72	2.67	2.63	2.60
14	4.60	3.74	3.34	3.11	2.96	2.85	2.77	2.70	2.65	2.60	2.56	2.60
15	4.54	3.68	3.29	3.06	2.90	2.79	2.70	2.64	2.59	2.55	2.51	2.48
16	4.49	3.63	3.24	3.01	2.85	2.74	2.66	2.59	2.54	2.49	2.45	2.42
17	4.45	3.50	3.20	2.96	2.81	2.70	2.62	2.55	2.50	2.45	2.41	2.38
18	4.41	3.55	3.16	2.93	2.77	2.66	2.58	2.51	2.46	2.41	2.37	2.34
19	4.38	3.52	3.13	2.90	2.74	2.63	2.55	2.48	2.43	2.38	2.34	2.31
20	4.35	3.49	3.10	2.87	2.71	2.60	2.52	2.45	2.40	2.35	2.31	2.28
21	4.32	3.47	3.07	2.84	2.68	2.57	2.49	2.42	2.37	2.32	2.28	2.25
22	4.30	3.44	3.05	2.82	2.66	2.55	2.47	2.40	2.35	2.30	2.26	2.23
23	4.28	3.42	3.03	2.80	2.64	2.53	2.45	2.38	2.32	2.28	2.24	2.20
24	4.26	3.40	3.01	2.78	2.62	2.51	2.43	2.36	2.30	2.26	2.22	2.18
25	4.24	3.38	2.99	2.76	2.60	2.49	2.41	2.34	2.28	2.24	2.20	2.16
26	4.22	3.37	2.98	2.74	2.59	2.47	2.39	2.32	2.27	2.22	2.18	2.15
27	4.21	3.35	2.96	2.73	2.57	2.46	2.37	2.30	2.25	2.20	2.16	2.13
28	4.20	3.34	2.95	2.71	2.56	2.44	2.36	2.29	2.24	2.19	2.15	2.12
29	4.18	3.33	2.93	2.70	2.54	2.43	2.35	2.28	2.22	2.18	2.14	2.10
30	4.17	3.32	2.92	2.69	2.53	2.42	2.34	2.27	2.21	2.16	2.12	2.09
32	4.15	3.30	2.90	2.67	2.51	2.40	2.32	2.25	2.19	2.14	2.10	2.07
34	4.13	3.28	2.88	2.65	2.49	2.38	2.30	2.23	2.17	2.12	2.08	2.05
36	4.11	3.26	2.86	2.63	2.48	2.36	2.28	2.21	2.15	2.10	2.06	2.03
38	4.10	3.25	2.85	2.62	2.46	2.35	2.26	2.19	2.14	2.09	2.05	2.02
40	4.08	3.23	2.84	2.61	2.45	2.34	2.25	2.18	2.12	2.07	2.04	2.00
42	4.07	3.22	2.83	2.59	2.44	2.32	2.24	2.17	2.11	2.06	2.02	1.99
44	4.06	3.21	2.82	2.58	2.43	2.31	2.23	2.16	2.10	2.05	2.01	1.98
46	4.05	3.20	2.81	2.57	2.42	2.30	2.22	2.14	2.09	2.04	2.00	1.97
48	4.04	3.19	2.80	2.56	2.41	2.30	2.21	2.14	2.08	2.03	1.99	1.96
50	4.03	3.18	2.79	2.56	2.40	2.29	2.20	2.13	2.07	2.02	1.98	1.95
55	4.02	3.17	2.78	2.54	2.38	2.27	2.18	2.11	2.05	2.00	1.97	1.93
60	4.00	3.15	2.76	2.52	2.37	2.25	2.17	2.10	2.04	1.99	1.95	1.92
65	3.99	3.14	2.75	2.51	2.36	2.24	2.15	2.08	2.02	1.98	1.94	1.90
70	3.98	3.13	2.74	2.50	2.35	2.23	2.14	2.07	2.01	1.97	1.93	1.89
80	3.96	3.11	2.72	2.48	2.33	2.21	2.12	2.05	1.99	1.95	1.91	1.88
100	2.94	3.09	2.70	2.46	2.30	2.19	2.10	2.03	1.97	1.92	1.88	1.85
125	3.92	3.07	2.68	2.44	2.29	2.17	2.08	2.01	1.95	1.90	1.86	1.83
150	3.91	3.06	2.67	2.43	2.27	2.16	2.07	2.00	1.94	1.89	1.85	1.82
200	3.89	3.04	2.65	2.41	2.26	2.14	2.05	1.98	1.92	1.87	1.83	1.80
400	3.86	3.02	2.62	2.39	2.23	2.12	2.03	1.96	1.90	1.85	1.81	1.78
1,000	3.85	3.00	2.61	2.38	2.22	2.10	2.02	1.95	1.89	1.84	1.80	1.76
∞	3.84	2.99	2.60	2.37	2.21	2.09	2.01	1.94	1.88	1.83	1.79	1.75

北川・稲葉（1979）より．

付表 E-2　F 分布表（2）

n_2\\n_1	14	16	20	24	30	40	50	75	100	200	500	∞
1	245	246	248	249	250	251	252	253	253	254	254	254
2	19.42	19.43	19.44	19.45	19.46	19.47	19.47	19.48	19.49	19.49	19.50	19.50
3	8.71	8.69	8.66	8.64	8.62	8.60	8.58	8.57	8.56	8.54	8.54	8.53
4	5.87	5.84	5.80	5.77	5.74	5.71	5.70	5.68	5.66	5.65	5.64	5.63
5	4.64	4.60	4.56	4.53	4.50	4.46	4.44	4.42	4.40	4.38	4.37	4.36
6	3.96	3.92	3.87	3.84	3.81	3.77	3.75	3.72	3.71	3.69	3.68	3.67
7	3.52	3.49	3.44	3.41	3.38	3.34	3.32	3.29	3.28	3.25	3.24	3.23
8	3.23	3.2.	3.15	3.12	3.08	3.05	3.03	3.00	2.98	2.96	2.94	2.93
9	3.02	2.98	2.93	2.90	2.86	2.82	2.80	2.77	2.76	2.73	2.72	2.71
10	2.86	2.82	2.77	2.74	2.70	2.67	2.64	2.61	2.59	2.56	2.55	2.54
11	2.74	2.70	2.65	2.61	2.57	2.53	2.50	2.47	2.45	2.42	2.41	2.40
12	2.64	2.60	2.54	2.50	2.46	2.42	2.40	2.36	2.35	2.32	2.31	2.30
13	2.55	2.51	2.46	2.42	2.38	2.34	2.32	2.28	2.26	2.24	2.22	2.21
14	2.48	2.44	2.39	2.35	2.31	2.27	2.24	2.21	2.19	2.16	2.14	2.13
15	2.43	2.39	2.33	2.29	2.25	2.21	2.18	2.15	2.12	2.10	2.08	2.07
16	2.37	2.33	2.28	2.24	2.20	2.16	2.13	2.09	2.07	2.04	2.02	2.01
17	2.33	2.29	2.23	2.19	2.15	2.11	2.08	2.04	2.02	1.99	1.97	1.96
18	2.29	2.25	2.19	2.15	2.11	2.07	2.04	2.00	1.98	2.95	2.93	2.92
19	2.26	2.21	2.15	2.11	2.07	2.02	2.00	1.96	1.94	1.91	1.90	1.88
20	2.23	2.18	2.13	2.08	2.04	1.99	1.96	1.92	1.90	1.87	1.85	1.84
21	2.20	2.15	2.09	2.05	2.00	1.96	1.93	1.89	1.87	1.84	1.82	1.81
22	2.18	2.13	2.07	2.03	1.98	1.93	1.91	1.87	1.84	1.81	1.80	1.78
23	2.14	2.10	2.04	2.00	1.96	1.91	1.88	1.84	1.82	1.79	1.77	1.76
24	2.13	2.09	2.02	1.98	1.94	2.89	1.86	1.82	1.80	1.76	1.74	1.73
25	2.11	2.06	2.00	1.96	2.92	2.87	2.84	2.80	1.77	1.74	1.72	1.71
26	2.10	2.05	1.99	1.95	1.90	1.85	1.82	1.78	1.76	1.72	1.70	1.69
27	2.08	2.03	1.97	1.93	1.88	1.84	1.80	1.76	1.74	1.71	1.68	1.67
28	2.06	2.02	1.96	1.91	1.87	1.81	1.78	1.75	1.72	1.69	1.67	1.65
29	2.05	2.00	1.94	2.90	1.85	1.80	1.77	1.73	1.71	1.68	1.65	1.64
30	2.04	1.99	1.93	1.89	1.84	1.79	1.76	1.72	1.69	1.66	1.64	1.62
32	2.02	1.97	1.91	1.86	1.82	1.76	1.74	1.69	1.67	1.64	1.64	1.59
34	2.00	1.95	1.89	1.84	1.80	1.74	1.71	1.67	1.64	1.61	1.59	1.57
36	1.98	1.93	1.87	1.82	1.78	1.72	1.69	1.65	1.62	1.59	1.56	1.55
38	1.96	1.92	1.85	1.80	1.76	1.71	1.67	1.63	1.60	1.57	1.54	1.53
40	1.95	1.90	1.84	1.79	1.74	1.69	1.66	1.61	1.59	1.55	1.53	1.51
42	1.94	1.89	1.82	1.78	1.73	1.68	1.64	1.60	1.57	1.54	1.51	1.49
44	1.92	1.88	1.81	1.76	1.72	1.66	1.63	1.58	1.56	1.52	1.50	1.48
46	1.91	1.87	1.80	1.75	1.71	1.65	1.62	1.57	1.54	1.51	1.48	1.46
48	1.90	1.86	1.79	1.74	1.70	1.64	1.61	1.56	1.53	1.50	1.47	1.45
50	1.90	1.85	1.78	1.74	1.69	1.63	1.60	1.55	1.52	1.48	1.46	1.44
55	1.88	1.83	1.76	1.72	1.67	1.61	1.58	1.52	1.50	1.46	1.43	1.41
60	1.86	1.81	1.75	1.70	1.65	1.59	1.56	1.50	1.48	1.44	1.41	1.39
65	1.85	1.80	1.73	1.68	1.63	1.57	1.54	1.49	1.46	1.42	1.39	1.37
70	1.84	1.79	1.72	1.67	1.62	1.56	1.53	1.47	1.45	1.40	1.37	1.35
80	1.82	1.77	1.70	1.65	1.60	1.54	1.51	1.45	1.42	1.38	1.35	1.32
100	1.79	1.75	1.68	1.63	1.57	1.51	1.48	1.42	1.39	1.34	1.30	1.28
125	1.77	1.72	1.65	1.60	1.55	1.49	1.45	1.39	1.36	1.31	1.27	1.25
150	1.76	1.71	1.64	1.59	1.54	1.47	1.44	1.37	1.34	1.29	1.25	1.22
200	1.74	1.69	1.62	1.57	1.52	1.45	1.42	1.35	1.32	1.26	1.22	1.19
400	1.72	1.67	1.60	1.54	1.49	1.42	1.38	1.32	1.28	1.22	1.16	1.13
1,000	1.70	1.65	1.58	1.53	1.47	1.41	1.36	1.30	1.26	1.19	1.13	1.08
∞	1.69	1.64	1.57	1.52	1.46	1.40	1.35	1.28	1.24	1.17	1.11	1.00

付表 E-3　F 分布表（3）

$n_1, n_2, Pr\{F \geq F_0\} = 0.01$

n_2＼n_1	1	2	3	4	5	6	7	8	9	10	11	12
1	4052	4999	5403	5625	5764	5859	5928	5981	6022	6056	6082	6106
2	98.49	99.00	99.17	99.25	99.30	99.33	99.34	99.36	99.38	99.40	99.41	99.42
3	34.12	30.81	29.46	28.71	28.24	27.91	27.67	27.49	27.34	27.23	27.13	27.05
4	21.20	18.00	16.69	15.98	15.52	15.21	14.98	14.80	14.66	14.54	14.45	14.37
5	16.26	13.27	12.06	11.39	10.97	10.67	10.45	10.27	10.15	10.05	9.96	9.89
6	13.74	10.92	9.78	9.15	8.75	8.47	8.26	8.10	7.98	7.87	7.79	7.72
7	12.25	9.55	8.45	7.85	7.46	7.19	7.00	6.84	6.71	6.62	6.54	6.47
8	11.26	8.65	7.59	7.01	6.63	6.37	6.19	6.03	5.91	5.82	5.74	5.67
9	10.56	8.02	6.99	6.42	6.06	5.80	5.62	5.47	5.35	5.26	5.18	5.11
10	10.04	7.56	6.55	5.99	5.64	5.39	5.21	5.06	4.95	4.85	4.78	4.71
11	9.65	7.20	6.22	5.67	5.32	5.07	4.88	4.74	4.63	4.54	4.46	4.40
12	9.33	6.93	5.95	5.41	5.06	4.82	4.65	4.50	4.39	4.30	4.22	4.16
13	9.07	6.70	5.74	5.20	4.86	4.62	4.44	4.30	4.19	4.10	4.02	3.96
14	8.86	6.51	5.56	5.03	4.69	4.46	4.28	4.14	4.03	3.94	3.86	3.80
15	8.68	6.36	5.42	4.89	4.56	4.32	4.14	4.00	3.89	3.80	3.73	3.67
16	8.53	6.23	5.29	4.77	4.44	4.20	4.03	3.89	3.78	3.69	3.61	3.55
17	8.40	6.11	5.18	4.67	4.34	4.10	3.93	3.79	3.68	3.59	3.52	3.45
18	8.28	6.01	5.09	4.58	4.25	4.01	3.85	3.71	3.60	3.51	3.44	3.37
19	8.18	5.93	5.01	4.50	4.17	3.94	3.77	3.63	3.52	3.43	3.36	3.30
20	8.10	5.85	4.94	4.43	4.10	3.87	3.71	3.56	3.45	3.37	3.30	3.23
21	8.02	5.78	4.87	4.37	4.04	3.81	3.65	3.51	3.40	3.31	3.24	3.17
22	7.94	5.72	4.82	4.31	3.99	3.76	3.59	3.45	3.35	3.26	3.18	3.12
23	7.88	5.66	4.76	4.26	3.94	3.71	3.54	3.41	3.30	3.21	3.14	3.07
24	7.82	5.61	4.72	4.22	3.90	3.67	3.50	3.36	3.25	3.17	3.09	3.03
25	7.77	5.57	4.68	4.18	3.86	3.63	3.46	3.32	3.21	3.13	3.05	2.99
26	7.72	5.53	4.64	4.14	3.82	3.59	3.42	3.29	3.17	3.09	3.02	2.96
27	7.68	5.49	4.60	4.11	3.79	3.56	3.39	3.26	3.14	3.06	2.98	2.93
28	7.64	5.45	4.57	4.07	3.76	3.53	3.36	3.23	3.11	3.03	2.95	2.90
29	7.60	5.42	4.54	4.04	3.73	3.50	3.33	3.20	3.08	3.00	2.92	2.87
30	7.56	5.39	4.51	4.02	3.70	3.47	3.30	3.17	3.06	2.98	2.90	2.84
32	7.50	5.34	4.46	3.97	3.66	3.42	3.25	3.12	3.01	2.94	2.86	2.80
34	7.44	5.29	4.42	3.93	3.61	3.38	3.21	3.08	2.97	2.89	2.82	2.76
36	7.39	5.25	4.38	3.89	3.58	3.35	3.18	3.04	2.94	2.86	2.78	2.72
38	7.35	5.21	4.34	3.86	3.54	3.32	3.15	3.02	2.91	2.82	2.75	2.69
40	7.31	5.18	4.31	3.83	3.51	3.29	3.12	2.99	2.88	2.80	2.73	2.66
42	7.27	5.15	4.29	3.80	3.49	3.26	3.10	2.96	3.86	2.77	2.70	2.64
44	7.24	5.12	4.26	3.78	3.46	3.24	3.07	2.94	2.84	2.75	2.68	2.62
46	7.21	5.10	4.24	3.76	3.44	3.22	3.05	2.92	2.82	2.73	2.66	2.60
48	7.19	5.08	4.22	3.74	3.42	3.20	3.04	2.90	2.80	2.71	2.64	2.58
50	7.17	5.06	4.20	3.72	3.41	3.18	3.02	2.88	2.78	2.70	2.62	2.56
55	7.12	5.01	4.16	3.68	3.37	3.15	2.98	2.85	2.75	2.66	2.59	2.53
60	7.08	4.98	4.13	3.65	3.34	3.12	2.95	2.82	2.72	2.63	2.56	2.50
65	7.04	4.95	4.10	3.62	3.31	3.09	2.93	2.79	2.70	2.61	2.54	2.47
70	7.01	4.92	4.08	3.60	3.29	3.07	2.91	2.77	2.67	2.59	2.51	2.45
80	6.96	4.88	4.04	3.56	3.25	3.04	2.87	2.74	2.64	2.55	2.48	2.41
100	6.90	4.82	3.98	3.51	3.20	2.99	2.82	2.69	2.59	2.51	2.43	2.36
125	6.84	4.78	3.94	3.47	3.17	2.95	2.79	2.65	2.56	2.47	2.40	2.33
150	6.81	4.75	3.91	3.44	3.14	2.92	2.76	2.62	2.53	2.44	2.37	2.30
200	6.76	4.71	3.88	3.41	3.11	2.90	2.73	2.60	2.50	2.41	2.34	2.28
400	6.70	4.66	3.83	3.36	3.06	2.85	2.69	2.55	2.46	2.37	3.29	2.23
1,000	6.66	4.62	3.80	3.34	3.04	2.82	2.66	2.53	2.43	2.34	2.26	2.20
∞	6.64	4.60	3.78	3.32	3.02	2.80	2.64	2.51	2.41	2.32	2.24	2.18

付表 E-4　F 分布表（4）

n_2\n_1	14	16	20	24	30	40	50	75	100	200	500	∞
1	6142	6169	6208	6234	6258	6286	6302	6323	6334	6352	6361	6366
2	99.43	99.44	99.45	99.46	99.47	99.48	99.48	99.49	99.49	99.49	99.50	99.50
3	26.92	26.83	26.69	26.60	26.50	26.41	26.35	26.27	26.23	26.18	26.14	26.12
4	14.24	14.15	14.02	13.93	13.83	13.74	13.69	13.61	13.57	13.52	13.48	13.46
5	9.77	9.68	9.55	9.47	9.38	9.29	9.24	9.17	9.13	9.07	9.04	9.02
6	7.60	7.52	7.39	7.31	7.23	7.14	7.09	7.02	6.99	6.94	6.90	6.88
7	6.35	6.27	6.15	6.07	5.98	5.90	5.85	5.78	5.75	5.70	5.67	5.65
8	5.56	5.48	5.36	5.28	5.20	5.11	5.06	5.00	4.96	4.91	4.88	4.86
9	5.00	4.92	4.80	4.73	4.64	4.56	4.51	4.45	4.41	4.36	4.33	4.31
10	4.60	4.52	4.41	4.33	4.25	4.17	4.12	4.05	4.01	3.96	3.93	3.91
11	4.29	4.21	4.10	4.02	3.94	3.86	3.80	3.74	3.70	3.66	3.62	3.60
12	4.05	3.98	3.86	3.78	3.70	3.61	3.56	3.49	3.46	3.41	3.38	3.36
13	3.85	3.78	3.67	3.59	3.51	3.42	3.37	3.30	3.27	3.21	3.18	3.16
14	3.70	3.62	3.51	3.43	3.34	3.26	3.21	3.14	3.11	3.06	3.02	3.00
15	3.56	3.48	3.36	3.29	3.20	3.12	3.07	3.00	2.97	2.92	2.89	2.87
16	3.45	3.37	3.25	3.18	3.10	3.01	2.96	2.89	2.86	2.80	2.77	2.75
17	3.35	3.27	3.16	3.08	3.00	2.92	2.86	2.79	2.76	2.70	2.67	2.65
18	3.37	3.19	3.07	3.00	2.91	2.83	2.78	2.71	2.68	2.62	2.59	2.57
19	3.19	3.12	3.00	2.92	2.84	2.76	2.70	2.63	2.60	2.54	2.51	2.49
20	3.13	3.05	2.94	2.86	2.77	2.69	2.63	2.56	2.53	2.47	2.44	2.42
21	3.07	2.99	2.88	2.80	2.72	2.63	2.58	2.51	2.47	2.42	2.38	2.36
22	3.02	2.94	2.83	2.75	2.67	2.58	2.53	2.46	2.42	2.37	2.33	2.31
23	2.97	2.89	2.78	2.70	2.62	2.53	2.48	2.41	2.37	2.32	2.28	2.26
24	2.93	2.85	2.74	2.66	2.58	2.49	2.44	2.36	2.33	2.27	2.23	2.21
25	2.89	2.81	2.70	2.62	2.54	2.45	2.40	2.32	2.29	2.23	2.19	2.17
26	2.86	2.77	2.66	2.58	2.50	2.41	2.36	2.28	2.25	2.19	2.15	2.13
27	2.83	2.74	2.63	2.55	2.47	2.38	2.33	2.25	2.21	2.16	2.12	2.10
28	2.80	2.71	2.60	2.52	2.44	2.35	2.30	2.22	2.18	2.13	2.09	2.06
29	2.77	2.68	2.57	2.49	2.41	2.32	2.27	2.19	2.15	2.10	2.06	2.03
30	2.74	2.66	2.55	2.47	2.38	2.29	2.24	2.16	2.13	2.07	2.03	2.01
32	2.70	2.62	2.51	2.42	2.34	2.25	2.20	2.12	2.08	2.02	1.98	1.96
34	2.66	2.58	2.47	2.38	2.30	2.21	2.15	2.08	2.04	1.98	1.94	1.91
36	2.62	2.54	2.43	2.35	2.26	2.17	2.12	2.04	2.00	1.94	2.90	1.87
38	2.59	2.51	2.40	2.32	2.22	2.14	2.08	2.00	1.97	1.90	1.86	1.84
40	2.56	2.49	2.37	2.29	2.20	2.11	2.05	1.97	1.94	1.88	1.84	1.81
42	2.54	2.46	2.35	2.26	2.17	2.08	2.02	1.94	1.91	1.85	1.80	1.78
44	2.52	2.44	2.32	2.24	2.15	2.06	2.00	1.92	1.88	1.82	1.78	1.75
46	2.50	2.42	2.30	2.22	2.13	2.04	1.98	1.90	1.86	1.80	1.76	1.72
48	2.48	2.40	2.28	2.20	2.11	2.02	1.96	1.88	1.84	1.78	1.73	1.70
50	2.46	2.39	2.26	2.18	2.10	2.00	1.94	1.86	1.82	1.76	1.71	1.68
55	2.43	2.35	2.23	2.15	2.06	1.96	1.90	1.82	1.78	1.71	1.66	1.64
60	2.40	2.32	2.20	2.12	2.03	1.93	1.87	1.79	1.74	1.68	1.63	1.60
65	2.37	2.30	2.18	2.09	2.00	1.90	1.84	1.76	1.71	1.64	1.60	1.56
70	2.35	2.28	2.15	2.07	1.98	1.88	1.82	1.74	1.69	1.62	1.56	1.53
80	2.32	2.24	2.11	2.03	1.94	1.84	1.78	1.70	1.65	1.57	1.52	1.49
100	2.26	2.19	2.06	1.98	1.89	1.79	1.73	1.64	1.59	1.51	1.46	1.43
125	2.23	2.15	2.03	1.94	1.85	1.75	1.68	1.59	1.54	1.46	1.40	1.37
150	2.20	2.12	2.00	1.91	1.83	1.72	1.66	1.56	1.51	1.43	1.37	1.33
200	2.17	2.09	1.97	1.88	1.79	1.69	1.62	1.53	1.48	1.39	1.33	1.28
400	2.12	2.04	1.92	1.84	1.74	1.64	1.57	1.47	1.42	1.32	1.24	1.19
1,000	2.09	2.01	1.98	1.81	1.71	1.61	1.54	1.44	1.38	1.28	1.19	1.11
∞	2.07	1.99	1.87	1.79	1.69	1.59	1.52	1.41	1.36	1.25	1.15	1.00

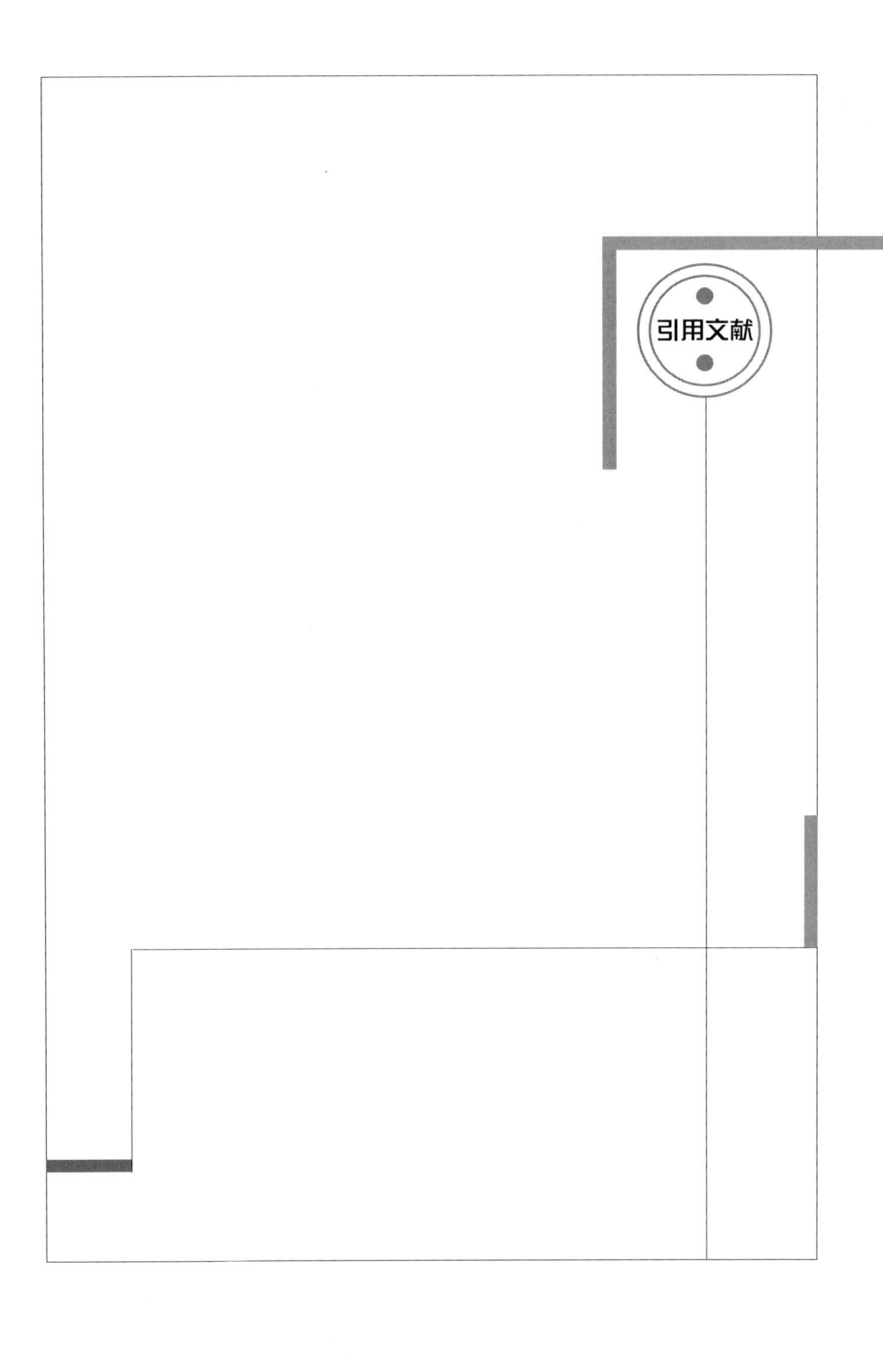

引用文献

●引用文献●

Alberto, P. A., & Troutman, A. C. 1986 *Applied behavior analysis for teachers* (2nd Ed.) Bell & Howell Company.（佐久間徹・谷 晋二（訳）『はじめての応用行動分析』二瓶社 1992）

安藤洋美 1989『統計学けんか物語：カール・ピアソン一代記』海鳴社

American Psychological Association 1992 Ethical principles of psychologist and code of conduct. *American Psychologist, 47*, 1597-1611.（富田正利・深澤道子（訳），小嶋祥三・大塚英明（校閲）『サイコロジストのための倫理綱領および行動規範』日本心理学会 1996）

安藤寿康・安藤典明（編）2005『事例に学ぶ心理学者のための研究倫理』ナカニシヤ出版

Aronson, E. 1972 *The social animal.* San Francisco: Freeman.（岡 隆・亀田達也（訳）『ザ・ソーシャル・アニマル：人間行動の社会心理学的研究』サイエンス社 1995）

浅野俊夫 1970 実験的行動分析（experimental analysis of behavior）におけるデータ収録システム 心理学評論, 13, 229-243.

浅野俊夫 1983 ニホンザル野生群における学習行動の伝播 昭和56・57年度文部省科学研究費（一般C）研究成果報告書

浅野俊夫 1993 個人の良識から集団監視機構へ さいころじすと, 29, 7-10.

Asch, S. E. 1955 Opinions and social pressure. *Scientific American*, November, 32-35.

Atkinson, J. W., Bower, G. H., & Crothers, E. J. 1965 *Introduction to mathematical learning theory.* New York: Wiley.

Ayllon, T., & Azrin, N. A. 1965 The measurement and reinforcement of behavior of psychotics. *Journal of the Experimental Analysis of Behavior*, 8, 357-383.

Barlow, D. H., & Hersen, M. 1984 *Single case experimental designs: Strategies for studying behavior change* (2nd Ed.). Pergamon Books.（高木俊一郎・佐久間徹（監訳）『1事例の実験デザイン』二瓶社 1988）

Baum, W. M. 1974 On two types of deviation from the matching law: Bias and undermatching. *Journal of the Experimental Analysis of Behavior*, 22, 231-242.

Baum, W. M. 1979 Matching, undermatching, and overmatching in studies of choice. *Journal of the Experimental Analysis of Behavior*, 32, 269-281.

Benedict, R. 1946 *The chrysanthemum and the sword: Patterns of Japanese culture.* Tokyo: C. E. Tuttle Company.（長谷川松治（訳）『菊と刀：日本文化の型』現代教養文庫 1967）

Bernard, C. 1865 *Introduction a L'etude de la medicine experimentale.*（三浦岱栄（訳）『実験医学序説』岩波文庫 1970）

Bernstein, I. L. 1978 Learned taste aversions in children receiving chemotherapy. *Science*,

200, 1302-1303.

Bickel, W. K., DeGrandpre, R. J., Higgins, S. T., Hughes, J.R., & Badger, G. J. 1995 Effects of simulated employment and recreation on drug taking: A behavioral economic analysis. *Experimental and Clinical Psychoharmacology*, **3**, 467-476.

Bikel, W. K., & Vuchinich, R. E. 2000 *Reframing health behavior change with behavioral economics*. NJ: Lawrence Erlbaum Associates.

Blough, D. S. 1958 A method for obtaining psychophysical thresholds from the pigeon. *Journal of the Experimental Analysis of Behavior*, **1**, 31-43.

Bower, G. H., & Trabasso, T. R. 1964 Concept identification. In R. C. Atkinson (Ed.), *Studies in mathematical psychology*. Stanford University Press. pp32-94.

Bower, T. G. R. 1979 *Human development*. San Francisco: Freeman.（鯨岡 峻（訳）『ヒューマン・ディベロプメント：人間であること・人間になること』ミネルヴァ書房 1982）

Bridgman, P. W. 1928 *The logic of modern physics*. New York: Macmillan.（今田 恵・石橋 栄（訳）『現代物理学の論理』創元科学叢書 1941）

Brown, P. L., & Jenkins, H. M. 1968 Autoshaping of the pigeon's key-peck. *Journal of the Experimental Analysis of Behavior*, **11**, 1-8.

Cooms, C. H., Dawes, R. M., & Tversky, A. 1970 *Mathematical psychology: An elementary introduction*. NJ: Prentice-Hall.（小野 茂（監訳）『数理心理学序説』新曜社 1974）

ダーウィン『種の起源（上・下）』八杉龍一（訳）1990 岩波文庫

Davison, G. C., & Neale, J. M. 1974 *Abnormal psychology: An experimental clinical approach*. New York: Wiley.

Degen, R. 2000 *Lexikon der psycho-irrtumer*. Eichborn.（赤根洋子（訳）『フロイト先生のウソ』文春文庫 2003）

Ebbinghaus, H. 1885 *Über das Gedachtnis*. Leipzig: Dunker & Humbolt.

Falk, J. L. 1971 The nature and determinants of adjunctive behavior. *Physiology and Behavior*, **6**, 577-588.

Feller, W. 1968 *Introduction to probability theory and its applications* (Vol. Ⅰ, Ⅱ). New York: Wiley.（国沢清典（監訳）『確率論とその応用Ⅰ・Ⅱ』紀伊国屋書店1969）

Ferster, C. B., & Skinner, B. F. 1957 *Schedules of reinforcement*. New York: Appleton-Century-Crofts.

Fry, R. 1991 *Write papers, Ron Fry's How To Study program*.（酒井一夫（訳）『アメリカ式論文の書き方』東京図書 1994）

Fry, R. 1992 *Take notes (2nd Ed.), Ron Fry's How To Study program*.（金 利光（訳）『アメリカ式ノートのとり方』東京図書 1996）

藤 健一 1986 撮影行動の分析 行動分析学研究，**1**, 22-29.

Garcia, J., & Koelling, R. A. 1966 Relation of cue to consequence in avoidance learning. *Psychonomic Science*, **4**, 123-124.

Goldstine, H. H. 1972 *The computer: from Pascal to von Neumann.* NJ: Princeton University Press.（末包良太・米口 肇・犬伏茂之（訳）『計算機の歴史：パスカルからノイマンまで』共立出版 1979）

Gonick, L., & Smith, W. 1993 *The cartoon guide to statistics.* HaperCollins.（中村和幸（訳）『マンガ：確率・統計が驚異的によくわかる』白揚社 1995）

Green, L., Price, P. C., & Hamburger, M. E. 1995 Prisoner's dilemma and the pigeon: Control by immediate consequences. *Journal of the Experimental Analysis of Behavior*, **64**, 1-17.

蜂屋 真・伊藤正人 1990 ラットの観察反応に及ぼす刺激呈示時間，要素持続時間及び刺激呈示法の効果 心理学研究，**62**, 235-243.

Hachiya, S., & Ito, M. 1991 Effects of discrete-trial and free-oprant procedures on the acquisition and maintenance of successive discrimination in rats. *Journal of the Experimental Analysis of Behavior*, **55**, 3-10.

Hall, E. T. 1966 *The hidden dimension.* New York: Doubleday.（日高敏隆・佐藤信行（訳）『かくれた次元』みすず書房 1970）

Hartwig, F., & Dearing, B. E. 1979 *Exploratory data analysis.* Beverly Hills: Sage Publications.（柳井晴夫・高木溝文（訳）『探索的データ解析の方法』朝倉書店 1981）

Herrnstein, R. J. 1961 Relative and absolute strength of response as a function of frequency of reinforcment. *Journal of the Experimental Analysis of Behavior*, **4**, 267-272.

Herrnstein, R. J. 1970 On the law of effect. *Journal of the Experimental Analysis of Behavior*, **13**, 243-266.

Hersen, M., Eisler, R. M., Alford, G. S., & Agras, W. S. 1973 Effects of token economy on neurotic depression: An experimental analysis. *Behavior Therapy*, **4**, 392-397.

Higgins, S. T., Budney, A. J., Bickel, W. K., Foerg, F. E., Donham, R., & Badger, G. J. 1994 Incentives improve outcome in outpatient behavioral treatment of cocaine dependence. *Achives of General Psychiatory*, **51**, 568-576.

樋口義治 1992『ニホンザルの文化的行動』川島書店

Hoel, P. G. 1976 *Elementary statistics* (4th Ed.).（浅井 晃・村上正康（訳）『初等統計学』培風館 1981）

Hull, C. L. 1943 *Principles of behavior.* New York: Appleton-Century-Crofts.（能見義博・岡本栄一（訳）『行動の原理』誠信書房 1960）

Hursh, S. R. 1980 Economic concepts for the analysis of behavior. *Journal of the Experimental Analysis of Behavior*, **34**, 219-238.

印東太郎 1969a『講座心理学15 数理心理学』東京大学出版会

印東太郎 1969b 尺度構成 和田陽平・大山 正・今井省吾（編）『感覚・知覚ハンドブック』誠信書房

伊藤正人 1983 選択行動 佐藤方哉（編）『現代基礎心理学6 学習Ⅱその展開』東京大学出版会

Ito, M. 1985 Choice and amount of reinforcement in rats. *Learning & Motivation*, **16**, 95-108.

伊藤正人 1995 新しい心理学動物実験室 大阪市立大学文学部紀要「人文研究」, **47**, 403-422.

伊藤正人 1996a 心理学動物実験室鳥舎 大阪市立大学文学部紀要「人文研究」, **48**, 263-277.

伊藤正人 1996b 経験にもとづく確率的事象の推定 第4回不確実性研究会講演記録集, 13-26.

伊藤正人 1997 選択行動研究の意義と将来 行動分析学研究, **11**, 2-8.

伊藤正人 1999 セルフコントロールと衝動性 大阪市立大学文学部紀要「人文研究」, **51**, 1017-1028.

伊藤正人 2000 他者との共有による報酬の価値割引 大阪市立大学文学部紀要「人文研究」, **52**, 547-562.

伊藤正人 2001 行動経済学は行動研究にどのような貢献をなしたのか：行動経済学特集にあたって 行動分析学研究, **16**, 86-91.

伊藤正人 2005『行動と学習の心理学：日常生活を理解する』昭和堂

Ito, M., & Asaki, K. 1982 Choice behavior of rats in a concurrent-chains schedule: Amount and delay of reinforcement. *Journal of the Experimental Analysis of Behavior*, **37**, 383-392.

Ito, M., & Fantino, E. 1986 Choice, foraging, and reinforcer duration. *Journal of the Experimental Analysis of Behavior*, **46**, 93-103.

伊藤正人・小林奈津子・佐伯大輔 2001 強化量選択の行動経済学的研究：絶対強化量，経済環境，体重レベルの効果 行動分析学研究, **16**, 122-140.

Ito, M., & Nakamura, K. 1998 Humans' choice in a self-control choice situation: Sensitivity to reinforcer amount, reinforcer delay, and overall reinforcement density. *Journal of the Experimental Analysis of Behavior*, **69**, 87-102.

Ito, M., & Saeki, D. 2000 Discounting of shared reward and selfishness. Paper presented at

The 27th International Congress of Psychology, Stockholm.

伊藤正人・佐伯大輔 2002 日本の大学生はこんなに利己的：他者との共有による報酬の価値割引から見た日米韓異文化比較研究 日本心理学会第66回大会発表論文集 164

伊藤正人・内田善久・佐伯大輔・北村憲司 1999 ハトを用いた行動実験のための新しい視覚刺激呈示システム 動物心理学研究, **49**, 181-187.

岩脇三良 1994 異文化間研究の方法論に関する考察 社会心理学研究, **10**, 180-189.

James, W. 1892 *Psychology, briefer course.*（今田 寛（訳）『心理学上・下』岩波文庫 1992）

James, W. 1907 *Pragmatism*（桝田啓三郎（訳）『プラグマティズム』岩波文庫 1957）

Jones, M. C. 1924 A laboratory study of fear: The case of Peter. *Pedagogical Seminary*, **31**, 308-315.

Jones, M. C. 1974 Albert, Peter, and John B. Watson. *American Psychologist*, **29**, 581-583.

金児暁嗣（編）2003『サイコロジー事始め』有斐閣

河合雅雄 1969『ニホンザルの生態』河出書房新社

Killeen, P. 1968 On the measurement of reinforcement frequency in the study of preference. *Journal of the Experimental Analysis of Behavior*, **11**, 263-269.

木下是雄 1976『理科系の作文技術』中公新書

木下富雄（編）2001『教材心理学：心の世界を実験する（第4版）』ナカニシヤ出版

Kirk, R. E. 1982 *Experimental design: Procedures for the behavioral sciences* (2nd Ed.) Monterey : Brooks/Cole.

北川敏男・稲葉三男 1979『統計学通論（第2版）』共立出版

小谷津孝明（編）1982『現代基礎心理学4 記憶』東京大学出版会

Krebs, J. R., & Davies, N. B. 1991 *Behavioural ecology* (3rd Ed.). Oxford: Blackwell Scientific Publications.（山岸 哲・巖佐 庸（監訳）『進化からみた行動生態学（原書第2版）』蒼樹書房）

Kuhn, J. 1962 *The Structure of Scientific revolutions.* Chicago: The University of Chicago Press.（中山 茂（訳）『科学革命の構造』みすず書房 1971）

Laplace, P.-S. 1814 *Essai philosophique sur les probabilités.*（内井惣七（訳）『確率の哲学的試論』岩波文庫 1997）

Liebert, R. M., & Baron, R. A. 1972 Some immediate effects of televised violence on children's behavior. *Developmental Psychology*, **6**, 469-475.

Lindsay, P., & Norman, D. 1977 *Human information processing* (2nd Ed.). New York: Academic Press.

Lubinski, D., & Thompson, T. 1987 An animal model of the interpersonal communication of interoceptive (private) states. *Journal of the Experimental Analysis of Behavior*, **48**,

1-15.

Logue, A. W. 1988 Research on self-control: An integrating framework. *Behavioral & Brain Sciences*, **11**, 665-679.

Lorenz, K. 1965 *Evolution and modification of behavior.* Chicago: The University of Chicago Press.（日高敏隆・羽田節子（訳）『行動は進化するか』講談社現代新書 1976）

松原 A. エリザベス 1982『ライフ・サイエンスにおける英語論文の書き方』共立出版

松本明生・大河内浩人 2003 列車到着間隔と乗車行動：日常行動の分析 行動分析学研究，**18**, 38-44.

Mazur, J. E. 1994 *Learning and behavior.* NJ.: Prentice-Hall.（磯 博之・坂上貴之・河合伸幸（訳）『メイザーの学習と行動』二瓶社 1996）

Mead, G. H. 1934 *Mind, self and society from the standpoint of a social behaviorist.* Chicago: The University of Chicago Press.（河村 望（訳）『精神・自我・社会』人間の科学社 1995）

Miller, G. A. 1956 The magical number seven, plus or minus two: Some limits on our capacity for processing information. *Psychological Review*, **63**, 81-97.

Mischel, W., Shoda, Y., & Rodriguez, M. L. 1989 Delay of gratification in children. *Science*, **244**, 933-938.

森 敏昭・吉田寿夫（編）1990『心理学のためのデータ解析テクニカルブック』北大路書房

Monod, J. 1970 *Le hazard et la necessite: Essai sur la philosophie naturelle de la biologie moderne.* Paris: Editions du Seuil.（渡辺 格・村上光彦（訳）『偶然と必然』みすず書房 1972）

Mosteller, F., & Tukey, J. W. 1977 *Data analysis and regression: A second curse in statistics.* Addition-Wesley.

Myerson, J., & Hale, S. 1984 Practical implications of the matching law. *Journal of Applied Behavior Analysis*, **17**, 367-380.

中島義明・箱田裕司（編）2004『新・心理学の基礎知識』有斐閣

Neisser, U. 1967 *Cognitive psychology.* New York: Appleton-Century-Crofts.

NIH 1985 *Guide for the care and use of laboratory animals.* NIH Publication.（鍵山直子・野村達次（訳）『1985年度版実験動物の管理と使用に関する指針』ソフトサイエンス社）

Norman, D. A. 1969 *Memory and attention: An introduction to human information processing.* New York: Wiley.（富田達彦ほか（訳）『記憶の科学』紀伊国屋書店 1978）

Odam, S. L., Hoyson, M., Jamieson, B., & Strain, P. S. 1985 Increasing handicapped preschoolers' peer social interactions: Cross- setting and component analysis. *Journal of Applied Behavior Analysis*, **18**, 3-16.

O'Donohue, W., & Kitchener, R. 1999 *Handbook of behaviorism.* New York: Academic

Press.

逢坂 昭・坂口玄二 1981『科学者のための英文手紙文例集』講談社

小川 隆（監修）杉本助男・佐藤方哉・河嶋 孝（編）1989『行動心理ハンドブック』培風館

大山 正（編）『心理学研究法2 実験Ⅰ』東京大学出版会 1973

苧阪良二（編）『心理学研究法3 実験Ⅱ』東京大学出版会 1973

苧阪良二・大山 正『心理学研究法4 実験Ⅲ』東京大学出版会 1975

Perkins, K. A., Hickox, M. E., & Grobe, J. E. 2000 Behavioral economics of tabacco smoking. In W. K. Bickel, & R. E. Vuchinich (Eds.), *Reframing health behavior change with behavioral economics*. NJ: Lawrence Erlbaum Associates.

Piaget, J. 1964 Six etudes de psychologie. Geneve: Editions Gonthier.（滝沢武久（訳）『思考の心理学：発達心理学の6研究』みすず書房 1968）

Piaget, J. 1952 *The child's conception of number*. London: Routledge & Kegan Paul.

Poundstone, W. 1992 *Prisoner's dilemma: John von Neumann, game theory, and the puzzle of the bomb*. New York: Doubleday.（松浦俊輔ほか（訳）『囚人のジレンマ：フォン・ノイマンとゲームの理論』青土社 1995）.

Premack, D., & Woodruff, G. 1978 Does the chimpanzee have a theory of mind? *The Behavioral and Brain Sciences*, **1**, 515-526.

Pavlov, I. P. 1928 *Lectures on conditioned reflex*. New York: International Publishers.（川村浩（訳）『大脳半球の働きについて：条件反射学（上・下）』岩波文庫 1975）

Rachlin, H., & Green, L. 1972 Commitment, choice, and self-control. *Journal of the Experimental Analysis of Behavior*, **17**, 15-22.

Rachlin, H., Raineri, A., & Cross, D. 1991 Subjective probability and delay. *Journal of the Experimental Analysis of Behavior*, **55**, 233-244.

Robinson, P. W., & Foster, D. F. 1979 *Experimental psychology: A small-N approach*. New York: Harper & Row.

佐伯大輔・伊藤正人 1997 不確実状況における意思決定を巡る「選択行動研究」と「認知的意思決定研究」の融合 行動分析学研究, **11**, 56-70.

佐伯大輔・伊藤正人 2004 都市の放置自転車問題に対する心理学的アプローチ 都市文化研究, **4**, 45-56.

佐伯大輔・伊藤正人・佐々木恵 2004 青年期における遅延・確率・共有による報酬の価値割引 日本行動分析学会第22回年次大会

佐伯大輔・内田善久・伊藤正人 1998 Visual BasicとPCカードを用いた行動実験制御システム 行動分析学研究, **13**, 66-72.

坂口玄二・逢坂 昭 1985『科学者のための英文手紙文例集 part 2』講談社

佐藤方哉　1976『行動理論への招待』大修館書店

Schultz, D. P., & Schultz, S. E. 2000　*A history of modern psychology* (seventh ed.). Fort Worth: Harcourt College Publishers.

シュワーブ，D.・シュワーブ，B.・高橋雅治　1998『初めての心理学英語論文：日米の著者からのアドバイス』北大路書房

Sidman M. 1960　*Tactics for scientific research: Evaluating experimental data in psychology.* New York: Basic books.

Siegel, S., & Castellan, N. J. Jr. 1988　*Nonparametric statistics for behavioral sciences.* New York: McGrow-Hill.

Skinner, B. F. 1932 Drive and reflex strength. *Journal of General Psychology*, **6**, 22-37.

Skinner, B. F. 1935 The generic nature of the concepts of stimulus and response. *Journal of General Psychology*, **12**, 40-65.

Skinner, B. F. 1938　*The behavior of organisms.* New York : Appleton-Century-Crofts.

Skinner, B. F. 1974　*About behaviorism.* New York: Knopf.

Smith, E. E., Nolen-Hoeksema, S., Fredrickson, B., & Loftus, G. R. 2003　*Atkinson & Hilgard's intoroduction to psychology* (14th ed.). Belmont: Wadsworth.

Sonuga-Barke, E. J. S., Lea, S. E. G., & Webley, P. 1989　The development of adaptive choice in a self-control paradigm. *Journal of the Experimental Analysis of Behavior*, **51**, 77-85.

空間美智子・伊藤正人・佐伯大輔　2006　報酬の価値割引の枠組みからの就学前児の自己制御の発達に関する実験的研究　行動分析学研究（印刷中）

Stevens, S. S. 1979　*Psychophysics*　New York: Academic Press.

Stevens, S. S., & Guirao, M. 1964　Individual loudness functions. *Journal of the Acoustical Society of America*, **36**, 2210-2213.

末永俊郎（編）1971『講座心理学Ⅰ：歴史と動向』東京大学出版会

高橋雅治　1997　選択行動の研究における最近の展開：比較意思決定研究にむけて　行動分析学研究，**11**, 9-28.

高野陽太郎・逢坂洋子　1997　"日本人の集団主義"と"アメリカ人の個人主義"：通説の再検討．心理学研究，**68**, 312-327.

Tinbergen, N. 1950　*The study of instinct.* Oxford University Press.（永野為武（訳）『本能の研究』三共出版　1959）

Tolman, E. C. 1932　*Purposive behavior in animals and man.* New York: Appleton- Century-Crofts.（富田達彦（訳）『新行動主義心理学』清水弘文堂　1977）

Treisman, A. 1986　Features and objects in visual processing. *Scientific American*, 106-115.

Tukey, J. W. 1977 *Exploratory data analysis.* Addison-Wesley.

続 有恒・苧阪良二（編）1974『心理学研究法10 観察』東京大学出版会

Tversky, A., & Kahneman, D. 1974 Judgment under uncertainty: Heuristics and biases. *Science,* **185**, 1124-1131.

内井惣七 1995『科学哲学入門：科学の方法・科学の目的』世界思想社

梅津耕作 1975『自閉児の行動療法』有斐閣

von Neumann J., & Morgenstern, O. 1944 *The theory of games and economic behavior.* Princeton University Press.（銀林 浩ほか（訳）『ゲームの理論と経済行動』東京図書 1972-1973）

和田陽平・大山 正・今井省吾（編）1969『感覚知覚ハンドブック』誠信書房

Watanabe, S., Sakamoto, J., & Wakita, M. 1995 Pigeons' discrimination of paintings by Monet and Picasso. *Journal of the Experimental Analysis of Behavior,* **63**, 165-174.

渡辺利夫 2005『フレッシュマンから大学院生までのデータ解析・R言語』ナカニシヤ出版

Watson, J. B. 1913 Psychology as the behaviorist views it. *Psychological Review,* **20**, 158-177.

Weiss, B. 1970 Fine structure of operant behavior. In W. N. Scheonfeld, (Ed.). *The theory of reinforcement schedules.* New York: Appleton-Century-Crofts.

Wimmer, H., & Perner, J. 1983 Beliefs about beliefs: Representation and constraining function of wrong beliefs in young children's understanding deception. *Cognition,* **13**,103-128.

山口哲生・伊藤正人 2001 喫煙・飲酒・薬物摂取の行動経済学 行動分析学研究, **16**, 185-196.

山口哲生・北村憲司・伊藤正人 2003 ハトの絵画弁別に及ぼす刺激呈示装置の効果 動物心理学研究, **53**, 11-15.

山内志朗 2001『ぎりぎり合格への論文マニュアル』平凡社新書

Yerkes, R. M., & Morgulis, S. 1909 The method of Pavlov in animal psychology. *Psychological Bulletin,* **6**, 257-273.

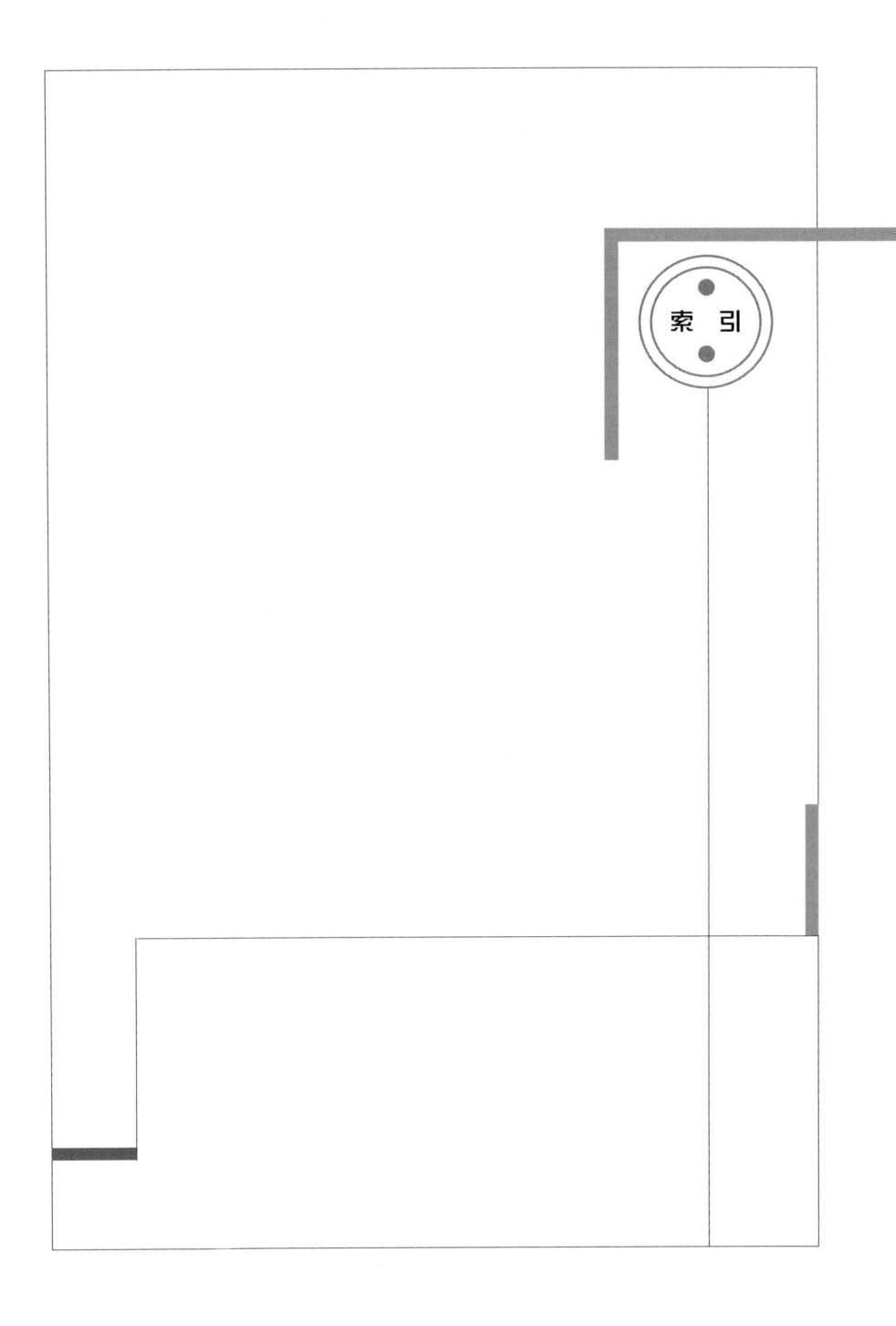

索 引

●索　引●

●あ●

新しい事実の発見	065, 066
安定基準	082, 092, 096
安定性	092, 096
閾値	094, 106, 112, 113, 190, 192
意識心理学	010, 011
1試行学習	041
1事例の実験計画	092, 096, 101, 102, 104
1変量データ	106, 107
一般対応法則	032
遺伝的要因	215
ウイルコクソン符号化順位検定	172
A-B-A実験計画	096〜098, 100, 102, 200
A-B実験計画	095
エピソード記録法	056
横断的研究	215
応用行動分析	092〜094
応用行動分析学	221
オペラント条件づけ	194, 197〜199, 221, 225

●か●

回帰	108, 127, 132, 133
回帰による変動	176, 177
回帰の錯誤	133
階級	111, 114〜116
階級の数	114
外挿	138
介入	095, 096, 100, 246
概念学習のモデル	017
概念による事実の統括	026
解発子	039, 040, 084
ガウス分布	156
科学哲学	013, 026, 035
鍵刺激	039
学際的研究	015, 021
学習	008, 011〜013, 017, 018, 030, 031, 041, 042, 097, 116, 148, 165, 180, 190, 194〜196, 221
学習モデル	221
確認的データ解析	108, 142, 144, 153, 187
確率	143〜148, 150〜152, 159, 160, 162, 167, 170, 171, 173〜175, 192, 207
確率的変動性	144
確率分布	029, 151, 154〜157, 163
確率変数Xの平均値	150, 151
確率密度	154, 155, 157
確率論	142, 144, 152, 181
確率割引	213
仮説	065, 106, 142
仮説演繹体系	013
仮説の検証	065
片側検定	168
感覚運動期	215
間隔尺度	048, 049
観察	012, 013, 015, 026, 027, 030, 031, 051〜062, 067, 068, 084, 106, 154
観察対象のサンプリング	054, 059
観察単位のサンプリング	054
関数関係	191, 193
完全対応	032
完全無作為化法	180, 186
幹葉表示	110〜112, 114
関与しない要因	064
関与する要因	064
記憶	008, 190, 202〜207

幾何平均	119, 120
棄却域	167〜169
危険率	170, 172, 173, 183, 186, 233
記述統計学	106, 142
基準正規分布	157〜159, 166, 167
期待値	150, 151
機能主義	012
帰無仮説	164, 167〜170, 172, 173, 181, 183, 185
記銘	203
偽薬の効果	059, 073
逆翻訳	214
客観性	027, 028, 034, 228
究極要因	050
強化	008, 019, 026, 031〜033, 043, 046, 047, 057, 066, 074, 080〜082, 088, 093〜095, 100, 120
強化子	043, 094, 095, 199, 219, 221
強化随伴性	043, 201, 221
強化量	080〜082, 199, 200, 211, 218, 219
巨視的分析	033
巨視的レベル	033, 046
近代的確率論	013
均等化	075, 076, 078
偶然的観察	053
具象的な空間	085
具体的操作期	216, 217
組合わせ	146
クラス概念	013
繰り返し型実験計画	092, 098, 102, 142, 183
群間比較法	014, 072, 075, 076, 078, 082, 092, 097, 098, 101, 196, 224, 237
経験効果	077
経験的要因	215
形式的操作期	216
計数データ	108
計量データ	108
ゲシュタルト心理学	011
決定係数	133, 177
限界効用の逓減	190
検索	203
検証可能性	027
検定統計量	164, 166
行為の形成	041〜043
公共性	027, 028, 034, 228
交互作用	079, 080, 175, 186
構成概念	047
構成主義	011
行動経済学	021, 222
行動修正学	221
行動主義	011, 012, 015
行動神経科学	021, 078, 102
行動生態学	021
行動生物学	038
行動の安定基準	092, 096
行動の再現性	098
行動の推移過程	046
行動分析学	015, 034, 221
行動目録法	056
行動薬理学	021
行動療法	221
行動理論	013
刻印づけ	040, 041
心の理論	216, 219, 220
誤差による変動	176, 177
誤信念課題	220
個人のプライバシーと個人情報の保護	246
個体間距離	044, 045
個体間要因	081
個体差	072, 076, 101, 117
個体内比較法	075〜078, 082, 095, 096, 098, 142, 172, 201, 238

個体内要因 081
固定効果モデル 179
混合実験計画 098
コンピュータ・アナロジー 015, 016, 203
コンピュータ・シミュレーション 015, 020, 021

●さ●

再現性 027, 028, 092, 096, 098, 103, 142, 201, 239, 240
再コード化 207
最小2乗法 124, 126～128, 176
再　生 078, 102, 203, 204, 206
再生法 204
再　認 203
再認法 205
最頻値 110, 112, 157
作為的調査 153
錯視現象 190
算術平均 119～121
散布図 123, 124, 126, 128, 131
散布度 110, 119, 122
サンプリング 053～055, 059
サンプリングの妥当性 059
時間見本法 054
至近要因 050
刺激閾 106, 190～192
試行基準 096
自己制御 211, 216～219
自己制御の発達の2段階説 219
事象見本法 055
指数分布 156
自然対数 136
悉皆調査 153
実　験 010～015, 017, 018, 020～023, 026, 027, 029, 030～033, 039～042, 045～047, 050～052, 057, 061～073, 075～089, 091～098, 100～102, 104, 106, 107, 109, 110, 113, 115, 116, 137, 138
実験間要因配置法 080
実験機器 086
実験群 067, 069, 073, 075, 080, 113, 197, 224
実験計画法 179, 223
実験計画モデル 179
実験経済学 021
実験室 041, 071, 083, 084, 086, 087, 221
実験室実験 083, 084
実験心理学 010, 087, 088
実験的行動分析 092, 093
実験内要因配置法 080
実験法 010, 014, 079, 082, 092
実行基準 096
実測度数 174
疾病モデル 221
しっぺ返し方略 211
悉無律 143
自動反応形成 066
指　標 046, 047, 052, 054, 058, 059, 095, 096, 100, 124, 128, 131, 142
4分位数 119
4分位範囲 119
社会性の発達 216
社会的行動 008, 207, 208
社会割引 213, 214
弱　化 199
尺度構成 190, 192
囚人のジレンマゲーム 210
従属変数 046, 064～066, 069, 071, 072, 075, 077, 083, 085, 095, 232
縦断的研究 215
習得的行動 038, 041
習得的要因 215

274

自由反応場面	097	正規分布	135, 156〜163, 171
周辺度数	058, 173	精神分析学	011, 034
主観的等価点	190, 191, 213	生得的解発機構	039
主効果	175	生得的行動	038
順序効果	076〜079, 096	生得的要因	215
順序尺度	048, 119, 134, 166, 172	正の強化子	199
条件刺激	042, 195	生物学的制約	196
条件性弁別	201	絶対判断	206
条件付き確率	146	Z統計量	166
条件づけ	194〜199, 201, 221	Z変換	139, 157, 167
条件反射	012, 042, 092, 194, 195, 198	説明と同意	246, 247
条件反射形成	194	節約法	204
常識の精密化	065	背中合わせ幹葉表示	112
少数個体の方法	014, 015	世論調査	153
情報の管理	246, 247	選好	032, 082, 201, 219
情報量	206, 207, 242	全数調査	153
情報理論	206	前操作期	216, 217
常用対数	136	選択比	032
剰余変数	071, 072, 077, 175, 183	選択率	032, 082, 201, 218, 219
処理水準	180, 185	全変動	176, 178
人権と動物愛護	246	層	076
人工知能	021	相加平均	120
新行動主義	012〜014, 017	相関係数	058, 059, 124, 128, 130〜135
心理学	008〜023, 026, 028, 034, 035, 038, 041, 042, 046〜048, 050, 062, 064, 065, 086〜089, 091, 092, 107, 120, 136, 139, 171, 180, 187, 190, 198, 203, 213, 215〜218, 225, 228, 229	想起	203
		双曲線関数	070, 213, 222
		双曲線関数モデル	222
		相殺化	075, 078
		操作主義	013
心理物理学	017, 137, 190	操作的定義	013
心理物理関数	137, 190, 192, 193	操作の効果	075
推測統計学	026, 142, 144, 163, 179	総体的	046
数学的論理法則	143	相対度数	029, 117, 148, 150
数理心理学	017	相対累積度数	115, 116
数理分析	015, 016, 199	測度	044, 045, 047〜049, 065, 095, 133, 205
スピアマンの順位にもとづく相関係数	134	組織的観察	053, 056
すり込み	040	組織的再現法	103

● た ●

第 1 種の過誤 169〜171
対数関数 016, 136
代替性 222
第 2 種の過誤 169〜171
代表値 092, 109, 110, 118, 121, 124, 249
代用貨幣 094, 218, 223
対立仮説 165, 166, 172, 173
大理論 013
他行動強化法 222
多層ベースライン実験計画 100
多変量背中合わせ幹葉表示 112
単　位 010, 011, 029, 033, 046, 048, 049, 111, 118, 130, 144, 206, 207, 210
短期記憶 008, 203
探索的データ解析法 106, 110
単純化 064
遅延割引 213
知　覚 008, 010, 017, 021, 027, 190, 191
チキンゲーム 210
逐次処理方式 016
チャンク 206, 207
中央散布度 119, 122
中央値 092, 109, 119, 121, 122, 124, 157, 215
仲介変数 013
抽象的な空間 085
中心極限定理 154, 164, 182
長期記憶 008, 203
超正常刺激 040
調和平均 119, 121
対呈示 042, 066
抵抗直線 124
定常状態 019, 077, 078
定点観測 054〜056
データセット 107

データの圧縮 109, 110, 118
データの数 114
データの再現性 142
データの信頼性 082, 092, 142
適合度検定 058, 173, 174
徹底的行動主義 015
テューキー線 124, 128
統計的仮説検定法 013, 014, 082, 092, 096
統制群 067, 069, 073, 075, 080, 113, 197, 224, 225
動物愛護管理法 250
動物の心理学的幸福 247
トークン経済システム 223, 224
独立変数 064, 065, 071〜073, 075, 076, 077, 079, 080, 092〜095, 100, 175〜180, 184, 210, 232
度数分布 019, 114, 115

● な ●

内観心理学 011
内観法 010〜012, 014, 092
内　挿 138
生のデータ 109, 114, 248
2 項分布 156, 173
二重盲験法 059
2 乗相関 133
2 変量データ 106, 107, 123, 128, 129, 134, 137, 138, 173, 176
認知心理学 015, 016
認知の発達 216
ノンパラメトリック検定 165, 166

● は ●

媒介変数 013
排　反 145, 147, 150, 165
パイロット研究 083

箱型図	121	物理的世界	137, 190, 216
外れ値	110, 112, 120〜122, 124, 128, 142, 160	負の強化子	199
場面見本法	054	負の2項分布	156
パラメータ	018, 161, 164, 173, 222	不偏推定値	153, 161, 163, 164, 171, 182
パラメトリック検定	165, 166	普遍性	027, 028
反　射	041, 194, 195	プラグマティズム	012
パンティモニュアムモデル	203	プローブテスト	078
反応間時間	019, 020, 033, 046, 047	プログラム内蔵方式	016
反応時間	045〜047, 065, 072, 077, 078, 106, 107, 109, 128, 231, 233	分位数	121, 124
		分割表	058, 173, 174
反応率	046, 047, 065	分割表にもとづく相関係数	058
ピアソンの積率相関係数	129	分　散	121〜123, 136, 139, 142, 151, 156, 161, 162, 171, 176, 181〜185
B-A-B実験計画	097		
非決定論的世界観	026	分散説明率	177
被験者間要因配置	232	分子的	046
被験者調整法	191	分布関数	154, 155, 158
被験者内要因実験	183	分布の位置	110
被験者内要因配置	232	分布の多峰性	110
被験者の等質性	075	分布のとがり	110
微細分析	015	分布のゆがみ	110
微視的分析	033	ベースライン	077, 078, 082, 083, 095, 096, 100, 101
微視的レベル	033, 046		
標準正規分布	157	ベキ関数	032, 137, 193
標準偏差	121〜123, 130, 131, 151, 160, 161, 164, 166, 171	ベルヌーイ試行	156
		ベルヌーイの大数の法則	150
評定尺度法	056	偏　差	119, 121〜123, 125, 126, 129, 130, 138, 151, 160, 161, 164, 166, 167, 171, 179
標　本	108, 109, 144, 153, 154, 164, 166, 171		
標本抽出	053, 153	ポアソン分布	156
標本統計量	164	忘却曲線	206
比例尺度	048, 049, 193	報酬の価値割引	070, 124, 131, 213
非連続的	026, 215	方法論	009, 011, 013〜015, 022, 205, 238
ファイ係数	175	方法論的行動主義	015
フィッシャーの直接確率計算法	175	補完性	222
フェヒナーの対数法則	190	保　持	203, 206
複雑系	064	母集団	108, 109, 144, 153, 154, 161, 163〜166, 181
付随行動	066		

母　数	164	要因配置法	075, 079, 080, 186
		要素心理学	011
●ま●		余事象	145
マグニチュード推定法	192, 193	予備実験	083
マルコフ連鎖	017		
見えの世界	190	●ら●	
味覚嫌悪条件づけ	196	ラテン方格表	079
無意味つづり	203〜205	ラポール	060
無作為調査	153, 154	乱塊法	179, 183〜186
無作為な割付	075	乱数表	079, 153
無条件刺激	041, 042, 195	ランダム方略	211
無条件反射	041, 195	利己性	213, 214
名義尺度	048, 064, 173	離散量	108
メカニズム	028, 039, 041, 203	両側検定	168, 172, 183
目　視	082, 124	理論度数	173, 174
モジュラス指定法	193	臨界期	041
問題発見的意味	053	倫理基準	246, 249
		累積度数分布	115
●や●		累積比率	119
野外実験	039, 040, 083, 084	レスポンデント条件づけ	041, 066, 194, 195, 197, 221
有意水準	167, 170	レスポンデント条件づけの成立	041
有意性	168	連合選択性	195, 196
要因決定	067, 070	練　習	078
要因決定実験	067, 070	連続量	108
要因探索	066, 067	論理演算	088, 089
要因探索実験	067	論理記法	016
要因の水準	014, 065, 078		
要因の操作	072, 084, 085, 096, 102		

◎著者略歴

伊藤正人（いとう まさと）

1982年3月　慶應義塾大学大学院社会学研究科博士課程修了　文学博士
現在　大阪市立大学名誉教授
この間，カリフォルニア大学サンジェゴ校訪問教授（1982年-1983年），京都大学霊長類研究所共同利用研究員（1989年-1990年），Journal of the Experimental Analysis of Behavior編集委員（1990年-1993年）などを務める．
日本心理学会研究奨励賞受賞（1992年）

◎専門分野

学習心理学，行動分析学

◎研究業績

著書

『行動と学習の心理学：日常生活を理解する』昭和堂（単著）2005
『現代心理学：行動から見る心の探求』昭和堂（編著）2013

論文

　　Ito, M., & Asaki, K. (1982) Choice behavior of rats in a concurrent chains schedule: Amount and delay of reinforcement. *Journal of the Experimental Analysis of Behavior*, 37, 383-392. を始めとして，*Journal of the Experimental Analysis of Behavior, Learning & Motivation, Animal Behaviour, Japanese Psychological Research*, 心理学研究，動物心理学研究，行動分析学研究などで論文を多数公刊．

心理学研究法入門
―行動研究のための研究計画とデータ解析

2006年10月25日　初版第1刷発行		
2015年 3 月20日　初版第3刷発行	著　者	伊藤正人
	発行者	齊藤万壽子

〒606-8224　京都市左京区北白川京大農学部前
発行所　株式会社昭和堂
振込口座　01060-5-9347
TEL(075)706-8818／FAX(075)706-8878
ホームページ　http://www.showado-kyoto.jp

©伊藤正人　2006　　　　　ISBN 4-8122-0636-7　　　　　印刷　亜細亜印刷

＊落丁本・乱丁本はお取り替え致します
Printed in Japan

本書のコピー、スキャン、デジタル化等の無断複製は著作権法上での例外を除き禁じられています。本書を代行業者等の第三者に依頼してスキャンやデジタル化することは、たとえ個人や家庭内での利用でも著作権法違反です。